最初に読み解く
合併・分割の税制

考え方を知って
実務対応力を上げる

はじめに

合併・分割などの組織再編成に伴う課税上の取扱いを定めたいわゆる組織再編税制は、平成13年度税制改正により創設され、おおよそ20年が経過しました。この間、企業の経営環境は大きな変化が続いており、変化に適応していくための手段として組織再編成の必要性は益々高まっています。これに対応するように、組織再編税制も大小さまざまな改正が行われ現在に至っていますが、創設当初に比べると規定の数は増え、内容もより複雑に変化したように感じます。

このような状況の中、組織再編税制の知識や実務での対応力は当然に重要となる訳ですが、当該制度を理解し、実務で活かしていくことはなかなか容易ではありません。「条文の量が多く読みづらい」、「条文が点在し全体像がつかみづらい」、「会社法や会計の知識もないと実務で活かせない」など様々な要因はありますが、「制度の趣旨や背景を知らないとそもそもなぜこのような取扱いをするのかイメージしづらい」というところに組織再編税制の一番の難しさがあると感じます。

本書は組織再編税制に関する取扱いについて、条文の骨子を記載し、これと照らし合わせながら図や仕訳を用いて解説をしていきますが、最も重点を置いているのは「制度の考え方」に関する解説です。実務において組織再編成を検討する場面では、複数の案について多くの関連当事者の課税関係を比較しながら検討を進めることがあります。場合によっては短期間でスキーム案が二転三転することもあります。そのような中で課税上のリスクや課題についてもれなく整理できるかどうかは、「制度の考え方」がしっかりと身についているかどうかがポイントになると考えます。制度の考え方が身についていれば、制度趣旨に照らし「あるべき取扱い」をイメージしながら検討を進めることができます。もちろん、税法は理論的でないある種の割切りの取扱いも存在しますので最終的には正確な取扱いを条文ベースで確認する必要はあります。しかし、組織再編成の取扱いを多角的に検証する際には「あるべき取扱いはどうか」という発想は重要です。おおよその当たりをつけたうえで検討を進めることで、課題の抽出と解消をスピーディに行うことが可能となるためです。

本書では制度の考え方をできる限り丁寧に文章で解説するように努めています。特にこれから組織再編税制の理解を深めていきたいという方については、「考え方」の部分を重視することで、制度理解への近道になるものと思います。本書がその手助けとなれば幸いです。

末筆にはなりましたが、本書の作成、発刊にあたり多大なご尽力を頂きました税務経理協会の吉冨様にこの場をお借りして深く御礼申し上げます。

令和３年１月

平井　伸央

目　次

CHAPTER 3　会社分割

CHAPTER 4　現物出資

CHAPTER 5　資産調整勘定と負債調整勘定

CHAPTER 6　現物分配

CHAPTER 7　繰越欠損金の引継ぎと制限

CHAPTER 8 特定資産譲渡等損失額の損金不算入

本書における条文の表記方法

本書では、複雑な組織再編税制の条文を読み解きやすくするため、各解説箇所におけるテーマに応じて、条文の省略を行っています。可能な限り省略のみで条文の骨格を浮かび上がらせるように努めていますが、他の法令の条文番号が表示されている場合など、どうしても省略だけでは意味が通じないものについては、書き換えや読み替えを行っています。

条文内に記載されている各記号の意味は、以下の通りです。

＊	……	省略
＿＿＿＿	……	書き換え
【※ 】	……	読み替え（情報の補足）

なお、本書は令和２年12月末現在の法令通達によって執筆されています。

CHAPTER

1

組織再編税制における資本等取引

SECTION

01 資本等取引に関する基礎知識

[1 組織再編税制の概要]

合併や分割などの組織再編成に関する税法上の規定は「組織再編税制」と呼ばれ、現行の制度の基本的な枠組みは平成13年度税制改正で創設されました。その後幾度もの改正を重ね、現在に至っています。

税法において組織再編成という用語は明確に定義されているわけではありませんが、法人税法上では、次の6つの行為について「適格組織再編成」と呼ばれる課税の繰延べ等の制度を設けていますので、税法上の組織再編成と言えば、一般的には次の6つの行為を指します。

「合併」「分割」「現物出資」「現物分配(株式分配含む)」「株式交換」「株式移転」

また、このほか「事業譲渡」や「スクイーズアウト（少数株主を排除するための株式の強制取得等)」といった行為についても、組織再編税制の枠組みの中で規定されているケースがあります。さらに、これらの組織再編成が行われる場合、必ず2以上の当事者（法人又は個人）に課税関係が生じることになりますので、「組織再編税制」における課税上の論点は、多岐に渡ることになります。

一方で、組織再編税制に関連する税法の条文は、一つの章などに体系的にまとまっているわけではなく、個別の一般規定に広範囲にわたって組み込まれています。したがって、条文の構成から制度の全体像をつかむことは困難です。また、個々の制度についても、条文を読んだだけではなぜそのような取扱いをする必要があるのかイメージしづらい規定が多くあります。つまり、条文のみをベースに一から制度理解を試みるのは難しい制度と言えます。

本書では、このような「組織再編税制」についての理解を深めるため、単に結論としての取扱いを並べるのではなく、それぞれの規定の考え方や趣旨、背景などを織り交ぜながら解説を進めていきます。また、最終的に実務で活かすためには、条文の裏付けを取ることも重要です。解説に当たっては、主要な条文を一部要約するなどして記載していますので、実際の条文と照らしながら確認を進めて頂ければと思います。

[2 組織再編成に伴い生じる資本等取引]

組織再編成の種類ごとの論点を確認する前に、組織再編税制を理解するのに欠かせない知識である「資本等取引」の基本的な取り扱いについて解説します。

前述のとおり組織再編税制はその全体像を整理して理解するのが難しい制度と考えます。条文構成上、全体像がつかみづらいということがその理由の一つですが、もう一つ理由として挙げられるのは、複数の当事者間で、性質の異なる複数の取引が同時に生じるという点です。具体的には、組織再編成に伴って「譲渡取引」と「資本等取引」が同時に生じます。

〈組織再編成を行う際に生じる取引〉

譲渡取引	組織再編成に伴う資産・負債の移転について譲渡取引が生じる。移転資産・負債に含み損益があれば、原則として譲渡損益が計上される。
資本等取引	組織再編成に伴う資産・負債の受け入れや払い戻しについて資本等取引が生じる。

下段の資本等取引とは、法人の資本金等の額の増加又は減少を生ずる取引並びに法人が行う利益又は剰余金の分配及び残余財産の分配又は引き渡しをいいます。つまり、法人の純資産が損益を通さず直接増減する取引のことです。

合併や分割などの課税関係を整理する際に、この資本等取引を避けて解説を行うことはできません。しかし、資本等取引の基本的な考え方は合併や分割を例にして整理するには少し複雑な論点です。そこで、まず本 SECTION では資本等取引に関する基礎知識として、法人の設立から清算までの流れをベースに、シンプルに課税関係を整理します。

［　3　設立から清算まで　］

(1) 法人の設立

法人が世に誕生するためには、まず法人を設立する必要があります。法人には、会社法に基づく会社のほか、学校法人、社会福祉法人、医療法人、宗教法人、協同組合など様々な形態が存在しますが、ここでは、株式会社を前提として解説します。

株式会社の設立は、一般的に現金を出資することにより行われます。たとえば、株式会社Ｐ社が現金1,000万円を出資して、株式会社である子会社Ｓ社を設立したとします。税務上の仕訳は次のとおりとなります。

【税務上の仕訳】（単位：万円）

Ｐ社

（借）	有価証券	1,000	（貸）	現金	1,000

Ｓ社

（借）	現金	1,000	（貸）	資本金等の額	1,000

Ｐ社は現金を出資することで、Ｓ社の株主としてＳ社の株式を取得します。この場合、その株式は税務上の有価証券となりますので、仕訳としては借方に有価証券を計上します。

Ｓ社は出資を受けることで、出資額である現金が資産として計上されるとともに、同額の純資産が増加します。設立に当たって増加する純資産を税務上は、「資本金等の額」と呼びます。「資本金等の額」とは、法人税法上で定義された一つの用語です。本取引で言えば、設立に当たって払い込まれた金銭の額の合計額となります。会社法では、設立時の払込金額の２分の１以上は資本金とする必要があり、資本金としない金額がある場合には、その金額は資本準備金とされますので、設立時における税務上の「資本金等の額」は、会計処理上の仕訳で言えば、「資本金」と「資本準備金」の合計額と一致します。会社法上、「資本金」と「資本準備金」には大きな違いがあり会計処理においても明確に区別しなければなりません。しかし、組織再編成に関する税務上の取扱いにおいて、「資本金をいくらとしたか」は取引全体の課税関係に影響を与えませんので、ここでは会計処理上の科目の内訳を問わず、「資本金等の額」と記載します。

(2) 法人が利益を内部に留保

法人が事業活動を行い利益が計上されると、その利益は純資産として会社内部に蓄積されます。貸借対照表においては、「繰越利益剰余金」などの名目により記載されることになります。会計上の利益と税務上の所得はその範囲が異なる部分もありますが、所得のうち法人内部に留保される金額は、税務上においても純資産の増加となります。この内部留保された所得を法人税法においては「利益積立金額」と呼びます。

たとえば、先ほどのＳ社において、売上 2,000 万円、経費 1,700 万円が計上され差額 300 万円の利益が生じたとします。会計上の利益と税務上の所得が一致していることを前提とすれば、300 万円の所得が生じ、そのまま内部留保すれば利益積立金額となります（未払法人税、住民税はないものと仮定します）。

この状態を、税務上の貸借対照表として表すと次のような図となります。

（図１　所得留保後の貸借対照表）

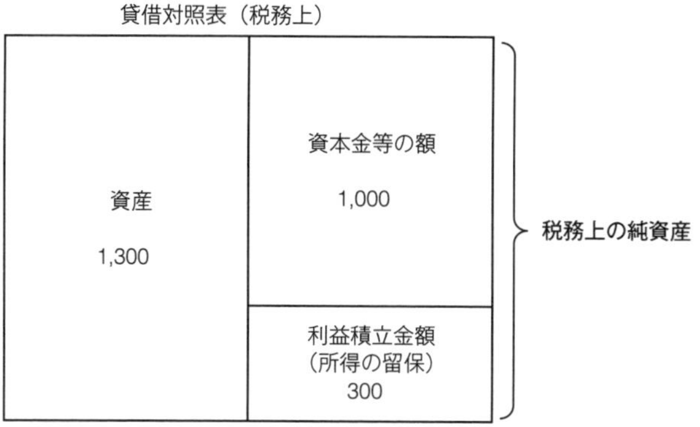

（単位：万円）

図１のように、法人の税務上の純資産は「資本金等の額」と「利益積立金額」から成り立ちます。それでは税務上においてこの２つにはどんな違いがあるでしょうか。これは株主側の立場から見ると理解が進みます。法人の純資産は株主にとって

みれば、保有する持分の清算価値です。仮に法人が解散をして清算手続を行えば、純資産が株主に分配されることになります。その際、分配金額の内訳が、「資本金等の額」なのか「利益積立金額」なのかにより課税関係が異なることになります。

(3) 法人が清算して財産を分配

資本金等の額は、設立当初に出資した金額であり、これを原資とする分配は有価証券（株式）の払戻しに係る対価として取り扱われます。これに対し、利益積立金額は株主に対する利益還元の財源であり、本来株主に対する「配当金」の原資となる部分です。したがって、利益積立金額を原資として行われる分配は税務上「配当金」とみなされます。いわゆるみなし配当です。税務上、株主が獲得する配当金は個人株主であれば配当所得として課税され、法人株主であれば収益計上した上で、受取配当等の益金不算入制度の対象となります。また配当金の支払いですから、所得税等の源泉徴収の対象にもなります。

図１の状態を前提に、Ｓ社が清算をして純資産を株主であるＰ社に分配した場合の取扱いを税務上の仕訳に表すと次のとおりとなります。

【税務上の仕訳】（単位：万円）

Ｓ社（清算による財産の分配）

（借）	資本金等の額	1,000	（貸）	現　　金	1,300
	利益積立金額	300			

Ｐ社（分配金の取得）

（借）	現　　金	1,000	（貸）	有価証券	1,000

（借）	現　　金	300	（貸）	配当金	300

↓

税務上は「配当金」とみなされる（受取配当等の益金不算入制度の対象）

※所得税等の源泉徴収の取扱いは省略しています。

このように、分配時の原資が異なることにより、受け取る株主側の課税関係も異なることから、支払う側の法人においてもその原資としての「資本金等の額」と

「利益積立金額」を明確に区分して管理しておく必要があります。以上を踏まえて、法人と株主の関係を、純資産と株式の関係で対応させると、次のような図となります。

（図２　「法人の純資産」と「株主が保有する株式」との関係①）

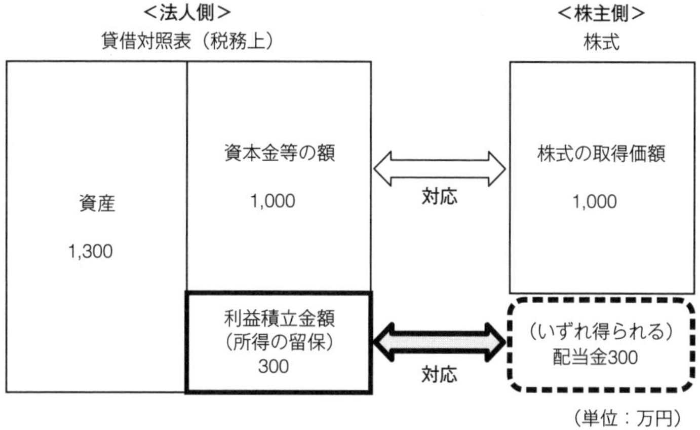

このように、「資本金等の額」は「株式」と対応関係にあり、「利益積立金額」は「配当金」と対応関係にある、というイメージを持っておくと、組織再編成において複雑な資本等取引が行われた場合においても、あるべき課税関係を導き出す手助けとなります。

［　４　株式購入から清算まで　］

（1）株式の購入

続いて、「設立から清算まで」の一連の流れについてさらなる理解を深められるように、繰返しの解説となる部分もありますが、法人と株主の関係を「設立から清算まで」ではなく、「株式の購入から清算まで」の流れで見ていきます。図１の状態で、既存の株主であるＰ社がＳ社株式をＸ社に売却し、株式を購入したＸ社がＳ社の新たな株主となったとします。この場合における株式の売買価格は、様々な要素を考慮して当事者間で決定することになりますので、通常はＰ社における当初出資額とは一致しません。たとえば、S 社株式の買い手である X 社が S 社の将来性を見込んで S 社の純資産価額（1,300 万円）を超える 1,500 万円で株式を購入したとします。この場合の X 社における購入時の仕訳は次のとおりです。

【税務上の仕訳】（単位：万円）

X 社

（借）	有　価　証　券	1,500	（貸）	現　　　　金	1,500

X 社が株式を購入した後における法人（S 社）と株主（X 社）の関係を、図２と同様に純資産と株式の関係で対応させると、次のような図となります。

（図３　「法人の純資産」と「株主が保有する株式」との関係②）

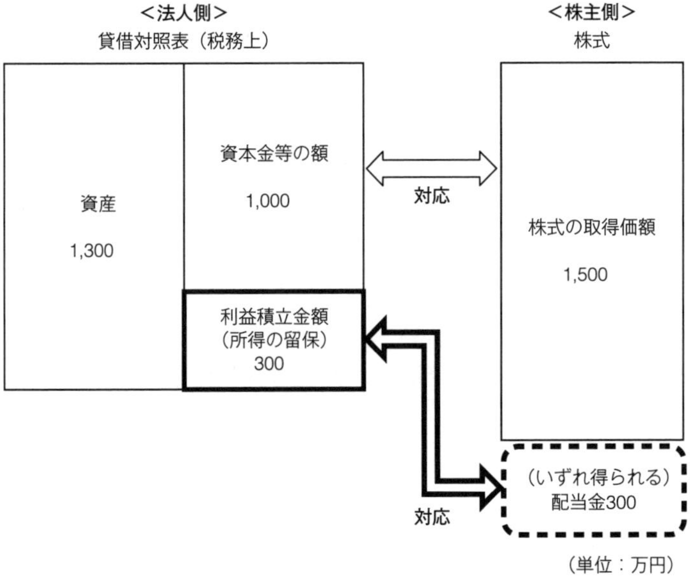

(2) 法人が清算をして財産を分配

仮に図３の状態で S 社が清算をし、株主である X 社に財産を分配したとします。S 社と X 社の税務上の仕訳は次のとおりとなります。

【税務上の仕訳】（単位：万円）

S社（清算による財産の分配）

（借）	資本金等の額	1,000	（貸）	現　　金	1,300
	利益積立金額	300			

X社（分配金の取得）

（借）	現　　金	1,000	（貸）	有価証券	1,500
	有価証券譲渡損※	500			

（借）	現　　金	300	（貸）	配当金	300

※100％親子会社間において子会社の清算に伴い生じる親会社の有価証券の譲渡損益は、所得計算上、計上されない取扱いとなっていますが、ここでは解説の便宜上「有価証券譲渡損」と記載します。

株主側が株式をいくらで取得していようとも、法人側の純資産の内訳に影響はないため、純資産1,300の分配金のうち、利益積立金額を原資とする300については株主において配当金とみなされます。また、分配金のうち資本金等の額から払い戻される1,000については、株主において有価証券の払戻しに係る対価（譲渡対価）として取り扱うため、清算に伴い消滅する有価証券の帳簿価額（譲渡原価）1,500との差額500は、有価証券の譲渡損失となります（100％親子会社間の清算に伴う有価証券の譲渡損益は、法人税の所得計算上不計上とされる取扱いがあります。ただし、ここでは解説は省略し、便宜的に有価証券譲渡損と表現します）。

以上のように、清算に伴う財産の分配時において、株主には、「有価証券の譲渡取引」と「配当金を収受する取引」の２つの取引が生じていることがわかります。これらの取引を２つの仕訳に区分して処理できるようになると、組織再編成に伴って生じる資本等取引についてもその応用で仕訳として処理できるようになります。

［　5　組織再編成に伴う「資本等取引」　］

組織再編成の論点から離れ、法人における「資本等取引」を設立と清算をベースに解説しました。ここからは、同様の内容を組織再編成に置き換えて解説します。税法上の組織再編成は合併、分割（分割型分割と分社型分割）、現物出資、現物分配

（株式分配を含む）、株式交換、株式移転の６つが挙げられますが、いずれの行為においても、必ず「出資」又は「純資産の分配」と同様の行為が生じます。つまり、先ほどの解説における、「法人の設立」又は「法人の清算」と同じ性質の課税関係が生じることになります。したがって、まずは基本形である、設立から清算までの流れにおける課税関係のイメージを持っておき、それぞれの組織再編行為に当てはめていくことで課税関係の整理が進むものと考えます。

それでは、その「出資」と「純資産の分配」の行為別に組織再編成をまとめてみましょう。ここからは「純資産の分配」については、「払戻し」と表現します。

①　「出資」と同性質の行為：分社型分割、現物出資、株式交換、株式移転
②　「払戻し」と同性質の行為：現物分配（株式分配を含む）
③　「払戻し」及び「出資」と同性質の行為が同時に生じる行為：合併、分割型分割

①の行為は、現物出資に代表されるようにすべて現物による「出資」と同じ性質の行為と言えます。通常の場合の当事者としては出資者（株主）と出資を受ける者（株式の発行法人）の２者が登場します（株式交換と株式移転は、出資を受ける者の子会社となる法人も当事者として課税関係が及ぶケースもありますが、ここでは解説を省略します）。

②の行為は、配当を現物で行う行為ですので、「払戻し」のみが生じます。当事者としては、配当を受ける者（株主）と配当を行う者（株式の発行法人）の２者が登場します。

③の行為は、多少語弊があるかもしれませんが、法人の全部又は一部を清算して株主に純資産の「払戻し」を行い、その払戻しを受けた純資産が新たな法人へ「出資」されるという行為が同時に起きる行為です。したがって、当事者としては、払戻しを行う者（旧株の発行法人）、払戻しを受け、出資を行う者（新旧の株主）、出資を受ける者（新株の発行法人）の３者が登場します。

それぞれ①～③について、①は現物出資、②は現物分配、③は合併を例に図に表すと次のとおりとなります。

（図４　組織再編成の形態別の資本等取引（例））

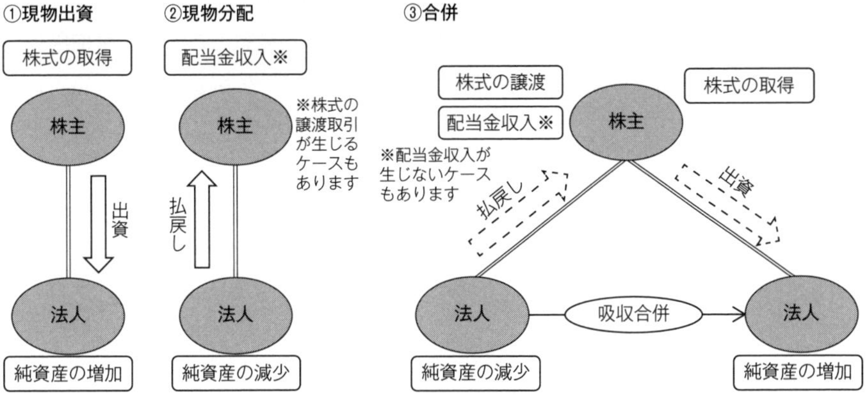

図４③の合併については、実際の法人税法の規定における表現とは異なる流れで図解していますので、矢印は点線としています。実際の規定の流れに則した詳細な説明はCHAPTER 2　合併で行います。ここでの解説で、図４の内容を基にイメージとして押さえておきたいことは、次の３点です。

①　組織再編成においては、「（株式を発行する）法人」と「（その株式を保有する）株主」が登場すること
②　「法人」については、「出資」を受けると純資産が増加し、「払戻し」をすると純資産が減少すること
③　「株主」については、「出資」をすると株式を取得し、「払戻し」を受けると「株式の譲渡」と「配当金収入」のいずれか一方の取引又は両方の取引が生じること

この３点のポイントをイメージしておき、各組織再編成において「出資」と「払戻し」のいずれが起きているのかを、組織再編成の当事者別に把握することで、それぞれの当事者の課税関係を整理できます。

以上が、組織再編成において生じる「資本等取引」について押さえておきたい基本ポイントです。本CHAPTERでは資本等取引に解説を絞りましたが、もう一つの重要論点として、組織再編成に伴い含み損益のある現物の資産が移転した場合の譲渡損益の取扱いがあります。CHAPTER 2 以降の各組織再編成の個別の解説では、資本等取引と譲渡損益の論点について仕訳を中心にまとめるとともに、組織再編成における課税の繰延べ規定である適格組織再編制度について解説していきます。

SECTION
02

法人税法施行令８条（資本金等の額）の条文構成

本書では、次のCHAPTER以降の解説は主要な条文を記載しながら進めていきます。そのうち「資本金等の額」の定義に関する政令規定である法人税法施行令８条の条文については実際の条文構成とは異なる記載の仕方をしていますので、本SECTIONで共通事項として解説をします。

法人税における「資本金等の額」の定義は、法人税法及び法人税法施行令において以下のとおり定められています。

■法人税法２条（定義）

十六　資本金等の額　法人＊が株主等から出資を受けた金額として政令で定める金額をいう。

■法人税法施行令８条（資本金等の額）

法第２条第16号（定義）に規定する政令で定める金額は、同号に規定する法人の資本金の額又は出資金の額と、当該事業年度前の各事業年度（＊以下この項において「過去事業年度」という。）の第１号から第12号までに掲げる金額の合計額から当該法人の過去事業年度の第13号から第22号までに掲げる金額の合計額を減算した金額＊に、当該法人の当該事業年度開始の日以後の第１号から第12号までに掲げる金額を加算し、これから当該法人の同日以後の第13号から第22号までに掲げる金額を減算した金額との合計額とする。

（以下、一～二十二）

（注）　＊部分は条文の省略です。本書における条文の表記方法は目次viページ参照。

法人税法施行令８条では、まず柱書の文章において「資本金の額または出資金の額」に「一号から十二号までの金額」を加算し、「十三号から二十二号までの金額」を減算した金額を「資本金等の額」と規定しています。

図に示すと次のとおりとなります。

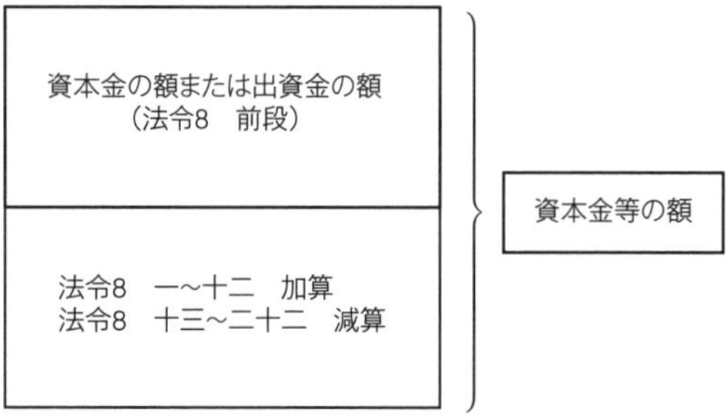

つまり、その後の一号から二十二号の各号においては、「資本金等の額のうち資本金以外の部分」を規定していることになります。例えば、一号においては次のとおり規定されています。

> 一　株式＊の発行＊をした場合＊に払い込まれた金銭の額＊からその発行により増加した資本金の額又は出資金の額（法人の設立による株式の発行にあつては、その設立の時における資本金の額又は出資金の額）を減算した金額

一号の取扱いについて具体例で確認します。

【具体例】

現預金10,000の出資を受け、7,000を資本金、3,000を資本準備金とした。

<仕訳>

（現預金）	10,000	（資本金）	7,000
		（資本準備金）	3,000

貸借対照表

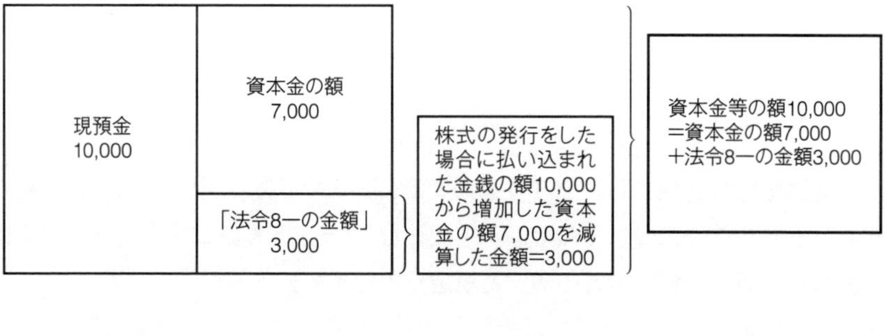

一号部分の金額は、「株式の発行をした場合に払い込まれた金銭の額 10,000」から「増加した資本金の額 7,000」を減算した 3,000 となり、これに 8 条前段の文章の「資本金の額 7,000」を加算した 10,000 が全体として増加する資本金等の額となります。柱書の文章を考慮せず一号部分のみを読むと、税務上の資本金等の額の増加額は 3,000 であると読み違えてしまいますので、留意する必要があります。組織再編成に係る資本金等の額の増減の規定においても条文の構成は同様です。柱書の文章を考慮せず各号の規定のみを読むだけでは正しい資本金等の額は計算できません。

以上を踏まえ、本書において法人税法施行令 8 条の条文を記載する際には、同条がこのような構成であることを前提に、柱書の部分と各号の規定をまとめて要約した文章を記載します。一号を例にすると、次のとおりとなります。

■法人税法施行令 8 条 1 項 1 号
（資本金等の額）
資本金等の額について以下の金額が増加する。
一　株式＊の発行＊をした場合＊に払い込まれた金銭の額

柱書の文章と一号の文章をそれぞれ記載するのではなく、増加する資本金等の額について「株式の発行をした場合に払い込まれた金銭の額」と表現をすることになります。実際の条文と照らし合わせて確認をすると、表現が異なっていますのでご留意ください。

CHAPTER

2

合　併

SECTION
01 合併における課税上の2つの取引

最初のCHAPTERでは、組織再編税制の個別具体的な内容に入る前の基礎知識として、組織再編税制を確認するに当たって欠かすことのできない論点である「資本等取引」の基本的な考え方とポイントを、法人の「設立」と「清算」を例として解説しました。本CHAPTERからは、この内容を踏まえ、組織再編成の内容を具体的に確認していきます。まずは、合併からです。

「設立」と「清算」の例では「資本等取引」の解説を行いましたが、合併を含む組織再編行為においては、通常、資産と負債が法人間で移転しますので、「資本等取引」に加え資産・負債の「譲渡取引」が生じます。譲渡取引が生じるということは、その移転する資産・負債に含み損益があれば、原則としてその含み損益が譲渡取引の中で実現し、法人税の課税所得の計算に影響を与えることになります。

このように「資本等取引」と「譲渡取引」が同時に生じ、それぞれの取引ごとに課税関係を整理しなければいけないところが、組織再編税制の難しさと言えます。同時に複数の取引が生じる中で、混乱することなく論点を整理できるようになるためには、「組織再編成によって生じる取引を図でイメージできること」、そして、「それぞれの取引を税務上の仕訳として処理できること」が重要と考えます。

そこで本書では、条文ベースで基本的な規定を確認したうえで、当該規定の中で生じる税務上の取引を図解により当事者別に整理し、それぞれの取引を税務上の仕訳としてまとめていきます。

(本書の解説の流れ)

［　1　合併に関する基本規定の確認　］

合併に関する基本規定を確認します。組織再編成の税務上の取扱いにおいては、適格組織再編成という課税の繰り延べ制度があり、合併についても適格合併という取扱いがありますが、本 SECTION では原則的な取扱いである適格合併に該当しない場合（非適格合併の場合）の取扱いを確認します。最初の CHAPTER では組織再編成における資本等取引の取扱いについて、その組織再編成における行為が「出資（純資産の増加）」と「払戻し（純資産の減少）」のいずれに該当するのかという視点から整理するため、合併については「法人の全部を清算して株主に純資産の払戻しを行い、その払戻しを受けた純資産が新たな法人へ出資される行為」という表現で解説をしました。しかし、実際にはこのような表現では規定されていません。

合併があった場合の当事者は、通常、「合併法人」、「被合併法人」、「被合併法人の株主」の三者となりますので、それぞれの立場別に主要な基本規定を取り上げます。なお条文については一定のルールに基づいて記載しています。まずは目次ⅳページの「本書における条文の表記方法」をお読み頂いたうえで、ご確認下さい。

この項目で紹介する条文

【法人税法 62 条 1 項】

（合併及び分割による資産等の時価による譲渡）

第 62 条　内国法人が合併*により合併法人*にその有する資産又は負債の移転をしたときは、当該合併法人*に当該移転をした資産及び負債の当該合併*の時の価額による譲渡をしたものとして、当該内国法人の各事業年度の所得の金額を計算する。この場合においては、当該合併*により当該資産又は負債の移転をした当該内国法人（資本又は出資を有しないものを除く。）は、当該合併法人*から新株等*をその時の価額により取得し、直ちに当該新株等*を当該内国法人の株主等に交付したものとする。

【法人税法施行令８条１項５号】

（資本金等の額）

第８条　資本金等の額について、以下の金額が増加する。

五　合併により移転を受けた資産及び負債の純資産価額（次に掲げる合併の区分に応じそれぞれ次に定める金額をいう。）＊

イ　適格合併に該当しない合併＊　当該合併に係る被合併法人の株主等に交付した当該法人【※合併法人】の株式＊の価額の合計額

【法人税法 61 条の２第１項、第２項】

（有価証券の譲渡益又は譲渡損の益金又は損金算入）

第 61 条の２　内国法人が有価証券の譲渡をした場合には、その譲渡に係る譲渡利益額（第１号に掲げる金額が第２号に掲げる金額を超える場合におけるその超える部分の金額をいう。）又は譲渡損失額（同号に掲げる金額が第１号に掲げる金額を超える場合におけるその超える部分の金額をいう。）は、＊その譲渡に係る契約をした日＊の属する事業年度の所得の金額の計算上、益金の額又は損金の額に算入する。

一　その有価証券の譲渡の時における有償によるその有価証券の譲渡により通常得べき対価の額（配当等とみなされる金額がある場合には、そのみなされる金額に相当する金額を控除した金額）

二　その有価証券の譲渡に係る原価の額＊

２　内国法人が、旧株＊を発行した法人の合併（当該法人の株主等に合併法人＊の株式以外の資産＊が交付されなかつたものに限る。以下＊「金銭等不交付合併」という。）により当該株式の交付を受けた場合＊における前項の規定の適用については、同項第一号に掲げる金額は、これらの旧株の当該金銭等不交付合併＊の直前の帳簿価額に相当する金額とする。

【法人税法施行令 119 条１項５号】

（有価証券の取得価額）

第119条　内国法人が有価証券の取得をした場合には、その取得価額は、次の各号に掲げる有価証券の区分に応じ当該各号に定める金額とする。

五　合併（法第 61 条の２第２項＊に規定する金銭等不交付合併に限る。）により交付を受けた＊合併法人＊の株式　当該合併に係る被合併法人の株式の当該合併の直前の帳簿価額に相当する金額（配当等とみなされた金額がある場合には当該金額を、当該合併法人＊の交付を受けるために要した費用がある場合にはその費用の額を、それぞれ加算した金額とする。)

【法人税法 24 条】
(配当等の額とみなす金額)
第 24 条　法人*の株主等である内国法人が当該法人の次に掲げる事由により金銭その他の資産の交付を受けた場合において、その金銭の額及び金銭以外の資産の価額*の合計額が当該法人の資本金等の額*のうちその交付の基因となつた当該法人の株式又は出資に対応する部分の金額を超えるときは、*その超える部分の金額は、配当等の金額とみなす。
一　合併(適格合併を除く。)

以上が、非適格合併に関する取引を整理するに当たって最低限確認しておきたい法人税法上の基本規定です。このように、合併に関する取引を確認するためには、異なる箇所に規定された多くの条文に当たらなければなりません。つまり、条文上は、合併の内容がわかりやすく取引の順序どおりにまとまっているわけではないということです。また、上記の条文の記載に当たっては、適格合併制度に関する部分やその他細かな取扱いは省略していますし、上記に取り上げた規定以外にも合併に関する多くの重要な条文が関係する法令に点在しています。そのため、「条文のどこを確認したらよいかわからない」という状況に陥りやすいのが組織再編税制であり、これが当該税制の理解を困難とさせる一つの理由と考えます。しかし、実際の実務では、条文による根拠規定の確認は欠かせません。これらの条文の内容を短期間で負担なく整理できるような近道はないと思いますので、実務において条文を確認する際には1回1回を大事にして、徐々に内容を定着させていくことが必要と考えます。

[　2　図解でみる非適格合併における課税上の取引　]

上記で要約した条文の内容に則して、次の前提をもとに図にまとめます。

【前提】

被合併法人Ａ社：資産と負債の帳簿価額の差額（簿価純資産価額）100，資本金等の額30，利益積立金額70

合併法人Ｂ社：Ａ社株主に時価120の株式を交付

被合併法人の株主（法人）：Ａ社株式の帳簿価額　60

(注)　適格合併には該当しないものとする

【非適格合併（吸収合併）があった場合の税務上の取引の流れ】

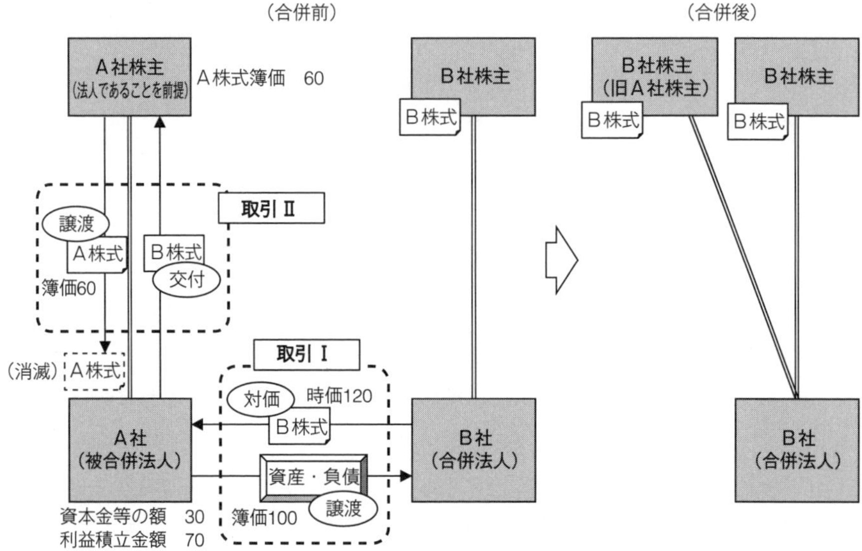

このように上記に掲げた規定の内容を図としてまとめると、以下の２つの取引があることがわかります。

■「取引Ⅰ」
被合併法人と合併法人との間の取引（図の「取引Ⅰ」）

■「取引Ⅱ」
被合併法人と被合併法人の株主との間の取引（図の「取引Ⅱ」）

ここで特徴的なのは、合併法人の株式（Ｂ株式）の動きです。法人税法62条１項の表現のとおり、合併法人の株式は、合併法人から被合併法人の株主に対し直接交付されたと考えるのではなく、合併法人から被合併法人に対し、合併による資産・負債の移転（譲渡）の対価として支払われたと考えます（「取引Ⅰ」)。そして、その後、被合併法人が取得した合併法人株式を、被合併法人の株主に交付したと考えます（「取引Ⅱ」)。合併法人の株式の交付の動きをこのように規定することで、被合併法人は「取引Ⅰ」において、資産と負債の移転に伴う譲渡取引を認識することができ、譲渡取引に伴う課税所得の計算を行うことができます。また、「取引Ⅱ」において、株主に対する純資産の払戻しの処理を認識することができるとともに、株主においても払戻しに伴う各種の取引を認識できるようになります。

[3 仕訳でみる非適格合併における課税上の取引]

(1) 被合併法人と合併法人との間の取引（「取引Ⅰ」)

① 被合併法人の仕訳処理

上記の図のそれぞれの取引を立場別に仕訳としてまとめます。

まずは図の「取引Ⅰ」の部分ですが、被合併法人は、合併による資産と負債の移転を「合併の時の価額による譲渡」をしたものとして取り扱います。譲渡による対価は合併法人の株式です（法人税法 62 条 1 項)。

【仕訳①】「取引Ⅰ」における被合併法人の仕訳

（借）	B 株 式	120	（貸）	資 産・負 債	100
				譲 渡 益※	20

※ 被合併法人の最後の事業年度に計上されます。

資産と負債を時価により譲渡したものと考えますので、当該時価と帳簿価額との間に差額がある場合には、譲渡損益が生じることになります。「取引Ⅰ」のケースでは、資産負債（資産と負債の差額である純資産。以下「資産負債」とします）の移転に伴う対価 120 と資産負債の帳簿価額 100 との差額 20 が譲渡益となります。なお、合併があった場合には、被合併法人の事業年度開始の日から合併の日の前日までの期間を被合併法人の事業年度とみなして課税所得を計算し、法人税の申告納税を行う必要がありますが、合併に伴う当該譲渡損益は、この最後の事業年度の課税所得に含まれることになります。つまり、被合併法人は合併により消滅する直前の最後の事業年度において、含み損益の実現とこれに伴う課税が生じることになります。

② 合併法人の仕訳処理

合併法人は、図の「取引Ⅰ」により被合併法人の資産負債を取得します。被合併法人側では譲渡として取り扱われますが、合併法人側は単に資産負債を購入したわけではありません。合併に伴って資産負債を受け入れ、被合併法人の株主に株式を交付するという取引になりますので、新たな出資を受けたことと同様の効果が生じます。具体的には、資産負債を受け入れるとともに、純資産が増加することになります。この純資産の増加をどのような名目で処理するかというと、CHAPTER 1 の解説のとおり、「資本金等の額」となります。

では、資本金等の額の増加額はいくらとなるでしょうか。これは、法人税法施行令８条（資本金等の額）１項５号のとおり、「被合併法人の株主等に交付した合併法人の株式の価額の合計額（時価）」となります（株式以外に金銭等の交付をするケースもありますが、ここでは解説を省略します）。図の「取引Ⅰ」における合併法人の仕訳は次のとおりです。

【仕訳②】「取引Ⅰ」における合併法人の仕訳

（借）	資産・負債	120	（貸）	資本金等の額※	120

※　交付した合併法人株式の価額（時価）相当が増加します。

ここで、少し細かい論点についても触れておきます。いま述べたとおり、合併に伴う合併法人の資本金等の額の増加額は交付した「合併法人株式の時価」となり、現物として受け入れた「資産と負債の時価の差額（時価純資産価額）」ではありません。受け入れた資産と負債については、それぞれ一つ一つ時価で取得価額を付すこととなりますが、その結果としての「受け入れた純資産の時価」と「合併に伴って増加する資本金等の額」は必ずしも一致しません。合併に伴って交付する株式の価額は被合併法人の事業価値など様々な要素を考慮して決定されるためです。受け入れた純資産の時価と資本金等の額の増加額（交付した株式の時価）に差額がある場合には、その差額はいわゆる「のれん」や「負ののれん」として処理されることになります（仮に本仕訳でのれん又は負ののれんが生じている場合には、借方の資産・負債に含まれているものとご理解ください）。税務上ののれんや負ののれん（「資産調整勘定」及び「負債調整勘定」と定義されています）の取扱いについての詳細な解説についてはCHAPTER 5にて行いますが、非適格合併において「増加する資本金等の額＝交付する株式の時価」であるという点は、組織再編税制の理解を進めるに当たり、最初からしっかりとイメージを持って頂きたい点となります。

(2) 被合併法人と被合併法人の株主との間における取引（「取引Ⅱ」）

① 被合併法人の仕訳

続いて図の「取引Ⅱ」の仕訳を確認します。まずは、被合併法人です。被合併法人は「取引Ⅰ」で資産負債の譲渡を行い対価として合併法人の株式を取得したのち、「取引Ⅱ」において、「直ちに当該新株等を当該内国法人の株主等に交付したものとする」という取引を行います（法法62①）。清算に例えるならば、残余財産の分配と同様の性格の取引です。したがって、株式の交付とともに株主に純資産（資本金等の額と利益積立金額）の払戻しを行うことになります。仕訳は次のとおりです。なお、「取引Ⅰ」の譲渡益に対する未払法人税等は生じていないものとします。

【仕訳③】「取引Ⅱ」における被合併法人の仕訳

（借）	資本金等の額	30	（貸）	B　株　式	120
	利益積立金額	90			

※　譲渡益に対する税負担は生じていないものとします。

図において合併直前の被合併法人の利益積立金額は70という前提ですが、最後に譲渡益20が生じることで利益積立金額が90に増加しています。したがって、株主に対する時価120の株式の交付（払戻し）に当たり、被合併法人の純資産として資本金等の額30、利益積立金額90を取り崩すこととなり、仕訳の貸借が一致します。

② 被合併法人の株主の仕訳

最後に、図の「取引Ⅱ」における被合併法人の株主の取扱いです。株主は法人であることを前提とします。まずは、結論としての仕訳を記載します。

【仕訳④】「取引Ⅱ」における被合併法人の株主の仕訳

(借)	B　株　式	150	(貸)	A　株　式	60
				配　当　金	90

※　所得税等の源泉徴収に関する仕訳は省略しています。

被合併法人の株主においては、被合併法人の消滅とともに当該被合併法人の株式が消滅し、代わりに合併法人の株式を取得する、つまり、株式の銘柄が変わるだけの取引ですが、ここには様々な性質の取引が同時に生じています。まずは、CHAPTER 1で解説した清算の場合の内容の応用となりますが、上記【仕訳③】における被合併法人の仕訳にあるように、被合併法人は、「純資産の払戻し」として株式の交付を行っていますので、払戻しを受ける側の株主は、清算による残余財産の分配と同様の処理を行うことになります。具体的には、純資産の払戻しとして取得する株式について次のとおり取り扱います。

被合併法人における払戻しの原資	株主における取扱い
「資本金等の額」を原資とする払戻し部分	保有する被合併法人株式の払戻しに係る対価（有価証券の譲渡対価）となる
「利益積立金額」を原資とする払戻し部分	配当とみなす

法人税法61条の2の規定を確認すると、有価証券の譲渡対価の額として「みなし配当の金額がある場合には、その金額を控除した金額」と表現されています。つまり、有価証券の譲渡対価からは、明確にみなし配当金の額が除かれています。したがって、被合併法人の株主は取引を「株式の譲渡取引」と「配当金を収受する取引」の2つに区分して処理を考えることになります。ここまでは、清算の場合と同様の考え方となりますが、清算と合併では異なる点があります。それは、合併に伴い交付される対価が合併法人の株式のみである場合には、株主において有価証券の譲渡損益を認識しないという点です。これは、前述の法人税法61条の2第2項に

規定されています。「旧株を発行した法人の合併（当該法人の株主等に合併法人の株式以外の資産が交付されなかったものに限る）により合併法人の株式の交付を受けた場合の有価証券の譲渡対価の額は、旧株の当該合併直前の帳簿価額に相当する金額とする」という表現の部分です。この表現に従い、【仕訳④】のうち有価証券の譲渡に関する部分だけを抜き出して仕訳の処理を行うと次のとおりとなります。

【仕訳④の一部】有価証券の譲渡取引の仕訳

（借）	B　株　式	60	（貸）	A　株　式	60

↓

A 株式の譲渡に伴う譲渡対価の額 ＝ A 株式の合併直前の帳簿価額

※　譲渡損益は生じません。

仕訳のとおり、旧株式の帳簿価額を新株式の取得価額に付け替えるだけの処理となりますで、A 株式の譲渡損益は生じません。

では、みなし配当部分の取引はどうなるでしょうか。みなし配当の考え方については、法人税法 24 条の内容を確認して頂ければと思いますが、これに係る仕訳については、新しく取得する B 株式の取得価額という側面から確認します。法人税法施行令 119 条 1 項 5 号では、「合併（金銭等不交付合併に限る）により交付を受けた合併法人の株式の取得価額は、被合併法人株式の合併直前の帳簿価額に相当する金額とし、みなし配当の金額がある場合には当該金額を加算した金額とする」とされています。B 株式の取得価額という視点で【仕訳④】の処理を見ると次のとおりとなります。

【仕訳④を分解】　有価証券の取得価額の計算から見る仕訳

（借）	B　株　式	60	（貸）	A　株　式	60

↓

B 株式の取得価額 ＝ A 株式の合併直前の帳簿価額

（借）	B　株　式	90	（貸）	配　当　金	90

↓

B株式の取得価額	＝	みなし配当の金額がある場合には当該金額を加算した金額

結果として、B株式の取得価額は「A株式の合併直前の帳簿価額」60と「みなし配当の金額」90の合計額の150となります。

なお、このように合併に伴い交付される対価が合併法人の株式のみである場合に、株主において有価証券の譲渡損益を認識しないとするのは、合併の契約は合併法人と被合併法人との間で行われ、株主が反対をしても反対者が少数であれば実行を回避することができず、そのような状況で株主に譲渡益課税を行うことは酷であること、また、新たな株式が交付され当該株式に帳簿価額を引き継ぐことで、新株式の売却の際に課税を行うことができること（永久に課税機会を失うわけではないこと）などが理由として挙げられます。

なお、仮に対価の全てが金銭であった場合の仕訳は次のとおりとなり、有価証券の譲渡損益が計上されます。

【仕訳⑤】　取引Ⅱにおいて株主への交付額の全てが金銭の場合

（借）	現　　　金	30※1	（貸）	A　株　式	60
	譲　渡　損	30※2			

（借）	現　　　金	90※3	（貸）	配　当　金	90

※1　交付金銭のうち被合併法人の資本金等の額を原資とする部分30は有価証券の譲渡対価の額となる。

※2　原則として譲渡損益が計上されるが、A社株主とA社との間に完全支配関係（100％親子会社関係等）がある場合には、譲渡損益を不計上とする取扱いがある（法人税法61条の2第17項。本SECTIONにおける解説は省略）。

※3　交付金銭のうち被合併法人の資本金等の額を超える部分（利益積立金額）90

を配当とみなす。

以上、本 SECTION では合併の原則的な取扱い（非適格合併の場合の取扱い）における基本規定について当事者ごとに図と仕訳を用いて確認をしました。次の SECTION では、課税上の取扱いが異なる適格合併という制度について確認します。

SECTION

02 適格合併による課税の繰り延べ

[1 適格合併の基本的な考え方]

(1) 適格合併とは

SECTION 1 では、合併があった場合の課税上の原則的な取扱い（非適格合併の場合の取扱い）について法人税法の基本規定を確認しました。合併の当事者である合併法人、被合併法人、被合併法人の株主の三者の課税関係が、「2 つの取引」に集約されることを確認し、それぞれの取引における課税上の取扱いを図解と仕訳を用いて解説しました。本 SECTION では「適格合併」について、条文の表現を確認した上で、当事者ごとの課税上の取扱いを図解と仕訳により解説します。

適格合併とは、一定の適格要件を満たす合併について、資産負債の移転に伴い生じる譲渡損益等を繰り延べる制度です。合併のほかに、分割、現物出資、現物分配、株式分配、株式交換及び株式移転の各組織再編成についても同様の制度があります。適格組織再編制度が設けられている背景には税務的な側面から企業の組織再編成をしやすくし、企業の競争力強化に繋げたいという狙いがあります。SECTION 1 で確認をした内容を見るとわかるとおり、合併の原則的な考え方によると、純資産に含み損益がある法人を被合併法人として合併を行えばその含み損益は譲渡損益として実現することになります。また、被合併法人の株主についても、株式の譲渡損益を生じさせないといった手当はあるものの、みなし配当による課税が生じる場合があります。いずれも、ケースによっては大きな税負担が生じる可能性があります。合併などの組織再編行為は、本来的には、企業の経営の効率化や競争力の強化など事業上の要請から行われるものであり、このような前向きな意思決定を税の負担という理由により押しとどめてしまうことは税制として望ましくありません。そこで、一定の要件を満たす場合には、適格組織再編成として、譲渡損益課税やみなし配当課税を生じさせない取扱いを設けています。

適格合併は次の2つの類型に区分することができます。

> ①　**企業グループ内の合併**
> 　**支配関係（直接又は間接の50％超の資本関係等）がある法人間における合併**
> ②　**共同で事業を行うための合併**
> 　**支配関係がない法人間における合併で、事業に関連性のある法人同士が共同で事業を行うために行うもの**

①と②では適格合併に該当するかどうかの要件が異なり、①についてはさらに、合併法人と被合併法人との間に完全支配関係（直接または間接の100％の資本関係等）があるかどうかで、要件が異なります。本SECTIONでは、課税関係の解説を中心としますので、「支配関係」「完全支配関係」の意義を含む適格要件についての詳細な解説はSECTION 3の内容とします。

(2) 課税の繰り延べとは

適格合併における課税の繰り延べとは、合併当事者の課税関係を合併前後で変わらず維持する取扱いであり、「被合併法人と被合併法人の株主の関係」をそのまま「合併法人と被合併法人の旧株主の関係」として継続していくイメージとなります。適格組織再編成の制度が導入された平成13年度税制改正時の「平成13年版　改正税法のすべて（財団法人　大蔵財務協会）」によれば、制度の基本的な考え方として、「移転資産等に対する支配が継続している場合には、その譲渡損益の計上を繰り延べて従前の課税関係を継続させる」としており、また、「実質においてはまだその資産等を保有しているということができるものであるときは、その資産等の譲渡損益の計上を繰り延べることができると考えられる」としています。

①企業グループ内の合併と②共同で事業を行うための合併のイメージを簡単に触れておきますと、①はグループ企業内における法人間の合併が対象となります。グループ運営を行う企業群には頂点に当該グループを支配する株主がおり、グループ内の合併に伴って資産等が移転しても、当該株主から見ればその資産等への支配は継続していると考えられるため、適格合併として取り扱われます。②は「共同で事

業を行う」との表現のとおり、いわゆる買収ではなく関連性のある事業を行う法人同士が対等に近い形で行う合併を想定しています（また、そのような要件となっています）。この場合も、被合併法人の旧株主は合併法人に移転した資産等を合併後も実質的に保有しているものと考え、適格合併として取扱われます。

①と②で適格合併に該当するかどうかの要件は異なりますが、適格合併に該当した場合の合併時における課税上の取扱いはいずれも同じ取扱いとなります。ただし、合併後における課税への影響（繰越欠損金の取扱い等）については異なる点があります。本SECTIONにおいては合併時における課税上の取扱いを中心に解説します。

[　2　適格合併に関する基本規定の確認　]

まずは適格合併について条文上どのような表現で規定されているのか、内容を確認します。条文の記載を省略している論点のうち抱合株式、無対価合併、三角合併の取扱いについては、SECTION 4〜6で解説をします。

この項目で紹介する条文

【法人税法62条の2第1項】

（適格合併及び適格分割型分割による資産等の帳簿価額による引継ぎ）

第62条の2　内国法人が適格合併により合併法人にその有する資産及び負債の移転をしたときは、前条第1項及び第2項の規定にかかわらず、当該合併法人に当該移転をした資産及び負債の当該適格合併に係る最後事業年度終了の時の帳簿価額*による引継ぎをしたものとして、当該内国法人の各事業年度の所得の金額を計算する。

【法人税法施行令123条の3第3項】

（適格合併及び適格分割型分割における合併法人等の資産及び負債の引継価額等）

第123条の3

3　内国法人が適格合併*により被合併法人*から資産又は負債の移転を受けた場合には、当該移転を受けた資産及び負債の*帳簿価額*による引継ぎを受けたものとする。

【法人税法施行令８条１項５号】

（資本金等の額）

第８条　資本金等の額について、以下の金額が増加する。

五　合併により移転を受けた資産及び負債の純資産価額（次に掲げる合併の区分に応じそれぞれ次に定める金額をいう。）＊

ハ　適格合併　当該適格合併に係る被合併法人の当該適格合併の日の前日の属する事業年度＊終了の時における資本金等の額＊に相当する金額

【法人税法施行令９条１項２号】

（利益積立金額）

第９条　利益積立金額について、以下の金額が増加する。

二　当該法人を合併法人とする適格合併により当該適格合併に係る被合併法人から移転を受けた資産の当該適格合併の日の前日の属する事業年度＊終了の時の帳簿価額＊から当該適格合併により当該被合併法人から移転を受けた負債の当該終了の時の帳簿価額並びに当該適格合併に係る第８条第１項第５号（資本金等の額）に掲げる資本金等の額の増加額＊の合計額を減算した金額

【法人税法 61 条の２第２項】

（有価証券の譲渡益又は譲渡損の益金又は損金算入）

第 61 条の２

２　内国法人が、旧株＊を発行した法人の合併（当該法人の株主等に合併法人＊の株式以外の資産＊が交付されなかつたものに限る。以下＊「金銭等不交付合併」という。）により当該株式の交付を受けた場合＊における前項の規定の適用については、同項第１号に掲げる金額【※譲渡対価の額】は、これらの旧株の当該金銭等不交付合併＊の直前の帳簿価額に相当する金額とする。

【法人税法施行令 119 条１項５号】

（有価証券の取得価額）

第119条　内国法人が有価証券の取得をした場合には、その取得価額は、次の各号に掲げる有価証券の区分に応じ当該各号に定める金額とする。

五　合併（法第 61 条の２第２項＊に規定する金銭等不交付合併に限る。）により交付を受けた当該合併に係る合併法人＊の株式　当該合併に係る被合併法人の株式の当該合併の直前の帳簿価額に相当する金額（配当等とみなされた金額がある場合には当該金額を、当該合併法人＊の交付を受けるために要した費用がある場合にはその費用の額を、それぞれ加算した金額とする。）

【法人税法 24 条】

（配当等の額とみなす金額）

第 24 条　法人＊の株主等である内国法人が当該法人の次に掲げる事由により金銭その他の資産の交付を受けた場合において、その金銭の額及び金銭以外の資産の価額＊の合計額が当該法人の資本金等の額＊のうちその交付の基因となつた当該法人の株式又は出資に対応する部分の金額を超えるときは、＊その超える部分の金額は、配当等の金額とみなす。

一　合併（適格合併を除く。）

［　3　図解でみる適格合併における課税上の取引　］

上記で要約した条文の内容に則して、次の前提をもとに図にまとめます。

（図１）

【前提】

被合併法人Ａ社：資産と負債の帳簿価額の差額（簿価純資産価額）100，資本金等の額30，利益積立金額70

合併法人Ｂ社：Ａ社株主に時価120の株式を交付

被合併法人の株主（法人）：Ａ社株式の帳簿価額　60

(注)　適格合併に該当するものとする

【適格合併（吸収合併）があった場合の税務上の取引の流れ】

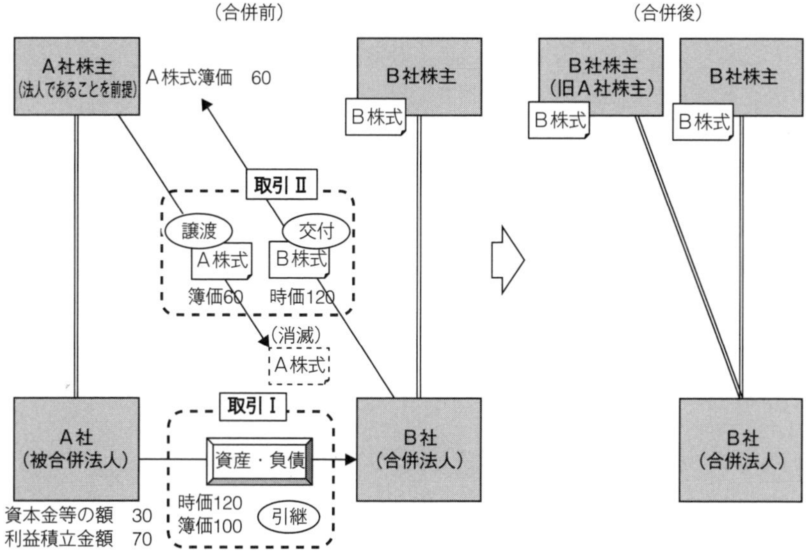

上記に掲げた規定の内容を図としてまとめると、以下の２つの取引があることがわかります。

■「取引Ⅰ」
　被合併法人と合併法人との間の取引（図１の「取引Ⅰ」）

■「取引Ⅱ」
　合併法人と被合併法人の株主との間の取引（図１の「取引Ⅱ」）

SECTION 2 で解説した合併の原則的な取扱い（非適格合併の場合の取扱い）とは取引を認識する箇所が異なります。異なる原因は合併法人の株式の動きです。非適格合併の場合の取扱いでは、法人税法 62 条 1 項の規定により、被合併法人の株主に交付される合併法人の株式は、被合併法人の株主に直接交付されたと考えるのではなく、一旦、被合併法人に合併の対価として支払われたと考えました。そして、その後、被合併法人が取得した合併法人の株式を、被合併法人の株主に交付するという規定となっていました。合併法人の株式の交付の動きをこのように規定することで、被合併法人の資産負債の移転に伴う譲渡損益を認識することができ、また、株主に対する純資産の払戻しの処理を認識するという取扱いでした。

これに対し適格合併の場合は、法人税法 62 条の 2 第 1 項において「帳簿価額による引継をした」とのみ規定されており、資産負債の移転に伴う対価（被合併法人が受け取る譲渡対価）については触れられていません。したがって、合併法人の株式は、実際の株式の動きのとおり、合併法人から被合併法人の株主へ直接交付されることを前提として規定されているものと考えます。その他の相違点については、当事者別の仕訳を見ながら確認していきます。

［ 4 仕訳でみる適格合併における課税上の取引 ］

(1) 被合併法人と合併法人との間の取引（「取引Ⅰ」）

① 被合併法人の仕訳処理

上記の図 1 のそれぞれの取引を立場別に税務上の仕訳としてまとめます。

まずは図 1 の「取引Ⅰ」の部分ですが、被合併法人は、合併による資産と負債の移転を「適格合併に係る最後事業年度終了の時の帳簿価額による引継ぎ」をしたものとして取り扱います（法法 62 の 2 ①）。

【仕訳①】「取引Ⅰ」における被合併法人の仕訳

（借）	資本金等の額	30	（貸）	資産・負債	100
	利益積立金額	70			

前述のとおり、「帳簿価額による引継ぎをした」とのみ規定されており、資産負債の移転に伴う対価については触れられていませんので、被合併法人において譲渡

取引は認識されません。また、「帳簿価額」による引継ぎであり、合併直前に被合併法人の利益積立金額を含み損益分だけ増減させるような規定もないことから、「帳簿価額と時価の差額を損益として実現した上で引き継ぐ」というような取扱いともなりません。つまり、被合併法人において資産負債の移転に伴う損益は認識されないことになります。

仕訳としては、合併に伴って被合併法人は最終的に消滅しますので、貸借対照表の最終残高を消去する仕訳となります。なお、借方に資本金等の額と利益積立金額の減少額を計上していますが、通常これらの減少が生じる事項は、法人税法施行令8条（資本金等の額）及び9条（利益積立金額）の中にその減少事由と減少金額が定義されています。しかし、被合併法人は、合併に伴って消滅し、資本金等の額と利益積立金額はその全部が減少することになりますので、規定上は設けられていません。合併後の残額がないため、規定上設けておく必要がないものと考えられます。

② 合併法人の仕訳処理

合併法人は、図1の「取引Ⅰ」により被合併法人の資産負債を取得します。前SECTIONの非適格合併の取扱い同様、合併に伴って資産負債を受け入れ、被合併法人の株主に株式を交付するという取引になりますので、新たな出資を受けたことと同様の効果が生じます。具体的には、資産負債を受け入れるとともに、純資産が増加することになります。この純資産の増加について、前SECTIONの非適格合併の取扱いにおいては、すべて「資本金等の額」として処理をしました。しかし、適格合併では、資産負債を被合併法人の帳簿価額で受け入れるとともに、増加する純資産についても、被合併法人の資本金等の額と利益積立金額をそのままの内訳で引き継ぐことになります（法令123の3③、同8①五、同9①二）。税務上の仕訳に表すと、次のとおりとなります。

【仕訳②】「取引Ⅰ」における合併法人の仕訳

（借）	資産・負債	100	（貸）	資本金等の額	30
				利益積立金額	70

当該合併法人の仕訳に、適格合併における「課税の繰り延べ」が集約されていま

す。

まずは、被合併法人において生じるはずだった移転資産負債の譲渡損益の繰り延べです。受け入れる資産負債を被合併法人の帳簿価額により引き継ぐことで、含み損益を抱えたまま合併法人が保有することになります。仮に、合併後に時価の 120 で売却を行えば、合併法人で含み損益の課税が行われることになります。つまり、永久的に課税機会を失うわけではなく、あくまでも次の譲渡等が行われるまでの「繰り延べ」となります。

（図2）

【譲渡損益の繰り延べによる課税の繰り延べ】

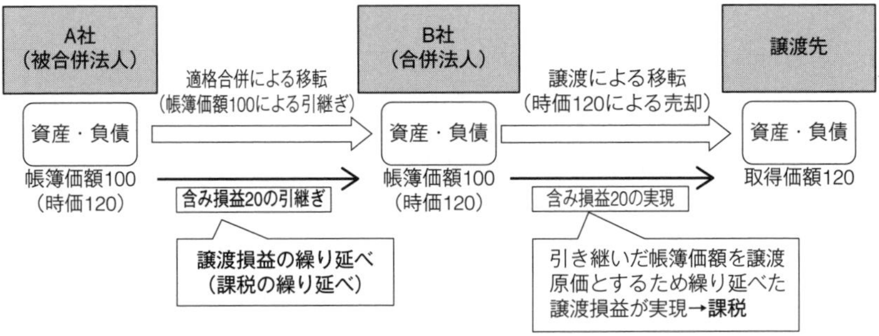

続いて、被合併法人の株主において生じるはずだったみなし配当課税の繰り延べです。非適格合併の取扱いにおいては、被合併法人から被合併法人の株主に合併法人株式を「交付したものとする」ことにより、被合併法人の株主に対する純資産の払戻しが認識され、当該払戻しの金額のうち利益積立金額を原資とする部分は株主側でみなし配当として取り扱われました。これに対して適格合併では、株主に対する純資産の払戻しは行われず、被合併法人の資本金等の額と利益積立金額が合併法人に引き継がれることになります。つまり、本来利益積立金額を原資として分配されればみなし配当金として配当課税がされるところ、当該利益積立金額を合併法人に移転することで、将来合併法人が何らかの事由で純資産の払戻しを行うまでは配当課税を繰り延べることになります。また、資本金等の額も当初出資のまま引き継がれるため、株主から見ると投資の清算が行われず、引き続き投資が継続していることになります。なお、株主における株式の譲渡損益については、適格合併かどうかではなく、合併の対価として交付を受ける資産が合併法人の株式のみかどうかに

より判断します。したがって、適格合併に該当しない場合でも株式の譲渡損益が繰り延べられる場合があります（(2)②被合併法人の株主の仕訳参照）。

（図3）

【「利益積立金額の引継ぎ＝みなし配当金課税の繰り延べ」の考え方】

1　非適格合併の場合

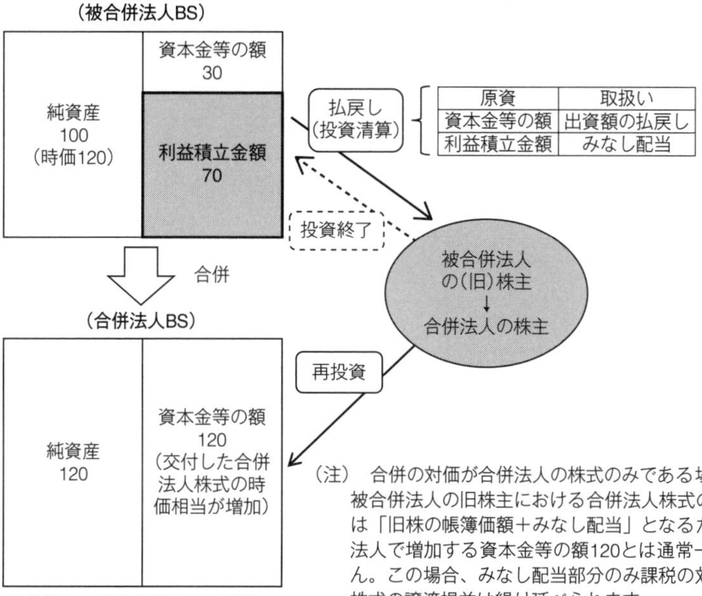

（注）　合併の対価が合併法人の株式のみである場合には，被合併法人の旧株主における合併法人株式の取得価額は「旧株の帳簿価額＋みなし配当」となるため，合併法人で増加する資本金等の額120とは通常一致しません。この場合、みなし配当部分のみ課税の対象となり株式の譲渡損益は繰り延べられます。

※合併による受入部分のみ記載

（図４）

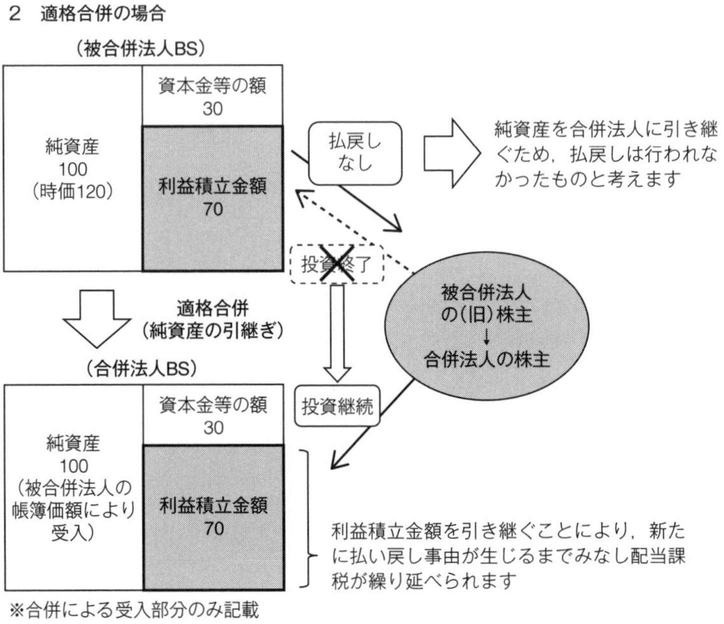

(2) 合併法人と被合併法人の株主との間における取引（「取引Ⅱ」）

① 合併法人の仕訳

続いて図１の「取引Ⅱ」の仕訳を確認します。まずは、合併法人ですが、合併法人は資産負債の受け入れに伴って自社株式を交付する取引であり、「取引Ⅰ」と「取引Ⅱ」が同時に生じます。したがって、「取引Ⅰ」に記載した仕訳で処理が終了しています。

② 被合併法人の株主の仕訳

最後に、図１の「取引Ⅱ」における被合併法人の株主の取扱いです。株主は法人であることを前提とします。まずは、結論としての仕訳を記載します。

【仕訳③】「取引Ⅱ」における被合併法人の株主の仕訳

（借）	B　株　式	60	（貸）	A　株　式	60

被合併法人の株主における課税上の取扱いは、非適格合併の場合と同様です。適格合併か否かにより処理を判断するのではなく、合併に伴い交付される対価が合併法人の株式のみかどうかの判断となります。交付対価が合併法人の株式のみである場合には、株主において有価証券の譲渡損益を認識しないという取扱いとなります（法法 61 の 2 ②）。具体的には、仕訳のとおり、旧株式の帳簿価額（A 株式の簿価 60）を新株式（B 株式）の取得価額に付け替えるだけの処理となりますで、A 株式の譲渡損益は生じません。

また、非適格合併の場合の「新株の取得価額にみなし配当金額を加算する」という取扱いですが、合併法人の取扱いで見たとおり、被合併法人の利益積立金額は合併法人に引き継がれ、株主に対してはみなし配当が生じません。法人税法 24 条（配当等の額とみなす金額）1 項においても、みなし配当が生じる事由から適格合併が除かれています。したがって、新株の取得価額にみなし配当金額を加算する取扱いは生じないことになります。

[　5　適格合併に伴うその後の影響　]

以上が、適格合併があった場合の合併時における課税上の基本的な取扱いとなります。適格合併は、合併時に課税が繰り延べられ、合併法人、被合併法人、被合併法人の株主のいずれにおいても課税が生じないことになります。ただし、適格合併については、合併時の処理だけでなく合併後への影響についても考慮しておく必要があります。特に合併法人においては具体的に次のような論点に対する影響に留意しておく必要があります。

〈適格合併後の影響〉
・繰越欠損金の取扱いに関する影響
・含み損益のある資産の取扱いに関する影響
・法人税法の各個別規定への影響

適格合併があった場合には、被合併法人の繰越欠損金を合併法人に引き継ぐという課税上有利な取扱いがあるとともに、当該引継ぎの制限や、合併法人の繰越欠損金の利用を制限する取扱いも設けられています。したがって合併後の影響も慎重に検討する必要があります。また、適格合併制度は、資産の含み損益を被合併法人から合併法人へそのまま引き継ぐ制度となりますので、含み損失を法人間で移転することによる租税回避行為として利用される可能性があります。このような行為を防止するため、合併後における一定の含み損失の計上を制限する規定も設けられています（特定資産譲渡等損失損金不算入制度）。これらの取扱いの詳細はCHAPTER 7・8で解説します。

法人税法の各個別規定への影響にも注意が必要です。たとえば、貸倒引当金の貸倒実績率や受取配当等の益金不算入制度の負債利子控除の計算における基準年度実績など過去の実績を基に行われる計算などに影響が生じます。

このように実務において組織再編成を検討するに当たっては、実行時の課税関係だけでなく、実行後の影響についても留意をしておく必要があるという点については、頭に入れておく必要があります。

次のSECTIONでは適格合併の要件についての詳細を解説します。

SECTION
03 適格合併の要件

[1 適格要件の基本的な考え方]

SECTION 2 では、適格合併があった場合の課税上の取扱いについて確認をしました。適格合併とは、合併による資産・負債の移転に伴い生じる譲渡損益等を繰り延べ、合併時における税負担を生じさせないとする取扱いです。本 SECTION では、適格合併に該当するかどうかの「要件」について確認をします。

適格合併は、①企業グループ内の合併と②共同で事業を行うための合併の 2 つに区分されます。適格組織再編成は「移転資産等に対する支配が継続している場合に、従前の課税関係を継続させる」(平成 13 年版改正税法のすべて・財団法人大蔵財務協会) という趣旨で設けられている制度ですが、①と②で前提条件が異なるため、それぞれ適格となるための要件 (以下「適格要件」とします) も異なります。①の企業グループ内の合併については、企業グループ内での資産等の移転となるため、「移転資産等に対する支配が継続している」という形式が整いやすく、適格要件もシンプルです。これに対し、②の共同で事業を行うための合併は、第三者間の合併が想定されているため、①と比較するとより細かい要件を充足することが求められます。

[2 用語の意義]

(1) 「完全支配関係」と「支配関係」

まずは、企業グループ内の合併についての適格要件の確認です。はじめに重要な用語である「完全支配関係」と「支配関係」の意義について確認をします。企業グループ内における適格合併については、その適格要件の内容から「100 %の資本関係がある場合の合併」と「50 %超の資本関係がある場合の合併」の 2 つに区分されますが、前者の場合の100％の資本関係を「完全支配関係」と呼び、後者の場合の50％超の資本関係を「支配関係」と呼びます。

(2) 完全支配関係の意義

完全支配関係の意義は法人税法2条12の7の6号及び法人税法施行令4条の2第2項において規定されていますが、条文の表現をそのまま追いかけると少し読みづらい内容ですので、内容を少しずつ分解しながら読んでいきます。まずは、次の2つに区分されます。

【完全支配関係】

① 一の者（注1）が法人の発行済株式等（注2）の全部を直接又は間接に保有する関係として一定の関係（＝「当事者間の完全支配の関係」）

② 一の者との間に「当事者間の完全支配の関係」がある法人相互の関係

（注1） 一の者には、個人や外国法人も含まれます。また、個人には法人税法施行令4条（同族関係者の範囲）に規定する「特殊の関係のある個人（親族等）」も含まれます。

（注2） 発行済株式等

イ 株式には出資を含み、自己の株式又は出資（以下「自己株式」とします）を除きます。

ロ 「以下の株式の合計数÷発行済株式等（自己株式を除く）」が5％に満たない場合の当該株式を除きます。

・使用人が組合員である組合契約による持株会が所有する株式

・法人の役員又は使用人に付与された新株予約権の行使によって取得された当該法人の株式

(3) 当事者間の完全支配の関係

続いて、完全支配関係の意義の中の「当事者間の完全支配の関係」について確認します。

【当事者間の完全支配の関係】
① 一の者が法人の発行済株式等の全部を保有する場合における当該一の者と当該法人との間の関係（「直接完全支配関係」）
② 「一の者」及び「これとの間に直接完全支配関係がある一若しくは二以上の法人」が、「他の法人」の発行済株式等の全部を保有するときは、当該「一の者」は当該「他の法人」の発行済株式等の全部を保有するものとみなす。
③ 「一の者との間に直接完全支配関係がある一若しくは二以上の法人」が、「他の法人」の発行済株式等の全部を保有するときは、当該「一の者」は当該「他の法人」の発行済株式等の全部を保有するものとみなす。

「当事者間の完全支配の関係」における①～③のそれぞれのパターンを図に表すと次のとおりとなります。

（図１）

【当事者間の完全支配の関係】

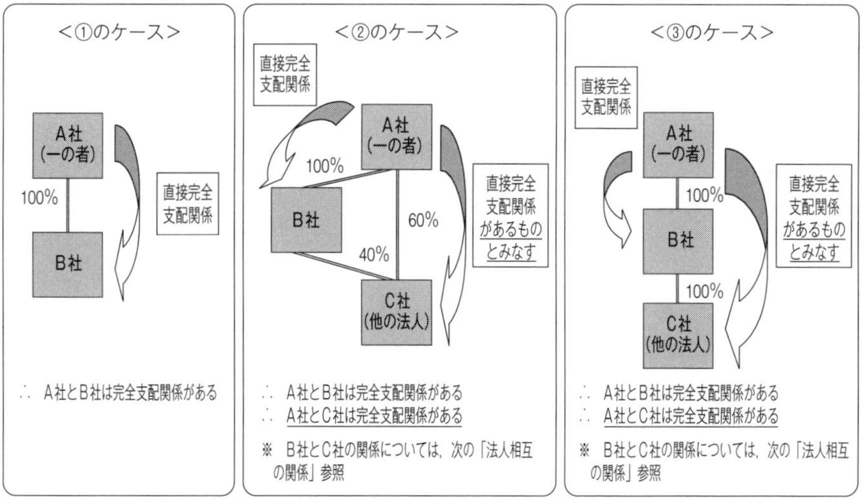

②のケースを例にとり、規定の表現に当てはめて確認すると、『「一の者（A 社）」及び「これとの間に直接完全支配関係がある一若しくは二以上の法人（B 社）」が、「他の法人（C 社）」の発行済株式等の全部を保有するときは、当該「一の者（A

社)」は当該「他の法人（C 社)」の発行済株式等の全部を保有するものとみなす。』と読むことができますので、結果として、A 社と C 社の間には完全支配関係があることになります。

(4) 一の者との間に当事者間の完全支配の関係がある法人相互の関係

続いて、「完全支配関係」の別類型として、一の者との間に「当事者間の完全支配の関係」がある「法人相互の関係」について確認します。これは具体的な例を図 2 で確認します。

（図2）

【一の者との間に当事者間の完全支配の関係がある法人相互の関係】

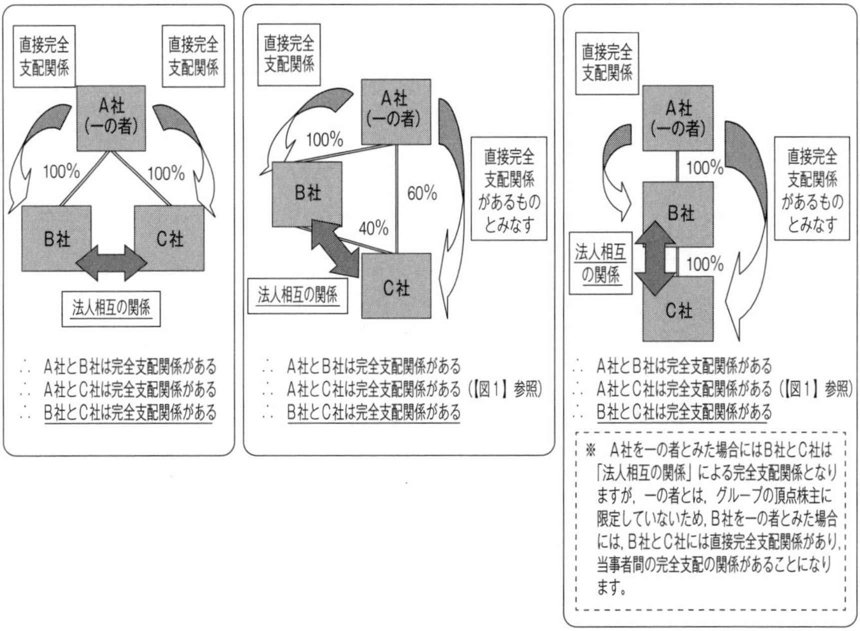

いずれも、B 社と C 社の関係は一の者による直接完全支配関係がある（又はあるものとみなされる）法人同士の関係であり、完全支配関係があるものとされます。以上が、完全支配関係の意義となります。なお、完全支配関係の意義においては、議決権を考慮する規定は置かれていませんので、純粋な持株数の割合に基づいて保有割合を判断します（(5)の支配関係においても同様です)。

(5) 支配関係

支配関係についても、基本的な考え方は完全支配関係と同様で、「発行済株式等の全部」という部分を、「発行済株式等の 50 %超」と読み替えて適用することになります。ただし、完全支配関係は、組合契約による従業員持株会の所有株式や役員又は使用人の新株予約権の行使によって取得された株式が発行済株式等の５%未満の場合に、これを除外して 100 %保有かどうかの判定を行う取扱いがありますが、支配関係については、このような取扱いはありません。

[3 企業グループ内合併の適格要件]

(1) 対価要件

企業グループ内の適格合併は、被合併法人と合併法人との間に「完全支配関係」がある場合と「支配関係」がある場合の２つの類型に区分されます。以下、それぞれについて具体的な要件を確認しますが、いずれにおいても被合併法人の株主に交付される対価は合併法人の株式のみとし、金銭その他の資産が含まれないことという共通の要件があります。適格合併による課税の繰り延べは、あくまでも、「移転資産等に対する支配が継続している」ことが前提であり、グループ内の資産等の移転であっても対価が金銭等の場合には、実質的に資産の売買と変わらないためです。

ただし、合併に伴って行われる次の金銭等の交付については、この限りではありません。

【対価要件を満たす金銭等の交付】

① 被合併法人の最後事業年度の配当として被合併法人の株主に交付する金銭等

② 合併に反対する株主からの株式の買取請求に基づきその対価として交付される金銭等

③ 合併に際して交付すべき株式について１株未満の端数が生じたため、その１株未満の株式の代金として交付される金銭等（法基通 1―4―2）

④　合併の直前において合併法人が被合併法人の発行済株式等の総数の３分の２以上に相当する数の株式を有する場合における当該合併法人以外の株主等に交付される金銭その他の資産

④の内容について補足をします。①から③までの内容は、合併の対価としての性格を有さない金銭等ややむを得ない事情により交付される金銭等ですが、④はまさに合併の対価であり、他と性質が異なります。当該取り扱いは、平成 29 年度税制改正により追加された内容です。改正前においてこのような金銭等の交付は「移転資産等に対する支配が継続していない」として非適格として取り扱われていました。しかし、改正により、大株主が少数株主を排除するいわゆるスクイーズアウトを目的として組織再編をした場合には、適格判定上の対価要件において、適格要件を満たすこととされました（対価要件以外の要件として、下記（3）の支配関係がある場合の適格要件も満たす必要があります）。これらの取扱いの導入の趣旨として、財務省より公表されている「平成 29 年度税制改正の解説」に、次のように記載されています。

（財務省　平成 29 年度税制改正の解説　法人税法等の改正 P318 一部抜粋）
『…組織再編成前に特定の株主が対象会社を支配している場合において、その特定の株主に対象会社が吸収される合併が行われるとき又はその特定の株主の対象会社に対する持株割合が減少しないときは、組織再編成により少数株主に株式以外の対価が交付されたとしても、その特定の株主が株式の所有を通じて対象会社の資産を支配している状態に変わりがないといえるため、移転資産に対する譲渡損益（保有資産に対する評価損益）を計上する必要はないと考えられる…』

一定割合以上の株式を保有し、その株式を通じて他の法人の有する資産を支配している場合には、組織再編成によりその保有株式数が増加しても（又は合併によりその法人の有する資産を取得しても）その資産への支配は継続している、という考えです。この場合における「支配」と考える割合が、「3 分の 2」となります。平成 13 年度税制改正における組織再編税制の創設以来続いた「対価は株式のみであること」とする取扱いからは大きな方針変更といえますので、理論的に内容を整理しようとする場合には、本取り扱いは特例として頭を切り替える必要があります。

なお、「三角合併」（合併の対価として、被合併法人の株主に合併法人の株式を直接又は間接に 100 %保有する親法人の株式を交付する合併）及び「無対価合併」（合併に当たって被合併法人の株主に株式や金銭等を交付しない合併）についても、適格合併の対価要件を満たす場合がありますが、本 SECTION では解説を省略し、SECTION 5 と 6 で解説をします。

(2) 被合併法人と合併法人との間に完全支配関係がある場合の適格要件

企業グループ内の適格合併のうち「完全支配関係がある場合」の類型においては、(1) の対価要件に加え次の関係性の要件を満たすことで適格合併に該当します（新設合併の場合の取扱いについては解説を省略します)。

【関係性の要件（法令 4 の 3 ②)】

① 被合併法人と合併法人との間にいずれか一方の法人による完全支配関係がある場合における当該完全支配関係（②の関係に該当するものを除きます）

② 合併前に被合併法人と合併法人との間に同一の者による完全支配関係があり、かつ、合併後において当該同一の者と合併法人との間に当該同一の者による完全支配関係が継続すること（注）が見込まれている場合における被合併法人と合併法人の関係

（注） ②について次の前提である場合には、それぞれ「完全支配関係が継続すること」とは次のとおりとなります。

・合併後に同一の者を被合併法人とする適格合併を行うことが見込まれている場合…合併後に同一の者と適格判定の対象である合併法人（＝A）との間に同一の者による完全支配関係があり、同一の者を被合併法人とする適格合併後に、当該適格合併の合併法人（＝B）と A との間に、B による完全支配関係が継続すること

・合併後に当該合併法人を被合併法人とする適格合併を行うことが見込まれている場合…合併の時から適格合併の直前の時まで当該同一の者と当該合併法人との間に当該同一の者による完全支配関係が継続すること

(3) 被合併法人と合併法人との間に支配関係がある場合の適格要件

上記(2)の「完全支配関係がある場合」の類型における適格判定は、対価要件のほか被合併法人と合併法人の関係性のみを要件としています。これに対し、「支配関係がある場合」の類型における適格判定は、対価要件及び関係性の要件に加え事業に関する要件を満たす必要が生じます。グループ内であっても、外部株主も存在する法人同士の合併となるため、「移転資産等に対する支配の継続」という観点から一定の要件を付しています。

まず、関係性の要件を確認します。対象となる支配関係は次のとおりです（新設合併の場合の取扱いについては解説を省略します）。

【関係性の要件（法令の4の3③)】

① 被合併法人と合併法人との間にいずれか一方の法人による支配関係がある場合における当該支配関係（②の関係に該当するものを除きます）

② 上記(2)②の「完全支配関係」とあるのを「支配関係」と読み替えた場合における上記(2)②の関係

なお、支配関係とは50％超の資本関係であり、100％の資本関係も含まれる表現であることから、被合併法人と合併法人との間に完全支配関係がある場合には、同時に支配関係もあることになります。そのため、支配関係がある場合の適格合併からは、完全支配関係がある場合は除かれ、重複適用がないように手当されています（上記(2)の取扱いが優先されます)。

続いて、支配関係がある場合の適格要件のうち事業に関する要件を確認します。次の①と②のいずれの要件も満たす必要があります。

【事業に関する要件（法法２十二のハロ)】

①　従業者引継要件

被合併法人の合併直前の従業者のうち、その総数のおおむね80％以上が合併後に合併法人又は合併法人との間に完全支配関係のある法人の業務に従事することが見込まれていること

②　事業継続要件

被合併法人の合併前に営む主要な事業が合併後に合併法人又は合併法人との間に完全支配関係のある法人において引き続き営まれることが見込まれていること

（注）それぞれ合併後に当該合併法人を被合併法人とする適格合併が見込まれている場合には、当該適格合併後においても同様の見込みがある必要があります。

①の従業者とは、事業に現に従事する者をいい、役員、使用人のほか出向により受け入れている者等も含むこととされます。日給支給の日雇いの労働者については、法人の選択により含めないことができる（したがって、原則は含まれる）こととされているため、パートやアルバイトなどの正社員以外の者についても人数に含まれるものと考えられます（法基通1―4―4)。

被合併法人の合併前に営む事業が２以上ある場合における②の主要な事業とは、収入金額又は損益の状況、従業者の数、固定資産の状況等を総合的に勘案して判定することとされています（法基通1―4―5)。

［　4　共同で事業を行うための合併の適格要件　］

(1)“買収”ではなく“共同事業”

続いて資本関係が50％以下の法人間の適格合併について確認をします。グループ企業間ではない法人同士の合併にも関わらず、「移転資産等に対する支配が継続している」という状況であるためには、その合併が単なる買収ではないということが前提となります。したがって、相互に関連性のある事業同士の合併であり、かつ、対等に近い形で行われることが要件とされています。具体的には、「共同事業要件」

と呼ばれる、次の表の要件をすべて満たす必要があります（ただし、被合併法人について他の者との間に当該他の者による支配関係がない場合又は合併法人が資本若しくは出資を有しない法人である場合には⑤の要件は満たす必要はありません）。また、合併の対価については、前項「3　企業グループ内合併の適格要件」(1)対価要件の内容と同様に、合併法人の株式のみが交付され、金銭等の資産が交付されないことが要件となります。

【共同事業要件（法令4の3④、法規3】

<table>
<tr><th colspan="3">要　　件</th><th>内　　容</th></tr>
<tr><td rowspan="4">①</td><td colspan="2" rowspan="4">事業関連性要件</td><td>被合併法人の合併前に営む主要な事業と合併法人の合併前に営むいずれかの事業とが相互に関連すること</td></tr>
<tr><td>被合併法人及び合併法人のいずれにおいても事務所等の固定施設を所有又は賃借していること</td></tr>
<tr><td>被合併法人及び合併法人のいずれにおいても従業者があること（役員のみの場合には、常勤役員であること）</td></tr>
<tr><td>自己の名義をもって、かつ、自己の計算において商品販売等の事業を営んでいること</td></tr>
<tr><td rowspan="2">②</td><td rowspan="2">右のいずれかの要件を満たすこと</td><td>事業規模要件</td><td>被合併法人の合併前に営む主要な事業とこれに関連する合併法人の合併前に営むいずれかの事業のそれぞれの売上金額、従業者数、資本金の額又はこれらに準ずるものの規模の割合がおおむね5倍を超えないこと（いずれか一つの指標が5倍を超えなければ要件を充足します）</td></tr>
<tr><td>特定役員要件</td><td>合併前の被合併法人の特定役員のいずれかと合併法人の特定役員のいずれかとが合併後に合併法人の特定役員となることが見込まれていること</td></tr>
<tr><td>③</td><td colspan="2">従業者引継要件</td><td>被合併法人の従業者のおおむね80％以上が合併後に合併法人又は合併法人との間に完全支配関係がある法人の業務に従事することが見込まれること</td></tr>
<tr><td>④</td><td colspan="2">事業継続要件</td><td>被合併法人の主要な事業（「①事業関連性要件」において関連性のあるとした事業）が合併後に合併法人又は合併法人との間に完全支配関係がある法人において引き続き営まれることが見込まれること</td></tr>
<tr><td>⑤</td><td colspan="2">株式継続保有要件</td><td>合併により交付される合併法人の株式（議決権のないものを除く）のうち支配株主に交付されるものの全部が支配株主により継続して保有されることが見込まれていること
※支配株主…合併の直前に当該合併に係る被合併法人と他の者との間に当該他の者による支配関係がある場合における当該他の者及び当該他の者による支配関係があるもの（当該合併に係る合併法人を除く。）</td></tr>
</table>

(2) 事業関連性要件

(1)表中の①の事業関連性要件では、被合併法人の合併前に営む主要な事業（以下「被合併事業」といいます）と合併法人の合併前に営むいずれかの事業（以下「合併事業」といいます）とが相互に関連することとされていますが、これは、被合併事業と合併事業とが同種のものである場合はもちろんのこと、次のような場合も事業関連性があることとされます。

- 被合併事業に係る商品、資産若しくは役務又は経営資源（事業の用に供される設備、事業に関する知的財産権等、生産技術又は従業者の有する技能若しくは知識、事業に係る商品の生産若しくは販売の方式又は役務の提供の方式その他これらに準ずるものをいいます）と合併事業に係るこれらのものとが同一又は類似するものである場合
- 被合併事業と合併事業とが合併後に当該被合併事業に係る商品、資産若しくは役務又は経営資源と当該合併事業に係るこれらのものとを活用して営まれることが見込まれている場合

このように、事業関連性要件は数値等を用いた形式的な要件ではありませんので、該当するか否かはまずは当事者である法人の意思に基づいて判断することになります。一般的な事業会社同士の合併においては、何らかの事業上のシナジーを見込んで行われるケースが多いと考えられますので、そのような合併において適格合併と判断する場合には、後の税務調査等に備えどのような基準をもとに事業関連性があると判断したのかを事前に整理しておく必要があります。なお、固定施設がない場合や従業者がいない場合には、事業実体がないと判断され事業関連性要件は満たしません。

(3) 事業規模要件と特定役員要件

特定役員要件における特定役員とは、社長、副社長、代表取締役、専務取締役、常務取締役またはこれらに準ずる者で法人の経営に従事している者をいいます。つまり、役員の中でも経営の中枢にいる者のみが対象となります。事業規模要件と特

定役員要件はいずれか一方を満たすことで、対等に近い合併であることの形式を満たすことになります。

(4) 従業者引継要件と事業継続要件

従業者引継要件と事業継続要件は、被合併法人と合併法人との間に支配関係がある場合の適格合併と同じ要件ですが、資本関係が 50 %以下の場合の共同事業要件における事業継続要件においては、被合併法人の主要な事業のうち事業関連性要件で関連性のある事業として判定した事業（被合併事業）が継続する必要があります。

(5) 株式継続保有要件

株式継続保有要件は、具体例を用いて解説します。

【具体例】

前提：被合併法人の株主の持株割合が A 氏 40 %、B 社（A 氏が 100 %保有）30 %、C 氏 16 %、D 氏 10 %、E 氏 4 %の場合

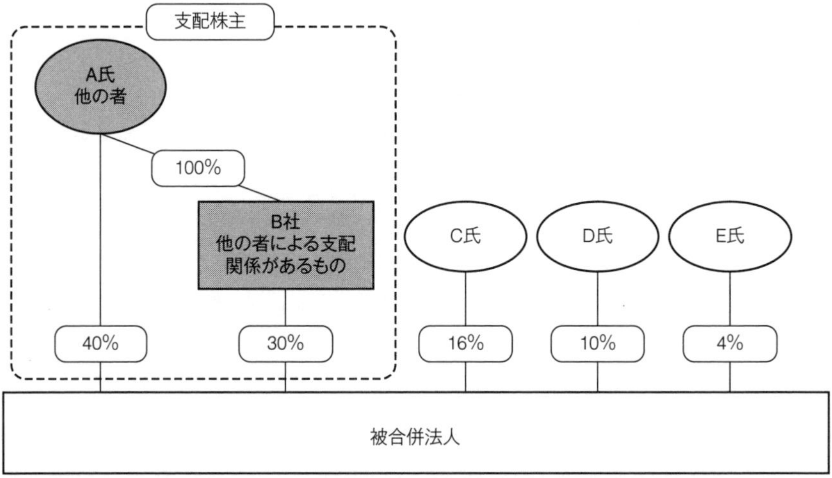

支配株主とは、「被合併法人と他の者との間に当該他の者による支配関係がある場合における当該他の者及び当該他の者による支配関係があるもの」とされます。本具体例では、被合併法人と A 氏（他の者）との間に A 氏（他の者）による支配関係があるため、A 氏（他の者）と B 社（A 氏（他の者）による支配関係があるも

の）が支配株主とされます。したがって、A 氏と B 社が交付を受ける合併法人株式の全部を継続して保有することが見込まれる場合には、株式継続保有要件を満たすことになります。

なお、被合併法人に支配株主がいない場合には当該要件を満たす必要はありません。

［ 5 まとめ ］

適格合併の要件をまとめると次の表のとおりとなります。○を付した箇所について要件を充足する必要があります。資本関係が薄まるにつれて要件が多くなることがわかります。

【適格要件のまとめ】

要　　件	企業グループ内の合併		共同事業を営むための分割
	完全支配関係	支配関係	
対価要件	○	○	○
同一の者継続保有要件（兄弟会社等の場合）	○	○	—
従業者引継要件	—	○	○
事業継続要件	—	○	○
事業関連性要件	—	—	○
事業規模要件又は特定役員要件	—	—	○
株式継続保有要件（注）	—	—	○

（注）　被合併法人について他の者との間に当該他の者による支配関係がない場合又は合併法人が資本若しくは出資を有しない法人である場合には満たす必要はありません。

SECTION
04 抱合株式がある場合の合併の税務

[1 抱合株式に係る課税上の論点]

SECTION 3までの内容で、合併の課税上の取扱いにおける基本的な項目は確認しました。本SECTIONからは引き続き合併の課税上の取扱いについて、基本項目の解説では省略していた論点を確認していきます。本SECTIONの内容は「抱合株式」の取扱いです。

抱合株式とは、法人税法24条（配当等の額とみなす金額）2項文中のカッコ書きにおいて次のとおり規定されています。

> 当該合併法人が合併の直前に有していた被合併法人の株式（出資を含む。以下この項において同じ。）又は被合併法人が当該合併の直前に有していた他の被合併法人の株式をいう。

「又は」より後の「被合併法人が当該合併の直前に有していた他の被合併法人の株式」は新設合併を前提とした取扱いとなりますので解説は省略し、前半の「合併法人が合併の直前に有していた被合併法人の株式（出資を含む）」についての取扱いを確認します（以下解説に当たっては、株式については出資を含むという前提とします）。

抱合株式が課税上論点とされるのは、次の3点です。

> **【抱合株式に関する課税上の論点】**
> ① 合併法人における抱合株式に係るみなし配当の取扱い
> ② 合併法人における抱合株式の譲渡損益に関する取扱い

③ 合併法人における抱合株式がある場合の資本金等の額の増減に関する取扱い

SECTION 1 において、合併の課税上の取扱いを当事者別に確認するため、「被合併法人」「合併法人」「被合併法人の株主」の3者に区分して解説を行いました。抱合株式の論点は、「合併法人」が有している株式についての取扱いとなりますので、課税上の当事者は、「合併法人」となります。ただし、①と②については、「合併法人」が当事者ですが、課税上の論点は、「被合併法人の株主」の立場としての取扱いです。以下、3つの論点について順に確認をします。

まずは関連する規定を確認します。

この項目で紹介する条文

【法人税法 24 条 2 項】

（配当等の額とみなす金額）

第 24 条

2　合併法人が抱合株式*に対し当該合併による株式その他の資産の交付をしなかつた場合においても、政令で定めるところにより当該合併法人が当該株式その他の資産の交付を受けたものとみなして、前項の規定を適用する。

【法人税法施行令 23 条 5 項】

（所有株式に対応する資本金等の額又は連結個別資本金等の額の計算方法等）

第 23 条

5　法第 24 条第 2 項に規定する場合には、同項の合併法人は、同項に規定する抱合株式に対し、同項の合併に係る被合併法人の他の株主等がその有していた当該被合併法人の株式に対して当該合併法人の株式その他の資産の交付を受けた基準と同一の基準により、当該株式その他の資産の交付を受けたものとみなす。

【法人税法 61 条の 2 第 3 項】

（有価証券の譲渡益又は譲渡損の益金又は損金算入）

第 61 条の 2

3　合併法人の第 24 条第 2 項に規定する抱合株式（前項の規定の適用があるものを除く。）に係る第 1 項の規定の適用については、同項第 1 号に掲げる金額【※譲渡対価の額】は、当該抱合株式の合併の直前の帳簿価額に相当する金額とする。

【法人税法施行令 8 条 1 項 5 号】

（資本金等の額）

第 8 条　資本金等の額について、以下の金額が増加する。

五　合併により移転を受けた資産及び負債の純資産価額（次に掲げる合併の区分に応じそれぞれ次に定める金額をいう。）から当該合併により被合併法人の株主等に交付した金銭並びに当該金銭及び該当法人の株式以外の資産*の価額*と*法第 24 条第 2 項*に規定する抱合株式*の当該合併の直前の帳簿価額（*法人を設立する合併以外の合併で適格合併に該当しないものにあつては当該帳簿価額に同項*の規定により当該抱合株式に対して交付されたものとみなされる当該法人の株式その他の資産の価額のうち配当等の金額とみなされる金額を加算した金額とする。）とを合計した金額を減算した金額（被合併法人の全て又は当該法人が資本又は出資を有しない法人である場合には、零）

イ　適格合併に該当しない合併（ロに掲げるものを除く。）　当該合併に係る被合併法人の株主等に交付した当該法人の株式、金銭並びに当該株式及び金銭以外の資産並びに法第 24 条第 2 項の規定により抱合株式に対して交付されたものとみなされるこれらの資産の価額の合計額

ハ　適格合併　当該適格合併に係る被合併法人の当該適格合併の日の前日の属する事業年度*終了の時における資本金等の額*に相当する金額

[　2　抱合株式に係るみなし配当の取扱い　]

当該取扱いはみなし配当が生じることを前提とした取扱いとなりますので、非適格合併であることが前提となります。非適格合併の場合のみなし配当の規定は、非適格合併により交付を受けた株式や金銭その他の資産の価額の合計額が被合併法人の資本金等の額のうちその交付の基因となった株式に対応する部分の金額を超える場合に、その超える部分の金額を配当とみなす取扱いです。したがって、その計算上、合併に伴い株式や金銭等の交付を受けることが前提とされています。

しかし、会社法では、抱合株式に対して株式の割当てはできないものとされてお

り、実務上は会社間の合併において株式の割当てや金銭等の交付がされませんので、この場合、抱合株式に対してみなし配当が生じるかどうかの疑問が生じます。これについては、法人税法24条2項において、抱合株式に対し株式等の交付がない場合においても交付を受けたものともみなすという規定を設け、合併法人に対してもみなし配当が生じる取扱いとされています。交付を受けたものとみなされる金額は、他の株主等が交付を受けた基準と同一の基準により計算するものとされます。

以上の内容を、具体例で確認します。

【具体例１】

前提：

・Ｐ社を合併法人、Ｓ社を被合併法人として合併

・Ｓ社の株式はＰ社が60株、その他株主が40株保有している

・合併に当たりＰ社はその他株主へ合併の対価として現金600を交付（Ｐ社自身への交付はない）

・Ｓ社の税務上の資本金等の額は1,000

みなし配当の計算：

① Ｐ社において対価とみなされる金額

１株当たりの交付額（600/40株）×Ｐ社持株数60株＝900

② Ｐ社において配当とみなされる金額

900－Ｓ社資本金等の額1,000×Ｐ社持株数60株/発行済株式総数（60株＋40株）＝300

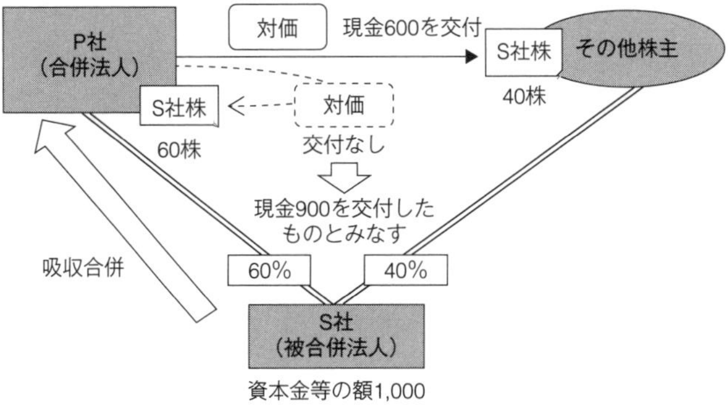

具体例において、合併法人P社は合併の対価としてP社株式ではなく現金を交付し、かつ、S社株式の保有割合は3分の2未満であるため、適格要件を満たさず非適格合併に該当します。したがって、その交付金銭の額が被合併法人S社の資本金等の額を超える場合には、その超える部分の金額はS社の株主において配当とみなされます。「その他株主」の立場でみると、S社の資本金等の額1,000のうち持株割合対応分の400（1,000×持株割合40％）を超える600の対価を受けていますので、超える部分の200について配当とみなされることになります。

続いて合併法人P社の取扱いです。P社には「合併法人」の立場のほか、「被合併法人の株主」としての立場もあります。P社においてはP社自身に対して現金を交付することはありませんが、税務上、株主の立場として現金の交付を受けたものとみなされ、みなし配当の計算を行うことになります。交付を受けたとみなされる金額は、他の株主が交付を受けた基準と同一の基準により計算するものとされます。具体例のその他株主は40株に対し現金600の交付を受けていますので、P社は現金900の交付を受けたものとみなされます。したがって、S社の資本金等の額1,000のうちP社の持株割合対応分600を超える300について配当とみなされることになります（計算方法の詳細は、具体例中の「みなし配当の計算」を参照）。

[3 抱合株式に係る譲渡損益の取扱い]

続いて2つ目の論点です。合併における「被合併法人の株主」の課税上の論点については、みなし配当のほか、被合併法人株式に係る譲渡損益の取扱いがあります。合併法人が保有する被合併法人株式（抱合株式）は合併に伴い消滅することになりますので、当該消滅する株式の譲渡損益に関する取扱いが論点とされます。

株式の譲渡損益は譲渡対価から譲渡原価を控除して計算します。SECTION 1と2で確認したように、合併があった場合に被合併法人の株主において被合併法人株式の譲渡損益が生じるかどうかについては、合併による対価が合併法人の株式のみか（金銭等の交付がないか）どうかで判断します。株式のみが交付される場合には、被合併法人株式の「譲渡対価」を「合併直前の帳簿価額（譲渡原価）」と同額とすることで、譲渡損益を計上しない取扱いとなっていました。

では、合併法人の抱合株式に係る譲渡損益の取扱いはどうでしょうか。抱合株式に係る譲渡損益の取扱いは、通常の場合の被合併法人の株主における株式の譲渡損益の取扱いとは異なります。具体的には、合併による他の株主に交付する対価の中に金銭等が含まれていても、抱合株式に係る譲渡損益は計上しない取扱いとなります。条文の表現で確認します。57 ページの法人税法 61 条の 2 第 3 項をご確認下さい。

ここで、文中の「第 1 項」とは株式の譲渡損益の原則的な取扱いを定めた部分の規定であり、「同項第 1 号に掲げる金額」とは、そのうちの「譲渡対価の額」を指します。したがって、法人税法 61 条の 2 第 3 項は、譲渡対価の額を合併直前の帳簿価額に相当する金額とすることで、株式の譲渡損益を計上しないとする取扱いとなります。なお、カッコ書きで前項（第 2 項）の規定の適用があるものが除かれていますが、第 2 項は株式のみを対価とする場合に譲渡損益を計上しないとする取扱いであり、二重に規定されることを排除するために設けられています（抱合株式についても、株式のみが交付される合併の場合には第 2 項の取扱いを優先して株式の譲渡損益が不計上とされます）。

当該取扱いは平成 22 年度税制改正により規定されたものであり、このような取扱いをする理由として、「平成 22 年度版改正税法のすべて」（大蔵財務協会）によれば、「被合併法人の資産負債について合併により被合併法人株式を通じた間接保有から直接保有へと変わるものであり、合併対価の種類にかかわらず、被合併法人の資産負債への投資が継続している」（文中一部抜粋）と解説されています。

したがって、上記の【具体例 1】のように他の株主に対して合併法人の株式ではなく現金を交付している場合には、当該他の株主においては被合併法人株式の譲渡損益が計上されることになりますが、合併法人であるＰ社については、みなし配当の計算上は現金が交付されたとみなされるものの、被合併法人株式（抱合株式）の譲渡損益は計上されないことになります。

また、通常の株主における譲渡損益を計上しないとする取扱いは、交付を受けた新株式に旧株式の帳簿価額を付け替えることで、新株式の譲渡時に課税の取戻しが行われるため、結果として課税の繰延べになるという性格でしたが、合併法人における抱合株式の取扱いは、帳簿価額を付け替える先がありませんので、株式の譲渡損益については永久的な不計上となります。

[　4　抱合株式がある場合の資本金等の額の増減　]

「合併法人」を「被合併法人の株主」としての立場で見た場合の取扱いは以上ですが、ここまでの取扱いだけでは、処理が完結しません。前述のとおり、通常の株主が新株式の交付を受けるのとは異なり、抱合株式についてはその帳簿価額を付け替える先はありませんので、ただ譲渡損益を不計上とするのみでは一連の取引について税務上の仕訳の貸借がバランスしないためです。

そこで、3つ目の論点です。仕訳の貸借バランスを一致させるための手当として、合併法人の抱合株式に係る譲渡損益相当については、合併法人の資本金等の額の増減として処理をする取扱いが設けられています。

まずは条文の表現を確認します。58ページの法人税法施行令8条1項5号をご確認下さい（同号ロについては無対価合併の取扱いのため記載と解説を省略します）。

条文を一読しただけで抱合株式に係る部分の取扱いを直ちに整理することは難しいと思いますので、条文に記載されている内容を、非適格合併の場合と適格合併の場合に区分してまとめます。それぞれ加算の要素と減算の要素があり、これらを加減算した金額が合併に伴って合併法人において増加する資本金等の額となります（合計額がマイナスであれば資本金等の額は減少します）。

【合併があった場合の資本金等の額の増減】

非適格合併の場合：

■加算要素

① 合併に係る被合併法人の株主等に交付した当該法人の株式、金銭等の資産の価額

② 法第24条第2項に規定する抱合株式に交付されるべき①の資産の価額

■減算要素

① 被合併法人の株主等に交付した金銭等の価額

② 抱合株式の合併の直前の帳簿価額

③　抱合株式に係る配当とみなされる金額

適格合併の場合：

■加算要素

①　当該適格合併に係る被合併法人の当該適格合併の日の前日の属する事業年度終了の時における資本金等の額に相当する金額

■減算要素

①　抱合株式の当該合併の直前の帳簿価額

以上の内容を具体例に基づいて数値にて確認します。

【具体例2（非適格合併の場合の資本金等の額の増減）】

前提：

・P社を合併法人、S社を被合併法人として合併

・S社の株式はP社が60株、その他株主が40株保有している

・合併に当たりP社はその他株主へ合併の対価として現金600を交付（P社自身への交付はない）

・S社の税務上の資本金等の額は1,000

※　ここまでは、【具体例1】と同様の前提

・P社におけるS社株式の帳簿価額は1,150

・合併直前の被合併法人S社の貸借対照表

被合併法人S社　貸借対照表

資産	7,000	負債	4,000
	（時価5,500）	資本金	1,000
		利益剰余金	2,000
	7,000		7,000

（注）　資本金＝資本金等の額、利益剰余金＝利益積立金額とし、会計と税務で資産・負債の額に差異はないものとする。

【P社の税務上の受入処理と資本金等の額の増減額】

≪P社の税務上の受入仕訳≫

資　　産※	5,500	負　　債	4,000	
		資本金等の額	600	…被合併法人の株主に交付した金銭の額（加算要素①）
		資本金等の額	900	…抱合株式に交付されるべき資産の価額（加算要素②）
資本金等の額	600	現　　金	600	…被合併法人の株主に交付した金銭の額（減算要素①）
資本金等の額	1,150	S　株　式	1,150	…抱合株式の合併直前の帳簿価額（減算要素②）
資本金等の額	300	配　当　金	300	…抱合株式に係るみなし配当の金額（減算要素③）

※　非適格合併のため、資産負債は時価で受け入れます。

相殺処理

資　　産	5,500	負　　債	4,000
資本金等の額※	550	現　　金	600
		S　株　式	1,150
		配　当　金	300

※　現金を対価とし新たな資本の払込みはないため、抱合株式の譲渡損失相当のみが計上されます。
　抱合株式の譲渡損失相当550＝譲渡原価1,150（S株式の帳簿価額）－譲渡対価600（交付されるべき資産の額900－みなし配当300）

現金を対価とする合併であり、合併法人P社のS社株式の保有割合は3分の2未満であるため、非適格合併となります。合併法人P社の資本金等の額の増減の計算過程については、両建てで計上した仕訳に記載のとおりとなります（みなし配当の計算については【具体例1】を参照）。本具体例は現金交付の合併であり、合併法人に対し被合併法人の株主からの新たな資本の払込みがありませんので、払込みに伴う資本金等の額の増加は生じません。したがって、最終的な貸借差額は抱合株式（S株式）の譲渡損益相当のみで構成されています。抱合株式に係る譲渡損益を不計上とする制度がなければ、S株式の帳簿価額1,150から譲渡対価600（P社に対して交付したものとされる900のうちみなし配当300を除いた部分）を控除した550が譲渡損失として計上されることになります。ただし、税務上の株式の譲渡対価は帳簿価額1,150と同額とされるため損失は計上されません。譲渡損失を計上しないこととなると、貸借差額が一致しなくなりますので、その手当としてその差額を資本金等の額として処理することとしています。

【具体例３（適格合併の場合の資本金等の額の増減）】

前提：

・【具体例２】の前提のうち合併の対価を時価150の株式とし、それ以外は同様とする

・適格合併に該当する

≪Ｐ社の税務上の受入仕訳≫

資産※1	7,000	負債	4,000	
		資本金等の額	1,000	…被合併法人の資本金等の額相当額（加算要素①）
		利益積立金額	2,000 ※2	
資本金等の額	1,150	Ｓ株式	1,150	…抱合株式の合併直前の帳簿価額（減算要素①）

※１　適格合併のため、資産負債は簿価で受け入れます。

※２　適格合併のため、Ｓ社の利益積立金額がそのままＰ社に引き継がれることになります。

⇩ 相殺処理

資産	7,000	負債	4,000
資本金等の額	150	利益積立金額	2,000
		Ｓ株式	1,150

適格合併の場合には、合併法人は資産負債を被合併法人の帳簿価額で受け入れ、増加する純資産についても被合併法人の資本金等の額と利益積立金額をそのままの内訳で引き継ぎます。ただし、抱合株式がある場合には、当該抱合株式の帳簿価額について資本金等の額の減算額として取り扱うことになります。

以上が、抱合株式に関する課税上の取扱いです。なお、ここでは、課税上の取扱いを確認しましたが、抱合株式については会計上においても様々な論点があり、税務とは取扱いが異なる点があります。会計処理と税務処理で異なる点があれば別表での調整が必要となります。

SECTION
05　無対価合併

［　1　適格合併における対価要件　］

適格合併の要件の一つに「対価要件」があります。適格合併には「企業グループ内の合併」と「共同で事業を行うための合併」があり、それぞれ適格合併に該当するための要件は異なりますが、「被合併法人の株主に交付される資産は合併法人の株式のみであること」という要件は共通です。合併に伴い被合併法人の株主に金銭その他の資産が交付されるときは、その金銭等が次のような内容である場合を除いて、適格要件を満たしません。

【対価要件を満たす金銭等の交付】

① 被合併法人の最後事業年度の配当として被合併法人の株主に交付する金銭等

② 合併に反対する株主からの株式の買取請求に基づきその対価として交付される金銭等

③ 合併に際して交付すべき株式について1株未満の端数が生じたため、その1株未満の株式の代金として交付される金銭等（法基通1—4—2）

④ 合併の直前において合併法人が被合併法人の発行済株式等の総数の3分の2以上に相当する数の株式を有する場合における当該合併法人以外の株主等に交付される金銭その他の資産

適格合併は、「移転資産等に対する支配の継続」があると認められる場合に従前の課税関係を継続させる制度です。合併に伴い金銭等の交付がされる場合は、実質その合併は買収（譲渡）と同様であり、課税を繰り延べることで課税関係を継続することは適切でないため、適格合併には該当しないこととされています（④のスクイーズアウトのケースにおいて適格要件である対価要件を満たすこととされる理由については48ページ参照）。

以上が、対価要件に関する通常の取扱いですが、対価要件の特殊ケースとして「無対価合併」と「三角合併」の取扱いがあります。無対価合併とは、合併に当たって被合併法人の株主に株式や金銭等の合併対価を交付しない合併であり、三角合併とは、合併の対価として被合併法人の株主に合併法人の100％親法人の株式を交付する合併をいいます。本SECTIONでは、無対価合併について適格合併に該当する場合の取扱いを確認します。

［　2　「企業グループ内の合併」における無対価合併　］

(1)　適格要件を満たす関係性（完全支配関係がある場合）

無対価合併が適格合併に該当するケースは「企業グループ内の合併」と「共同で事業を行うための合併」のいずれにも規定されています。まずは、「企業グループ内の合併」のうち合併法人と被合併法人との間に完全支配関係がある場合の取扱いを確認します。「企業グループ内の合併」において論点となるのは、合併前における“合併法人と被合併法人の関係性”になります。その関係性について定めているのが法人税法施行令4条の3第2項です。以下、条文の内容を確認します。

この項目で紹介する条文

【法人税法施行令4条の3第2項】

（適格組織再編成における株式の保有関係等）

第4条の3

2　法第2条第12号の8イに規定する政令で定める関係は、次に掲げるいずれかの関係とする。

一　合併に係る被合併法人と合併法人*との間にいずれか一方の法人による完全支配関係（当該合併が被合併法人の株主等に合併法人の株式その他の資産が交付されない合併（以下*「無対価合併」という。）である場合にあつては、合併法人が被合併法人の発行済株式等*の全部を保有する関係に限る。）がある場合における当該完全支配関係（次号に掲げる関係に該当するものを除く。）

二　合併前に当該合併に係る被合併法人と合併法人との間に同一の者による完全支配関係（当該合併が無対価合併である場合にあつては、次に掲げる関係がある場合における当該完全支配関係に限る。）があり、かつ、当該合併後に当該同一の者と当該合併に係る合併法人との間に当該同一の者による完全支配関係が継続すること*が見込まれている場合における当該合併に係る被合併法人と合併法人との間の関係

イ　合併法人が被合併法人の発行済株式等の全部を保有する関係

ロ　被合併法人及び合併法人の株主等（当該被合併法人及び合併法人を除く。）の全てについて、その者が保有する当該被合併法人の株式*の数*の当該被合併法人の発行済株式等（当該合併法人が保有する当該被合併法人の株式を除く。）の総数*のうちに占める割合と当該者が保有する当該合併法人の株式の数の当該合併法人の発行済株式等（当該被合併法人が保有する当該合併法人の株式を除く。）の総数のうちに占める割合とが等しい場合における当該被合併法人と合併法人との間の関係

【法人税法施行令４条の２第２項】

（支配関係及び完全支配関係）

第４条の２

２　法第２条第 12 号の７の６に規定する政令で定める関係は、一の者（その者が個人である場合には、その者及びこれと前条第一項に規定する特殊の関係のある個人）が法人の発行済株式等*の全部を保有する場合における当該一の者と当該法人との間の関係（以下この項において「直接完全支配関係」という。）とする。*

【法人税法２条12号の７の6】

（定義）

第２条

十二の七の六　完全支配関係　*一の者との間に当事者間の完全支配の関係がある法人相互の関係をいう。

対価として合併法人の株式のみを交付する合併については、合併法人と被合併法人との間に完全支配関係があることのみで適格要件を満たします（同一の者による完全支配関係の場合には、その後の完全支配関係の継続見込みも必要です）。これ

に対し、無対価合併の場合には、完全支配関係があることに加え、さらに一定の関係性がある場合に限り適格合併とされます。上記の法人税法施行令４条の３第２項１号及び２号のカッコ書きで無対価合併について記載している部分がこれらの関係性について規定した箇所となりますので、当該内容について確認をします。

まずは、条文全体の構成ですが、法人税法施行令４条の３第２項１号の最後のカッコ書きにおいて、「次号に掲げる関係に該当するものを除く」との規定がありますので、規定上まずは２号における関係性が優先されます。２号において無対価合併が適格合併に該当するとされるのは、イ又はロの関係性のいずれかとなります。なお、当該関係性の中で１号と重複するのはイの関係であり、イの関係において２号の要件である「同一の者による完全支配関係の継続見込」が満たされない場合には、１号が適用されることになります。当該関係においては、最終的には１号の規定で必ず適格要件を満たしますので、あえて２号を優先する必要はないものと考えられますが、重複規定を排除するためこのような構成になっているものと考えます。

(2) 適格要件を満たす無対価合併（完全支配関係がある場合）

法人税法施行令４条の３第２項２号イ及びロの関係性を合併の前後で図にすると次のとおりとなります。

①　合併法人が被合併法人の発行済株式等の全部を保有する関係（法令４の３②二イ）

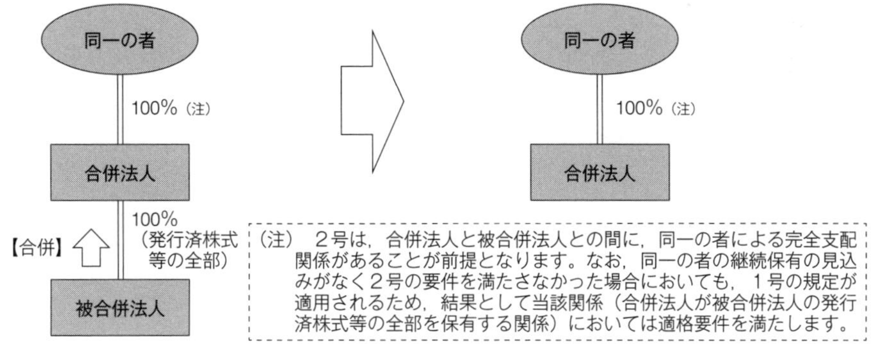

② 被合併法人及び合併法人の株主等の全てについて、それぞれの法人の持株割合が等しい場合の被合併法人と合併法人の関係（法令４の３②ニロ）

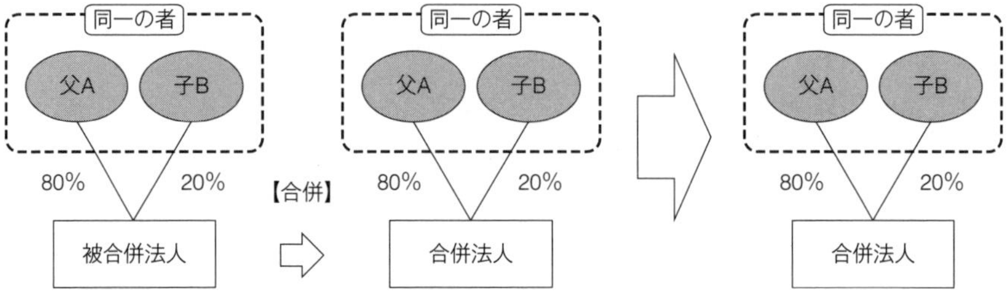

上記の具体例では、父Ａと子Ｂを同一の者として取り扱っています。完全支配関係判定上の「一の者」においては、株主が個人である場合にはその親族等を含むという表現が条文に明記されています（法令４の２②）。これに対し、適格要件判定上の「同一の者」には、株主が個人である場合にはこのような表現が明記されていません。ただし、実務上の取扱いにおいては、株主が個人である場合の「同一の者」にはその個人の親族等も含むものと解されています（国税庁の質疑応答事例『単独新設分割における「同一の者による完全支配関係」の判定について』の取り扱いを参考としています）。したがって、本例において、合併後にＡとＢが継続して合併法人株式を保有する見込みであるときは、適格合併に該当します。

なお、平成30年度税制改正の前においては、無対価合併が適格合併に該当する場合として以下の２パターンが個別に規定されていました（旧法令４の３②ニハ・ニ）。当該取り扱いは、現制度の法人税法施行令４条の３第２項２号ロに該当することになります。ロの「被合併法人及び合併法人の株主等」からはカッコ書きで「当該被合併法人及び合併法人」が除かれているためです。

③　合併法人及び当該合併法人の発行済株式等の全部を保有する者が被合併法人の発行済株式等の全部を保有する関係（旧法令４の３②二ハ）

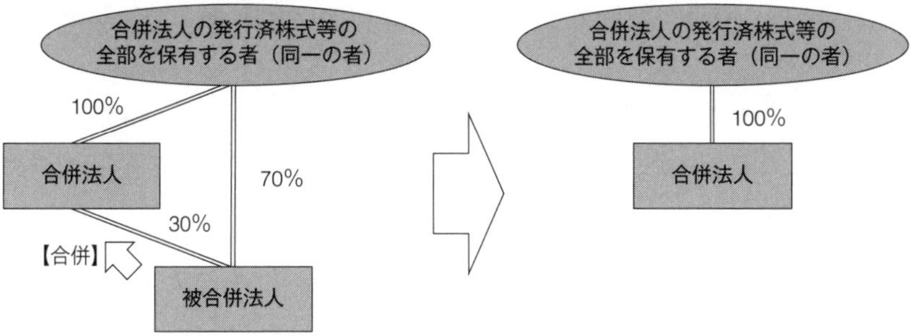

④　被合併法人及び当該被合併法人の発行済株式等の全部を保有する者が合併法人の発行済株式等の全部を保有する関係（旧法令４の３②二ニ）

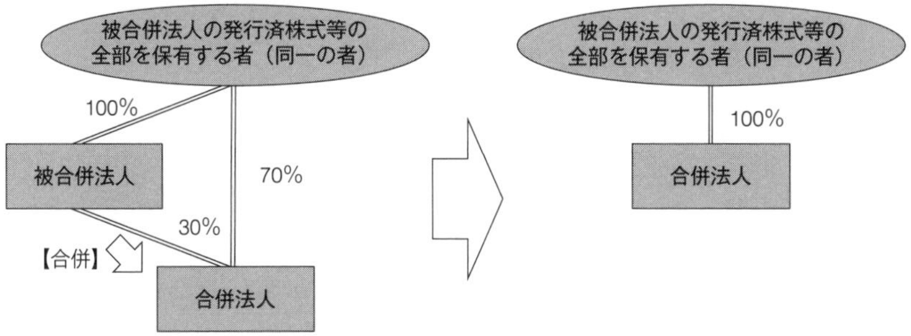

上記の関係の共通点は、合併の前後において株主間で株式の価値に移転が生じない（一部の株主の株式価値のみが上昇するような状況ではない）という点です。このようなケースにおいては、単に株式の交付を省略したに過ぎないと考えられるため、無対価であっても適格合併として取り扱うこととしています。また、合併法人が被合併法人の株式を保有している場合には抱合株式となり、会社法上抱合株式に対して合併法人株式（自己株式）を交付できないため、上記図の①「合併法人が被合併法人の発行済株式等の全部を保有する関係」のケースにおいては手続上無対価とならざるを得ません。このような点からも、無対価合併が適格合併として認められる関係性を明確に規定し、その取扱いが整理されています。

なお、企業グループ内の適格合併のうち支配関係（50％超の資本関係）がある場合における無対価合併の取扱いも、合併後の完全支配関係の継続見込みの部分が、支配関係の継続見込みと変わるのみで、合併法人と被合併法人の関係性の考え方は完全支配関係の場合と同様のため、解説は省略します。

[3 適格要件を満たさないグループ内無対価合併]

以上が「企業グループ内の合併」において無対価合併が適格合併として認められるケースとなりますが、国税庁が公表する質疑応答事例において、完全支配関係のある法人間の合併で、無対価合併が適格要件を満たさないケースが公表されていますので、紹介します。

【前提】

・A 社：B 社と D 社を 100 ％保有
・B 社：C 社を 100 ％保有
・C 社を合併法人、D 社を被合併法人として合併
・合併に伴い合併法人 C 社は、被合併法人 D 社の株主である A 社に株式を交付しない
・A 社は B 社株式を、B 社は C 社株式を継続して 100 ％保有する見込み

【図 1】

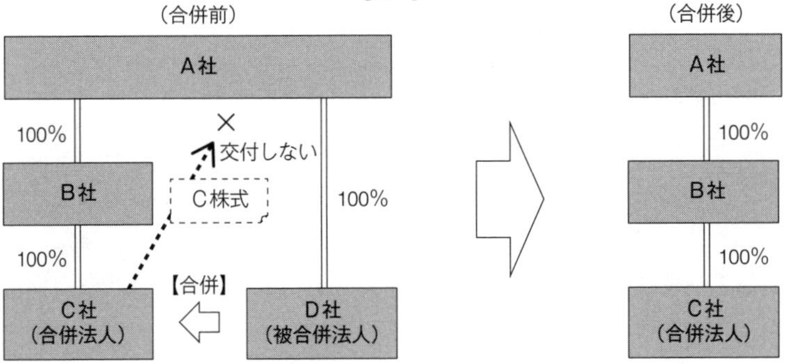

本事例において、A 社、B 社、C 社、D 社はそれぞれ完全支配関係のある法人となります。しかし、合併法人 C 社と被合併法人 D 社の関係は、法人税法施行令 4 条の 3 第 2 項 2 号のイ及びロのいずれにも該当しないため、無対価合併の場合には適格要件を満たさないことになります。前述のとおり、適格合併は、「移転資産等に対する支配の継続」があると認められる場合に従前の課税関係を継続させる制度で

す。本事例を合併の前後で見ると、A 社が D 社株式を保有することにより支配していた D 社の資産負債は、合併後 C 社に移転します。A 社は B 社株式を保有することで間接的には当該資産負債への支配を継続します。しかし、仮に対価として株式を交付した場合と無対価合併の場合を比較すると、合併後の資本関係は異なります。例えば、B 社の保有する C 社株式が 1,000 株、合併に伴い被合併法人の株主に交付する株式数が 1 株当たり 0.25 株（合併比率 1：0.25）であることを前提として、株式を交付したとします。この場合の合併後の資本関係は次の【図 2】のとおりとなり、【図 1】のケースとは C 社における合併後の株主構成が異なることになります。

このように、対価を交付する場合と交付しない場合で株主構成や資本構成が変わる場合には、合併により移転する資産負債への支配が継続しているとは考えず、適格合併には該当しないこととされています。

【図2】

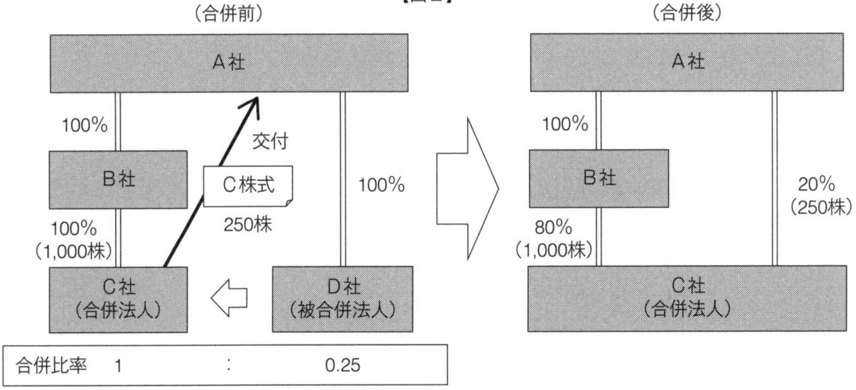

[4 「共同で事業を営むための合併」における無対価合併]

適格合併のうち共同で事業を営むための合併（資本関係が 50 %以下の場合の適格合併）においても無対価合併が認められるケースがあります。具体的には、次のケースです。

①法人税法施行令４条の３第２項２号ロと同様の関係（被合併法人及び合併法人の株主等の全てについて、それぞれの法人の持株割合が等しい場合の被合併法人と合併法人の関係）がある場合
②無対価合併に係る被合併法人の全てが資本又は出資を有しない法人である場合
③合併法人が資本又は出資を有しない法人である場合

①については、完全支配関係がある場合の無対価合併の取扱いで確認した内容と同様です（70ページ参照）。なお、共同事業要件においては「支配株主がいる場合には当該支配株主に交付される合併法人株式の全部が当該支配株主により継続して保有されることが見込まれていること」とする要件（株式継続保有要件）があります。無対価合併の場合、交付される株式がありませんので株式の帳簿価額を基礎として継続保有すべき株式数を計算する取扱いがあります。

②、③は、資本又は出資を有しない法人に関する取扱いです。具体的な例としては、出資持分の定めのない医療法人があります。出資持分の定めがないということは、株式会社の株主に相当する出資者が存在しませんので、そもそも合併に伴って出資を交付することができません。そこで、このような法人が合併する場合においては、無対価合併であっても、出資に関する要件以外の部分で適格要件を満たすときは、適格合併に該当することとされています。

SECTION

06 三角合併

[1 三角合併の概要]

SECTION 5 に引き続き適格合併の要件の一つである「対価要件」に関する内容です。本 SECTION で確認をするのは、合併の対価として被合併法人の株主に合併法人の親法人の株式を交付するいわゆる「三角合併」の取扱いです。

三角合併は、会社法の施行による合併の対価の柔軟化により平成 19 年に導入されました。三角合併の導入は、国境を越えた国際的なＭ＆Ａが増加する中で、外国企業による日本国内の企業の買収をしやすくするのが狙いとされ、導入に当たっては外国企業に日本企業のＭ＆Ａを解放したという点で、“解禁”という表現が用いられました。

なぜ、買収をしやすくなるのか概要を簡単に説明します。まず前提として、内国法人と外国法人は、その設立等の根拠となる法律が異なりますので、直接合併を行うことはできないものと解されています。そのため、外国法人が合併によって買収対象会社を自社の傘下に置く方法としては、内国法人である子会社を日本国内に設立し、当該子会社と買収対象会社を合併する手法が考えられます。ただし、合併を行えば被合併法人の株主に対価の交付が必要となります。仮に合併法人の株式を交付すると、被合併法人の株主は合併後に合併法人の株主となりますので、外国法人である親法人は合併後の合併法人を 100％支配することはできません。また、被合併法人の株主の立場で見ても、外国法人を親法人とする未上場の内国法人の株式を取得すると、流動性の観点からその後の売却が困難となる恐れがあるため、合併に反対される可能性があります。

【合併の対価を合併法人株式とした場合】

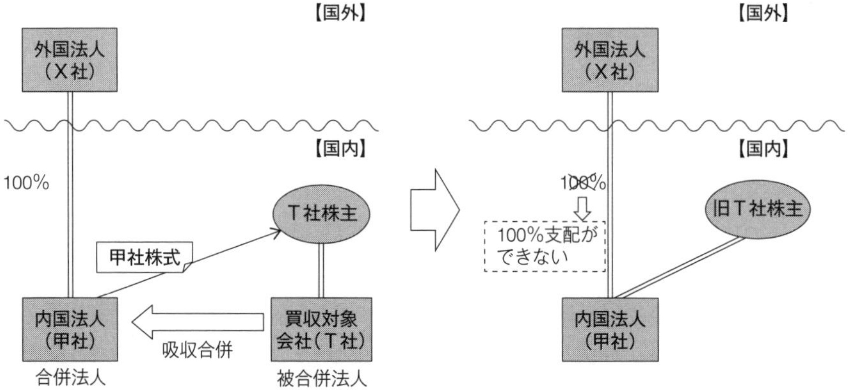

100％支配下とする手段として、現金を対価として合併をするということも考えられますが、被合併法人の事業規模によっては資金の負担が大きく、現実的でない場合も想定されます。そこで、これらを解決する方法として導入されたのが、外国法人を親会社とする国内法人が当該外国法人の株式（親会社株式）を対価として買収対象会社を合併する方法です。これを「三角合併」と呼びます。

【合併の対価を合併法人の100%親法人の株式とする場合】

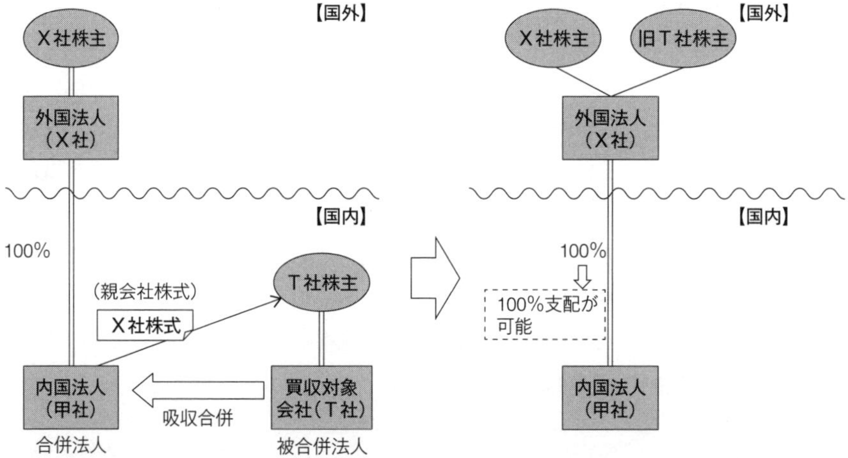

三角合併は、合併法人の親会社が外国法人である場合だけでなく国内の法人の場合でも行うことは可能ですが、買収対象会社の100％子会社化が目的であれば従

来からの手法である株式交換でも実現できるため、特に外国法人のための手法として解説されることが多い取扱いです。このように会社法において、組織再編成をしやすくするための方法を定めたことに伴い、税制もその活用を後押しするため、一定の要件を満たす三角合併については、適格合併として取り扱うこととなりました。

[2 合併法人による親法人株式の取得]

概要で確認したとおり、三角合併は合併の対価として親会社株式を交付する手法となりますので、まず、合併法人は対価となる親会社株式を取得する必要があります。会社法において、親会社（議決権の 50 %超を保有する会社等）の株式は原則としてその取得が禁止され、やむを得ず取得する場合においても、相当の時期に処分しなければならないとされています（会社法 135）。ただし、特例として合併等により消滅会社等（被合併法人等）の株主に対して交付する対価の全部又は一部が親会社株式とされている場合には、その交付をする株式の総数を超えない範囲で親会社株式を取得することができ、その合併等の効力発生日までの間は保有することができることとされています（会社法 800）。

「交付をする親会社株式の総数を超えない範囲で取得をすることができる」とされ、その「交付をする親会社株式の総数」は合併契約によって定められますので、通常の場合、親会社株式は合併契約後に取得することとなります。親会社株式の取得方法は、子会社から親会社へ増資をする方法や子会社が第三者からの購入により取得する方法などが考えられますが、外部への資金流出を避けるために三角合併を選択するのであれば、親会社株式の取得方法についても、第三者からの購入でなく、増資など親子間の資本取引で行う方法が選択されるものと考えます。いずれにせよ合併法人となる内国法人は、親法人株式を取得するための資金調達が必要となります。

[3 三角合併の場合の適格要件]

(1) 合併親法人株式とは

三角合併は対価として交付する資産が親法人株式であること以外は、基本的に通常の合併と変わりませんので、適格合併の判定も合併直前の資本関係に応じて「企業グループ内の合併」と「共同で事業を営むための合併」のそれぞれの要件により判定します。したがって、三角合併の適格要件において論点となるのは交付される親会社株式の意義となります。以下、該当する条文を要約して確認します。

この項目で紹介する条文

【法人税法２条12号の8】

（定義）

第２条

十二の八　適格合併　次のいずれかに該当する合併で被合併法人の株主等に合併法人又は合併親法人（合併法人との間に当該合併法人の発行済株式等の全部を直接又は間接に保有する関係として政令で定める関係がある法人をいう。）のうちいずれか一の法人の株式*以外の資産*が交付されないものをいう。*

【法人税法施行令４条の３第１項】

（適格組織再編成における株式の保有関係等）

第４条の３　法第２条第12号の８（定義）に規定する全部を直接又は間接に保有する関係として政令で定める関係は、合併の直前に当該合併に係る合併法人と当該合併法人以外の法人との間に当該法人による完全支配関係（以下この項において「直前完全支配関係」という。）があり、かつ、当該合併後に当該合併法人と当該法人（以下この項において「親法人」という。）との間に当該親法人による完全支配関係が継続すること*が見込まれている場合における当該直前完全支配関係とする。

【法人税法第61条の2】

（有価証券の譲渡益又は譲渡損の益金又は損金算入）

第61条の２

６　内国法人が自己を合併法人とする適格合併*により*合併親法人の株式を交付した場合における第１項の規定の適用については、同項第１号に掲げる金額【※譲渡対価の額】は、当該合併親法人の株式の当該適格合併の直前の帳簿価額に相当する金額とする。

三角合併が適格合併とされるためには、他の適格要件を満たしたうえで、対価として交付される資産が「合併親法人株式」に該当する必要があります。合併親法人株式とは、合併法人とその親法人との間にその親法人による完全支配関係がある場合のその親法人の株式をいいます。「完全支配関係」とは直接保有のみならず間接保有も含みますので、合併法人が孫会社に該当するような場合の親法人株式も含みます。

(2) 対価の選択

⑴における条文の表現では、適格合併の要件を満たすのは「合併法人株式又は合併親法人株式のいずれか一方の株式以外の資産が交付されないもの」とされています。したがって、株式以外の現金等の資産が交付される場合だけでなく、合併法人株式と合併親法人株式の両方が同時に交付される場合にも、適格合併には該当しないこととなります。

(3) 合併後における親法人との関係性の継続

三角合併の場合の適格要件については、対価が合併親法人株式であることに加え、合併法人と親法人との間に当該親法人による完全支配関係が合併後も継続する見込みであることが要件とされています。当該要件については合併後に当該合併に係る合併法人を被合併法人とする適格合併を行うことが見込まれている場合には、合併の時から当該合併に係る合併法人を被合併法人とする適格合併の直前の時まで当該合併法人と親法人との間に当該親法人による完全支配関係が継続することも満たす必要があります。

[4 保有する親法人株式の譲渡損益]

(1) みなし譲渡

法人が三角合併を行おうとする場合において、その交付をしようとする親法人株式が次に掲げる株式である場合には、それぞれに掲げる日においてその親法人株式をその日の価額（時価）で譲渡し、かつ、その日の価額で取得したものとみなす取扱いがあります。つまり、その日において親法人株式の含み損益を実現することとなります（法法 61 の 2 ㉓）。

対象株式	みなし譲渡日
三角合併の契約日に保有する親法人株式	三角合併の契約日
三角合併の契約日後に適格合併等により移転を受けた親法人株式	移転を受けた日

前述のとおり、会社法上、子会社が親会社の株式を取得することは原則として禁止されていますが、やむを得ない理由がある場合には、相当の時期に処分をすることを前提に取得が認められています（これとは別に、特例として三角合併の対価とするための取得も認められています）。ここで言う、やむを得ない理由とは、例えば合併により被合併法人が保有していた親法人株式を引き継ぐというケースがあります。三角合併の対価とすることを目的として取得した親法人株式ではなく、このようなやむを得ない理由により取得した親法人株式を三角合併の対価として交付する場合には、上記表のそれぞれに掲げる日においてその親法人株式を譲渡したものとみなして含み損益を実現させ、課税関係を清算することになります。なお、合併契約において交付することが見込まれている株式数を超える部分の株式については、当該規定の適用はありません。また、当該取扱いは、三角合併が適格合併に該当するかどうかにかかわらず適用されます。

(2) 親法人株式の交付に伴う譲渡損益

三角合併により合併法人が被合併法人の株主に合併親法人株式を対価として交付する行為は、法人税法上、有価証券の譲渡取引に該当します。したがって、原則として有価証券の譲渡損益を認識します。ただし、三角合併が適格合併に該当する場合には、法人税法 61 条の 2 第 6 項（78 ページ参照）の取扱いがあります。

有価証券の譲渡損益の計算は、譲渡対価の額から譲渡原価の額を控除して計算することとされますが、法人税法 61 条の 2 第 6 項の取扱いにより、三角合併が適格合併に該当する場合には、合併親法人株式の譲渡による譲渡対価の額は、譲渡原価の額（合併直前の帳簿価額）と同額とされ、譲渡損益は計上されません。上記(1)のみなし譲渡の取扱いにより、保有する合併親法人株式は交付前に時価替えをしますので、不計上とされる譲渡損益はさほど大きくならないことが想定されますが、合併契約日又はその後の親法人株式の取得日から合併の日（株式の交付の日）までの時価の変動分について生じる損益については実現しないこととなります。

なお、合併法人において合併親法人株式の交付に伴う有価証券の譲渡損益が計上されないことにより、合併による資産負債の受入仕訳に差額が生じることになります。当該差額については、抱合株式の取扱い（SECTION 4 参照）と同様に、資本金等の額として処理することで対応しています（法令 8 ①五）。

(3) 具　体　例

《前提》

① 甲社は（3 月決算法人）は自己を合併法人、T 社を被合併法人とする合併を行うため X2 年 5 月 1 日に合併契約を締結しました。当該合併はいわゆる三角合併として行う予定であり、T 社の株主には甲社の 100 %親会社である X 社の株式を 10,000 株交付する予定です。合併契約日の X 社株式の 1 株当たりの時価は 55,000 円です。

② 甲社は、X1 年 12 月 1 日に他社を吸収合併した際に、当該他社（被合併法人）が保有していた X 社株式 1,000 株を引き継いで取得しており、取得価額は合併時の時価 5,000 万円（1 株当たり 50,000 円）です。

③ 甲社は、X2 年 6 月 1 日に適格合併により被合併法人が保有していた X 社株式 500 株を引き継いでおり、被合併法人の帳簿価額 1,000 万円（1 株当たり 20,000 円）をそのまま帳簿価額として引き継いでいます。当該適格合併の日における時価は、2,800 万円（1 株当たり 56,000 円）です。

④ 甲社は X2 年 9 月 1 日に、三角合併の対価とすることを目的として X 社の第三者割当増資を引き受け、8,500 株を 48,450 万円（1 株当たり 57,000 円）で取得しています。

⑤ 甲社は X3 年 1 月 1 日を合併期日として T 社と吸収合併を行い、②～④で取得した X 社株式 10,000 株を T 社株主に交付しました。同日における X 社株式の時価は 1 株当たり 56,500 円です。当該合併は適格合併に該当します。

《合併法人甲社の有価証券の譲渡損益の計算》

① 合併親法人株式のみなし譲渡

甲社は三角合併により 100 %親会社である X 社株式を合併対価として交付していますが、その X 社株式を、合併契約日である X2 年 5 月 1 日に 1,000 株保有しており、合併契約後に適格合併で500株引き継いでいます。これらの株式はみなし譲渡の対象となるため、次の金額をX3年3月期の課税所得として計上します。

■　合併契約日に保有する株式1,000株

5,500万円（1,000株×55,000円）－5,000万円＝500万円

合併契約日の時価5,500万円と帳簿価額5,000万円との差額500万円を譲渡益とみなします。

■　合併契約後に適格合併により移転を受けた株式500株

2,800万円（500株×56,000円）－1,000万円＝1,800万円

適格合併による移転日の時価2,800万円と適格合併により引き継いだ帳簿価額1,000万円との差額1,800万円を譲渡益とみなします。

②　合併親法人株式の譲渡損益の計算

合併に伴い、取得価額56,750万円（＝5,500万円(1,000株@55,000円)＋2,800万円(500株@56,000円)＋48,450万円(8,500株@57,000円)）の親法人株式を交付していますが、本事例は適格合併に該当するため、当該株式の譲渡損益は計上されません。

《図解》

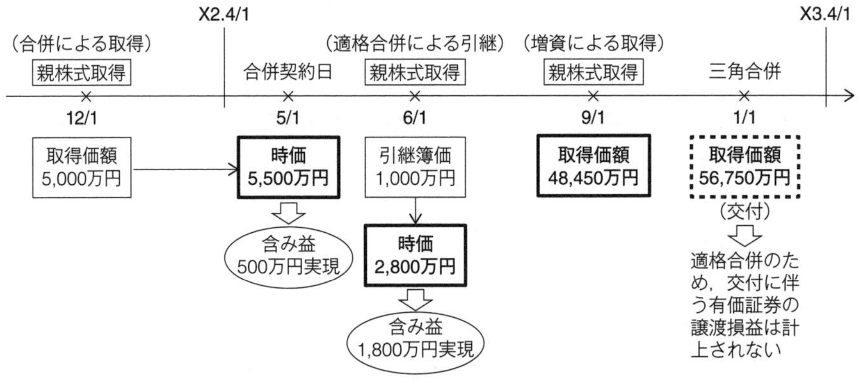

［　5　被合併法人の株主の取扱い　］

SECTION 2において、合併に伴い被合併法人の株主（法人株主）に合併法人の

株式のみが交付される場合には、適格か非適格かを問わず、新株式に旧株式の帳簿価額を付け替えることで株主の譲渡損益は繰り延べられることを確認しました。これと同様に、合併に伴い被合併法人の株主（法人株主）に合併親法人株式のみが交付される場合には、適格か非適格かを問わず、取得した合併親法人株式に旧株式の帳簿価額を付け替えることで、株主の譲渡損益が繰り延べられます（みなし配当が生じる場合には、みなし配当金額が取得価額に加算されます)。

CHAPTER

3

会社分割

SECTION 01
会社分割制度と非適格分割型分割

[　1　会社分割の種類　]

(1) 会社分割の性格

CHAPTER2 では合併に関する課税上の主要な論点について確認をしました。本CHAPTER では会社分割について合併と同様の論点を解説していきます。

会社分割とは、会社が事業に関して有する権利義務の全部又は一部を分割し、その分割した事業を他の会社又は新たに設立する会社に承継させる行為をいいます。会社の事業を外部に切り出すという点では事業譲渡と同様ですが、事業譲渡は譲渡会社の権利義務を個別的に承継するのに対して、会社分割は権利義務が包括的に他の会社に移転します。具体例を挙げると、例えば、事業譲渡において債務を譲受法人に移転させるためには債権者に個別の同意を得る必要がありますが、会社分割では債権者保護手続を適法に行えば、債権者から個々の同意を得ることなく債務の移転を行うことができます。このように包括的な移転という点においては、合併と同様の手法となります。

(2) 税法上の会社分割

法人税法上、会社分割によりその有する資産及び負債の移転を行う法人を「分割法人」といい、分割法人から資産及び負債の移転を受ける法人を「分割承継法人」といいます。それぞれ法人税法 2 条の定義に規定されています。また、当事者という観点では、「分割法人の株主」も課税上の論点が生じます。

法人税法上において会社分割は、「分割型分割」と「分社型分割」の 2 つに区分されます。それぞれ法人税法 2 条の定義において分割対価資産（分割により分割法人が交付を受ける分割承継法人の株式その他の資産をいいます）が交付される場合と分割対価資産が交付されない場合について規定されていますが、本 SECTION では分割対価資産が交付される場合の取扱いを確認します（分割対価資産が交付されない場合の取扱いは、SECTION6 で解説します）。以下、それぞれの定義です。

> ①　分割型分割（法人税法２条 12 号の９イ）
> 　分割により分割法人が交付を受ける分割対価資産の全てが当該分割の日において当該分割法人の株主等に交付される場合又は分割により分割対価資産の全てが分割法人の株主等に直接に交付される場合のこれらの分割
> ②　分社型分割（法人税法２条 12 号の 10 イ）
> 　分割により分割法人が交付を受ける分割対価資産が当該分割の日において当該分割法人の株主等に交付されない場合の当該分割（無対価分割を除く。）

①と②の違いは対価の交付先です。12 号の９イの前半と 12 号の 10 イを比較すると、分割により分割承継法人から分割法人に分割対価資産を交付するところまでは同様ですが、分割型分割はさらにそのすべてを分割法人の株主等に交付する取扱いとなっています。図に表すと以下の通りです。

【図１】

【分割型分割】

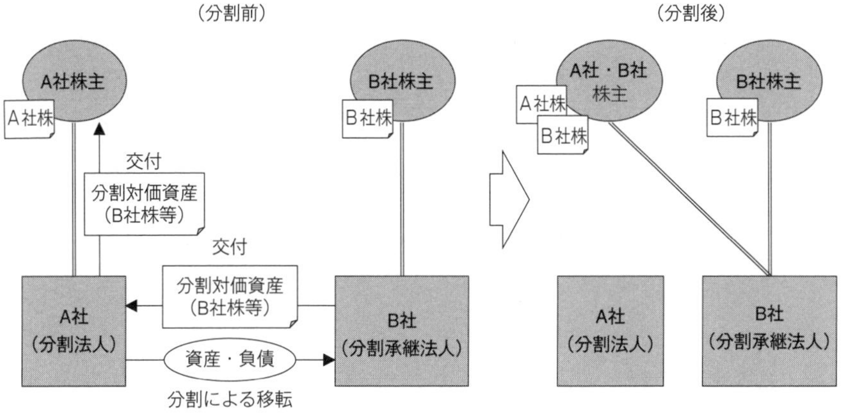

【分社型分割】

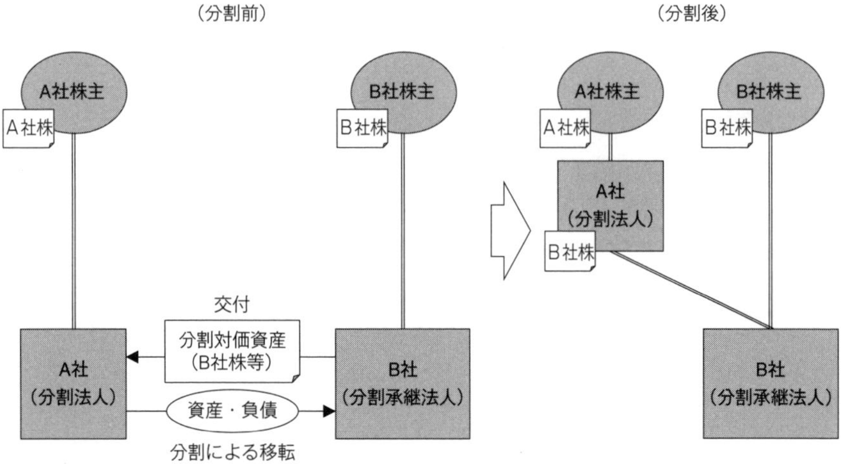

会社法において規定されている会社分割は、分割承継法人から分割法人に対価を交付する分割（税法上の分社型分割）のみであり、分割法人の株主等に対価の交付が行われる分割（税法上の分割型分割）は、「分社型分割＋当該分社型分割にあわせて行われる分割法人の株主に対する剰余金の配当」として整理されています。したがって、課税上の取扱いにおいて分割型分割を適用するためには、会社分割とあわせて分割法人の株主に剰余金の配当を行い、その剰余金の配当が分割と一体の行為あることがわかるように分割契約書の中に記載しておくことが必要となります。

なお、会社法ではこのような規定となっていますが、実務上、分割対価資産が分割法人の株主等に直接交付したと認められるような手続きを行った場合への対応として、12号の9イ後半において、直接交付のパターンも規定されています。

［　2　非適格分割型分割に関する基本規定の確認　］

以上のとおり、法人税法上の分割は「分割型分割」と「分社型分割」に区分され、それぞれ課税上の取扱いが異なりますので、1つ1つ順を追って解説します。まずは分割型分割について原則的な取扱いである非適格を前提に基本規定を確認します。その上で、図解及び税務上の仕訳により立場別に全体を整理します。分割型分割は、前頁図で確認したように当事者として「分割法人」「分割承継法人」「分割法人の株主」の三者が登場し、条文の構成について合併と類似する点が多くあります。したがって、分割型分割は、「事業の一部合併」というイメージで確認をすると理解が進みやすいものと考えます。合併は被合併法人の有する資産負債の 100 %が合併法人に移転するのに対し、分割は分割法人の有する資産負債の一部が分割承継法人に移転しますので、全体のうちどれだけ移転したのかという移転割合の計算が各種規定のポイントになります。

以下、基本規定です。

この項目で紹介する条文

【法人税法２条１項12号の9】

（定義）

第２条

十二の九　分割型分割　次に掲げる分割をいう。

イ　分割により分割法人が交付を受ける分割対価資産（分割により分割承継法人によつて交付される当該分割承継法人の株式*その他の資産をいう。以下第十二号の十一までにおいて同じ。）の全てが当該分割の日において当該分割法人の株主等に交付される場合又は分割により分割対価資産の全てが分割法人の株主等に直接に交付される場合のこれらの分割

(1)　分割法人に関する規定

【法人税法62条】

（合併及び分割による資産等の時価による譲渡）

第62条　内国法人が*分割により*分割承継法人にその有する資産又は負債の移転をしたときは、当該*分割承継法人に当該移転をした資産及び負債の当該*分割の時の価額による譲渡をしたものとして、当該内国法人の各事業年度の所得の金額を計算する。この場合においては、*当該分割（*分割対価資産*の全てが分割法人の株主等に直接に交付される分割型分割*に限る。以下この項において「特定分割型分割」という。）により当該資産又は負債の移転をした当該内国法人（資本又は出資を有しないものを除く。）は、*当該特定分割型分割に係る分割承継法人から*当該特定分割型分割に係る分割対価資産（第24条第３項に規定する場合において同項の規定により交付を受けたものとみな

される分割承継法人の株式を含む。）をその時の価額により取得し、直ちに当該新株等又は当該分割対価資産を当該内国法人の株主等に交付したものとする。

【法人税法施行令８条１項15号】
（資本金等の額）
第８条　資本金等の額について、以下の金額が減少する。
十五　分割法人の分割型分割の直前の資本金等の額に当該分割法人の当該分割型分割に係るイに掲げる金額のうちに口に掲げる金額の占める割合（当該直前の資本金等の額が零以下である場合には零と、当該直前の資本金等の額及び口に掲げる金額が零を超え、かつ、イに掲げる金額が零以下である場合には一とし、当該割合に小数点以下三位未満の端数があるときはこれを切り上げる。）を乗じて計算した金額（当該分割型分割が適格分割型分割でない場合において、当該計算した金額が当該分割型分割により当該分割法人の株主等に交付した分割承継法人の株式*その他の資産の価額*を超えるときは、その超える部分の金額を減算した金額）
イ　分割型分割の日の属する事業年度の前事業年度*終了の時の資産の帳簿価額から負債*の帳簿価額を減算した金額*
ロ　分割型分割の直前の移転資産*の帳簿価額から移転負債*の帳簿価額を控除した金額（当該金額がイに掲げる金額を超える場合（イに掲げる金額が零に満たない場合を除く。）には、イに掲げる金額）

【法人税法施行令９条１項９号】
（利益積立金額）
第９条　利益積立金額について、以下の金額が減少する。
九　分割型分割（適格分割型分割を除く。）に係る分割法人が当該分割型分割により当該分割法人の株主等に交付した金銭の額及び金銭以外の資産の価額の合計額*から第８条第１項第15号に掲げる金額を減算した金額

⑵　分割承継法人に関する規定

【法人税法施行令８条１項６号】
（資本金等の額）
第８条　資本金等の額について、以下の金額が増加する。
六　分割型分割により移転を受けた資産（以下この号において「移転資産」という。）及び負債（以下この号において「移転負債」という。）の純資産価額（次に掲げる分割型分割

の区分に応じそれぞれ次に定める金額をいう。）から*当該分割型分割により分割法人（分割対価資産の全てが分割法人の株主等に直接に交付される分割型分割にあつては、当該株主等）に交付した金銭並びに当該金銭及び当該法人の株式以外の資産の価額の合計額*を減算した金額（当該法人が資本又は出資を有しない法人である場合には、零）

イ　適格分割型分割に該当しない分割型分割（ロ及びハに掲げるものを除く。）　当該分割型分割により分割法人（分割対価資産の全てが分割法人の株主等に直接に交付される分割型分割にあつては、当該株主等）に交付した当該法人の株式その他の資産の価額の合計額

ロ　適格分割型分割に該当しない分割型分割のうち法第六十二条の八第一項に規定する非適格合併等に該当しないもの（無対価分割に該当するものを除く。）　当該移転資産の価額から当該移転負債の価額を減算した金額

⑶　分割法人の株主に関する規定（株主が法人である場合を前提）

【法人税法 61 条の 2 第 4 項】

（有価証券の譲渡益又は譲渡損の益金又は損金算入）

第 61 条の 2

4　内国法人が所有株式*を発行した法人の行つた分割型分割により分割承継法人の株式その他の資産の交付を受けた場合には、当該所有株式のうち当該分割型分割により当該分割承継法人に移転した資産及び負債に対応する部分の譲渡を行つたものとみなして、第一項の規定を適用する。この場合において、その分割型分割（*分割対価資産として分割承継法人*株式以外の資産が交付されなかつたもの（*各株主等の有する当該分割法人の株式の数*の割合に応じて交付されたものに限る。以下この項において「金銭等不交付分割型分割」という。）を除く。）により分割承継法人の株式その他の資産の交付を受けたときにおける第 1 項の規定の適用については、同項第 2 号に掲げる金額【※譲渡原価の額】は、その所有株式の当該分割型分割の直前の帳簿価額を基礎として政令で定めるところにより計算した金額（以下この項において「分割純資産対応帳簿価額」という。）とし、その分割型分割（金銭等不交付分割型分割に限る。）により分割承継法人又は親法人の株式の交付を受けたときにおける第 1 項の規定の適用については、同項各号に掲げる金額【※譲渡対価の額及び譲渡原価の額】は、いずれもその所有株式の当該分割型分割の直前の分割純資産対応帳簿価額とする。

【法人税法施行令 119 の 8 第 1 項】

（分割型分割の場合の譲渡対価の額及び譲渡原価の額等）

第119条の8　法第61条の2第4項*に規定する政令で定めるところにより計算した金額は、同項に規定する所有株式を発行した法人の行つた分割型分割の直前の当該所有株式の帳簿価額に当該分割型分割に係る第23条第1項第2号*に規定する割合を乗じて計算した金額とする。

【法人税法施行令119条1項6号】

（有価証券の取得価額）

第119条

六　分割型分割（法第61条の2第4項に規定する金銭等不交付分割型分割に限る。）により交付を受けた当該分割型分割に係る分割承継法人*の株式（同項の規定が適用される同項に規定する所有株式に対応して交付を受けたものに限る。）　当該分割型分割に係る分割法人の株式の当該分割型分割の直前の帳簿価額に当該分割型分割に係る第119条の8第1項*に規定する割合を乗じて計算した金額（配当等とみなされた金額がある場合には当該金額を、当該分割承継法人*の株式の交付を受けるために要した費用がある場合にはその費用の額を、それぞれ加算した金額とする。）

【法人税法24条1項2号】

（配当等の額とみなす金額）

第24条　法人（公益法人等及び人格のない社団等を除く。以下この条において同じ。）の株主等である内国法人が当該法人の次に掲げる事由により金銭その他の資産の交付を受けた場合において、その金銭の額及び金銭以外の資産の価額*の合計額が当該法人の資本金等の額*のうちその交付の基因となつた当該法人の株式*に対応する部分の金額を超えるときは、この法律の規定の適用については、その超える部分の金額は、配当等の金額とみなす。

二　分割型分割（適格分割型分割を除く。）

【法人税法施行令23条1項2号】

（所有株式に対応する資本金等の額又は連結個別資本金等の額の計算方法等）

第23条　法第24条第1項*に規定する株式又は出資に対応する部分の金額は、同項に規定する事由の次の各号に掲げる区分に応じ当該各号に定める金額とする。

二　法第24条第1項第2号に掲げる分割型分割　当該分割型分割に係る分割法人の当該分割型分割の直前の分割資本金額等（当該分割型分割の直前の資本金等の額*に当該分割法人の当該分割型分割に係るイに掲げる金額のうちにロに掲げる金額の占

める割合（当該分割型分割の直前の資本金等の額*が零以下である場合には零と、当該分割型分割の直前の資本金等の額*及びロに掲げる金額が零を超え、かつ、イに掲げる金額が零以下である場合には一とし、当該割合に小数点以下三位未満の端数があるときはこれを切り上げる。）を乗じて計算した金額をいう。）を当該分割法人の当該分割型分割に係る株式の総数*で除し、これに同条第１項に規定する内国法人が当該分割型分割の直前に有していた当該分割法人の当該分割型分割に係る株式の数を乗じて計算した金額

イ　分割型分割の日の属する事業年度の前事業年度*終了の時の資産の帳簿価額から負債*の帳簿価額を減算した金額*

ロ　分割型分割の直前の移転資産*の帳簿価額から移転負債*の帳簿価額を控除した金額（当該金額がイに掲げる金額を超える場合（イに掲げる金額が零に満たない場合を除く。）には、イに掲げる金額）の関係をいう。

以上が、非適格の分割型分割に関する取引を整理するに当たって最低限確認しておきたい法人税法上の基本規定です。課税上の論点は非適格合併の場合と同様ですが、合併の場合に比べ、移転割合に関する規定があるため、規定される文章量が多くなっています。

[　3　図解でみる非適格分割型分割における課税上の取引　]

上記で要約した条文の内容に則して、次の前提をもとに図にまとめます。

【図2】

【前提】

■分割法人A社	前事業年度末の簿価純資産価額（資産と負債の帳簿価額の差額）　1,000 移転する資産と負債の帳簿価額の差額　200 前事業年度末の資本金等の額　300（分割直前まで変動なし） 前事業年度末の利益積立金額　700 （分割直前まで通常の所得計算以外の要因による変動なし）
■分割承継法人B社	A社株主に時価240の株式を交付
■分割法人の株主（法人）	A社株式の帳簿価額　600

(注)　適格分割には該当しないものとする

【非適格分割型分割（吸収分割）があった場合の税務上の取引の流れ】

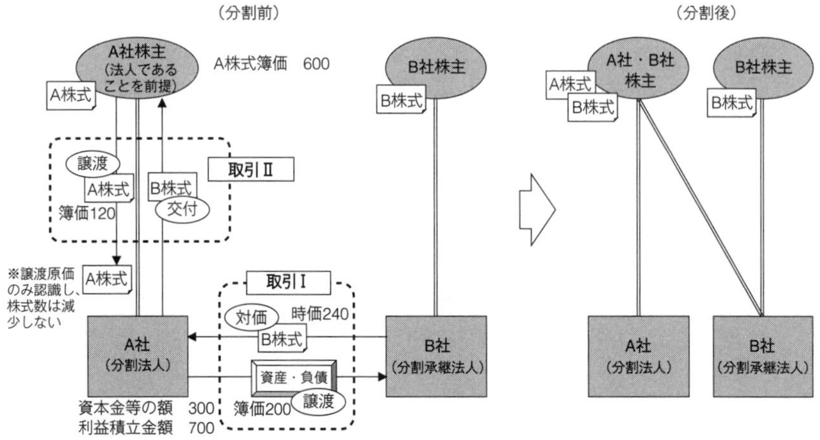

分割型分割を図としてまとめると、合併の取扱いと同様に以下の2つの取引があることがわかります。

■「取引Ⅰ」
分割法人と分割承継法人との間の取引（【図2】の「取引Ⅰ」）
■「取引Ⅱ」
分割法人と分割法人の株主との間の取引（【図2】の「取引Ⅱ」）

法人税法62条においては、分割による資産負債の移転を「分割時の価額による譲渡」と規定しています。当該規定は、分割による資産負債の移転が権利義務の包括的な移転であることから、その行為が税務上の「譲渡」に該当するのかどうか不明瞭であるため、これを明確にするために設けられているものと考えられます。合併の場合には、さらに法人税法62条の後段で「被合併法人は合併法人から新株等をその時の価額により取得し、直ちに当該新株等を当該内国法人の株主等に交付したものとする」という一文が規定されていますが、分割型分割については、分割対価資産の全てが分割法人等の株主等に直接交付される場合に限り、同様の規定を設けています。これは前述のとおり、会社法における分割の手続きが、対価を分割法人に交付することを前提としており、分割法人の株主に対価を交付する場合は別途剰余金の配当として行われますので、あえてこのような規定を設ける必要がないためです。

[　4　仕訳でみる非適格分割型分割における課税上の取引　]

(1) 分割法人と分割承継法人との間の取引（「取引Ⅰ」）

① 分割法人の仕訳処理

上記の【図2】のそれぞれの取引を立場別に仕訳としてまとめます。

まずは【図2】の「取引Ⅰ」の部分ですが、分割法人は、分割による資産と負債の移転を「分割の時の価額による譲渡」をしたものとして取り扱います。本具体例において譲渡による対価は分割承継法人Ｂ社の株式です（法法62①)。

【仕訳①】「取引Ⅰ」における分割法人の仕訳

(借)	B　株　式	240	(貸)	資産・負債	200
				譲　渡　益	40

資産と負債を時価により譲渡したものと考えますので、当該時価と帳簿価額との間に差額がある場合には、譲渡損益が生じることになります。「取引Ⅰ」のケースでは、分割による対価の額（Ｂ株式の時価）240から移転する資産と負債の帳簿価額の差額（移転簿価純資産価額）200を控除した40が譲渡益となります。

② 分割承継法人の仕訳処理

分割承継法人は、【図2】の「取引Ⅰ」により分割法人の資産負債を取得します。分割法人側では譲渡として取り扱われますが、分割承継法人側は単なる資産負債の購入取引ではありません。分割に伴って資産負債を受け入れ、対価として自社の株式を交付するという取引になりますので、資本等取引として純資産が増加します。具体的には資本金等の額の増加として処理をします。

ここで増加する資本金等の額については、法人税法施行令８条（資本金等の額）１項６号において次の２パターンの処理が規定されています。

区　　分	増加する資本金等の額(注)
法人税法62条の8に規定する事業の移転を伴う分割型分割	交付した分割承継法人株式等の分割時の価額
上記に該当しない分割型分割	移転を受けた資産の時価から負債の時価を減算した金額

（注）　分割承継法人株式以外の資産（金銭等）の交付がある場合には、表中の金額から当該交付金銭等の額を減算した金額が増加する資本金等の額となります。

表中の法人税法62条の8とは、税務上ののれんである資産調整勘定の取扱いに関する規定です。分割による資産負債の移転が事業の移転を伴うものであれば、分割承継法人が交付する対価もその事業の価値を勘案して計算されることが想定されるため、増加する資本金等の額は、移転する個別の資産負債の時価の合計ではなく交付する対価の額（分割承継法人株式等の時価）となります。これに対し、分割が事業の移転を伴わない個別の資産負債の移転でしかない場合には、そこにのれん相当額は生じないと考えられるため、増加する資本金等の額も、交付する対価の額ではなく受け入れた資産負債の時価で計算をします。事業の移転を伴うかどうかについては、実態で判断することになると考えますが、法人税基本通達12の2―2―7（事業を移転しない適格分割等）において、「株式のみを移転する分割」は事業を移転しない分割として例示されています。

本具体例においては、事業の移転を伴うものとして仕訳処理を確認します。分割承継法人B社において増加する資本金等の額は交付をした分割承継法人株式の価額（時価）となります（株式以外に金銭等の交付をするケースもありますが、ここでは解説を省略します）。【図2】の「取引Ⅰ」における分割承継法人の仕訳は次のとおりです。

【仕訳②】「取引Ⅰ」における分割承継法人の仕訳

（借）資産・負債	240	（貸）資本金等の額※	240

※　交付したB株式の価額（時価）相当が増加する。

なお、上述のとおり、資本金等の額の増加額は交付した分割承継法人株式の分割時の価額としていますが、相手勘定科目として受け入れる資産負債の時価純資産価額は必ずしも分割承継法人株式の分割時の価額（240）と一致しているとは限りません。受け入れた資産と負債についてはそれぞれ時価で取得価額を付しますので、増加する資本金等の額（交付対価の額）との間に差額が生じた場合には、資産調整勘定（借方差額）又は負債調整勘定（貸方差額）として処理をすることになります。本仕訳においては、借方の資産・負債240の中に資産調整勘定又は負債調整勘定が含まれているものとしてご確認ください（資産調整勘定及び負債調整勘定の詳細についてはCHAPTER5参照）。

(2) 分割法人と分割法人の株主との間における取引（「取引Ⅱ」）

① 分割法人の仕訳

続いて【図2】の「取引Ⅱ」の仕訳を確認します。まずは、分割法人です。分割法人は「取引Ⅰ」で資産負債の譲渡を行い対価として分割承継法人の株式を取得したのち、「取引Ⅱ」において、自社の株主に当該分割承継法人の株式を交付する取引を行います。当該取引は、合併と同様に、分割法人における純資産の払戻しとして処理をします。ここで論点となるのが、減少する純資産の内容です。合併の場合には、純資産の全部を払い戻すため、合併直前の資本金等の額と利益積立金額の全部が払い戻されることになりましたが、分割型分割の場合には純資産の一部を払い戻すことになるため、その内訳が「資本金等の額」と「利益積立金額」のいずれになるのか計算が必要になります。

まず法人税法施行令8条1項15号の規定により、資本金等の額の減少額から計算します。基本算式は次のとおりです。

【分割型分割により減少する分割法人の資本金等の額】

$$\text{分割法人の分割型分割直前の資本金等の額} \times \frac{\text{分割直前の移転資産の帳簿価額} - \text{分割直前の移転負債の帳簿価額}}{\text{前事業年度末の資産の帳簿価額} - \text{前事業年度末の負債の帳簿価額}} \quad \left(\text{小数点以下3位未満切上げ}\right)$$

（注） 分子の金額は分母の金額を限度とします。

資本金等の額に乗じる分数算式は、分母が全体の簿価純資産価額、分子が移転した部分の簿価純資産価額となっていますので、純資産価額に基づいた移転割合の計算となっています。ただし、純資産価額は帳簿価額をベースにしていること、割合に端数処理があること、分母が前事業年度末（直前に仮決算による中間申告をしている場合には中間申告対象期間末）時点の数値であるのに対し、分子は分割直前の数値であり分母と分子で計算の時点が異なっていること（ただし、通常の所得計算以外の事由により純資産価額に変動があった場合には、その変動額を考慮します）などの要因から必ずしも厳密な計算とはなっていません。実務上の簡便性が考慮されているものと考えます。

当該算式に基づき本具体例の分割法人Ａ社における減少する資本金等の額を計算すると、次のとおり60となります。

【Ａ社において減少する資本金等の額】

分割法人の分割型分割直前の資本金等の額300 × $\dfrac{\text{分割直前の移転簿価純資産価額200}}{\text{前事業年度末の簿価純資産価額1,000（資本金等の額300＋利益積立金額700）}}$ (0.200)＝60

分母の計算は、「資産の帳簿価額から負債の帳簿価額を控除」するのではなく、「資本金等の額に利益積立金額を加算」しています。どちらも簿価純資産価額を計算する算式となりますので、実務上は簡便的な方法である後者の計算方法により計算します。

続いて減少する利益積立金額については、法人税法施行令９条１項９号の規定に基づき、次の算式により計算します。

【分割型分割により減少する分割法人の利益積立金額】

株主等に交付した分割の対価の額 － 減少する資本金等の額

本具体例の場合には、交付対価240から減少する資本金等の額60を減算した180が利益積立金額の減少額となります。

以上の内容をもとにした仕訳は次のとおりとなります。

【仕訳③】「取引Ⅱ」における分割法人の仕訳

（借）	資本金等の額	60	（貸）	B　株　式	240
	利益積立金額	180			

② 分割法人の株主の仕訳

最後に、【図2】の「取引Ⅱ」における分割法人の株主の取扱いです。株主は法人であり、一の法人がA株式の全てを保有していることを前提とします。まずは、結論としての仕訳を記載します。

【仕訳④】「取引Ⅱ」における分割法人の株主の仕訳

（借）	B　株　式	300	（貸）	A　株　式	120
				配　当　金	180

※　所得税等の源泉徴収に関する仕訳は省略しています。

分割法人A社の株主においては、対価としてB株式の交付を受けますが、これに伴い保有するA株式の株式数が減少するわけではありません（つまり、手許から物理的に何かがなくなるわけではありません）。ただし、A社の純資産の一部がB社に移転し、これに伴う対価はすべてA社株主に交付されますので、A社の純資産は減少したままとなります。したがって、A社の株主が保有するA株式の価値も減少することになります。そこで、株主はその価値の減少分について株式の譲渡があったものとみなし、有価証券の譲渡損益の計算を行うことになります（法法61の2④）。

また、株主側の課税上の論点としては、有価証券の譲渡損益の計算だけではありません。分割法人の純資産の払戻しにより対価を取得することになりますので、合併と同様、払戻しの原資に応じた取扱いが生じます。具体的には以下の表のとおり、分割法人の株主は、取引を「株式の譲渡取引」と「配当金を収受する取引」の2つに区分して処理を考えることになります。

分割法人における払戻しの原資	分割法人の株主における取扱い
「資本金等の額」を原資とする払戻し部分	保有する分割法人株式の払戻しに係る対価（有価証券の譲渡対価）となる
「利益積立金額」を原資とする払戻し部分	配当金とみなす

有価証券の譲渡損益の計算上、分割対価資産が分割承継法人の株式のみである場合には、合併と同様に、譲渡対価の額を譲渡原価の額を同額とし課税を繰り延べる取扱いがあります。合併と異なるのは、分割法人の株式の全てが消滅するわけではありませんので、株式の譲渡における譲渡原価の計算を行う必要がある点です。分割法人の株主における有価証券の譲渡原価は、法人税法 61 条の 2 第 4 項において「分割純資産対応帳簿価額」と規定されています。「分割純資産対応帳簿価額」は、分割法人株式の分割直前の帳簿価額に分割法人の資本金等の額の減少額を計算する際に用いた分割による移転割合を乗じることにより計算します。

本具体例については、A 株式の帳簿価額 600 に 0.200 を乗じた 120 が譲渡原価となります。当該割合は、株主側で計算することはできませんので、分割法人が株主に対して通知を行う必要があります。

以上の内容から、【仕訳④】のうち有価証券の譲渡に関する部分だけを抜き出して仕訳の処理を行うと次のとおりとなります。

【仕訳④の一部】　有価証券の譲渡取引の仕訳

（借）B　株　式	120	（貸）A　株　式	120

A 株式の譲渡に伴う譲渡対価の額　＝　A 株式の帳簿価額のうち移転割合対応分（600×0.200）

※　譲渡損益は生じません

仕訳のとおり、旧株式の帳簿価額を新株式の取得価額に付け替えるだけの処理となりますので、A 株式の譲渡損益は生じません。

続いて、みなし配当部分の取引の処理を確認します。分割法人の資本金等の額を超えて対価の額が交付される場合、その超える部分の金額が利益積立金額の減少額となり、当該金額が株主にとってのみなし配当金額となります。みなし配当に係る仕訳については、新たに取得するB株式の取得価額という側面から確認します。法人税法施行令119条1項6号において、分割承継法人の株式以外の資産が交付されない分割型分割における分割承継法人株式の取得価額は、分割法人株式の帳簿価額のうち移転割合対応分とし、みなし配当の金額がある場合には、当該金額を加算した金額とされています。

B株式の取得価額という視点で【仕訳④】の処理を見ると次のとおりとなります。

【仕訳④を分解】 有価証券の取得価額の計算から見る仕訳

（借）	B　株　式	120	（貸）	A　株　式	120

↓

B株式の取得価額	＝	A株式の帳簿価額のうち移転割合対応分（600×0.200）

（借）	B　株　式	180	（貸）	配　当　金	180

↓

B株式の取得価額	＝	みなし配当の金額がある場合には当該金額を加算した金額

結果として、B株式の取得価額は「A株式の帳簿価額のうち移転割合対応分」120と「みなし配当の金額」180との合計額300となります。

なお、仮に対価の全てが分割承継法人株式以外の資産（金銭等）であった場合には、課税の繰延べは行われませんので、対価を時価で計上し、有価証券の譲渡損益が計上されることになります。

SECTION
02 適格分割型分割

[1 適格分割型分割に関する基本規定の確認]

SECTION1 では分割のうち分割型分割について非適格に該当する場合の取扱いを確認しました。本 SECTION では引き続き分割型分割の取扱いについて適格分割に該当する場合の取扱いを確認します。適格分割は、適格合併と同様、一定の適格要件を満たす場合に、分割による資産負債の移転に伴い生じる譲渡損益等を繰り延べる制度です。適格要件の詳細については SECTION5 に確認をしますので、本 SECTION では SECTION1 と同様に適格分割型分割の基本規定を確認し、「分割法人」「分割承継法人」「分割法人の株主」の立場別に、図解及び税務上の仕訳により課税上の取扱いの全体を整理します。

まずは条文上どのような表現で規定されているのか、条文の表現を引用・要約しながら内容を確認していきます。なお、ここでは基本的な部分のみを確認するため、三角分割、無対価分割などの取扱いについては引用と解説を省略します。また、前回の非適格分割型分割と取扱いが同じ規定については、記載を省略します。

この項目で紹介する条文

(1) 分割法人に関する規定

【法人税法 62 条の 2】

(適格合併及び適格分割型分割による資産等の帳簿価額による引継ぎ)

第 62 条の 2

2 内国法人が適格分割型分割により分割承継法人にその有する資産又は負債の移転をしたときは、前条第一項の規定にかかわらず、当該分割承継法人に当該移転をした資産及び負債の当該適格分割型分割の直前の帳簿価額による引継ぎをしたものとして、当該内国法人の各事業年度の所得の金額を計算する。

3　前項の場合においては、同項の内国法人が同項の分割承継法人から交付を受けた当該分割承継法人*の株式の当該交付の時の価額は、同項の適格分割型分割により移転をした資産及び負債の帳簿価額を基礎として政令で定める金額とする。

【法人税法施行令 123 条の 3 第 2 項】

（適格合併及び適格分割型分割における合併法人等の資産及び負債の引継価額等）

第 123 条の 3

2　法第 62 条の 2 第 3 項に規定する政令で定める金額は、同条第 2 項の適格分割型分割に係る第 8 条第 1 項第 6 号（資本金等の額）に規定する純資産価額に相当する金額とする。

【法人税法施行令 8 条 1 項 15 号】

（資本金等の額）

※非適格分割型分割と同様のため記載省略

【法人税法施行令 9 条 1 項 10 号】

（利益積立金額）

第 9 条　利益積立金額について、以下の金額が減少する。

十　当該法人を分割法人とする適格分割型分割により当該適格分割型分割に係る分割承継法人に移転をした資産の当該適格分割型分割の直前の帳簿価額から当該適格分割型分割により当該分割承継法人に移転をした負債の当該直前の帳簿価額及び当該適格分割型分割に係る第 8 条第 1 項第 15 号に掲げる金額の合計額を減算した金額

⑵　分割承継法人に関する規定

【法人税法施行令 123 条の 3 第 3 項】

（適格合併及び適格分割型分割における合併法人等の資産及び負債の引継価額等）

第 123 条の 3

3　内国法人が*適格分割型分割により*分割法人から資産又は負債の移転を受けた場合には、当該移転を受けた資産及び負債の法第 62 条の 2*第 2 項に規定する帳簿価額*による引継ぎを受けたものとする。

【法人税法施行令8条1項6号】
（資本金等の額）
第8条　資本金等の額について、以下の金額が増加する。
六　分割型分割により移転を受けた資産（以下この号において「移転資産」という。）及び負債（以下この号において「移転負債」という。）の純資産価額（次に掲げる分割型分割の区分に応じそれぞれ次に定める金額をいう。）
イ〜ロ　＊
ニ　適格分割型分割　当該適格分割型分割に係る分割法人の資本金等の額につき第15号の規定により計算した金額【※分割法人において減少する資本金等の額】に相当する金額

【法人税法施行令9条1項3号】
（利益積立金額）
第9条　利益積立金額について、以下の金額が増加する。
三　当該法人を分割承継法人とする適格分割型分割により当該適格分割型分割に係る分割法人から移転を受けた資産の当該適格分割型分割の直前の帳簿価額から当該適格分割型分割により当該分割法人から移転を受けた負債の当該直前の帳簿価額並びに当該適格分割型分割により増加した資本金等の額＊を減算した金額

⑶　分割法人の株主に関する規定
※非適格分割型分割と同様のため記載省略

⑶の分割法人の株主に関する規定については、適格分割か非適格分割ではなく、分割対価資産が分割承継法人の株式のみかどうかで課税の取扱いが変わります。関連する規定はSECTION 1で解説した非適格分割の取扱いと同様となるため、ここでは規定の記載は省略します。

［　2　図解でみる適格分割型分割における課税上の取引　］

上記で要約した条文の内容に則して、次の前提をもとに図にまとめます。

【前提】

■分割法人A社　前事業年度末の簿価純資産価額（資産と負債の帳簿価額の差額）　1,000
移転する資産と負債の帳簿価額の差額　200
前事業年度末の資本金等の額　300（分割直前まで変動なし）
前事業年度末の利益積立金額　700
（分割直前まで通常の所得計算以外の要因による変動なし）

■分割承継法人B社　A社株主に時価240の株式を交付

■分割法人の株主（法人）　A社株式の帳簿価額　600

(注)　適格分割に該当するものとする

【適格分割型分割（吸収分割）があった場合の税務上の取引の流れ】

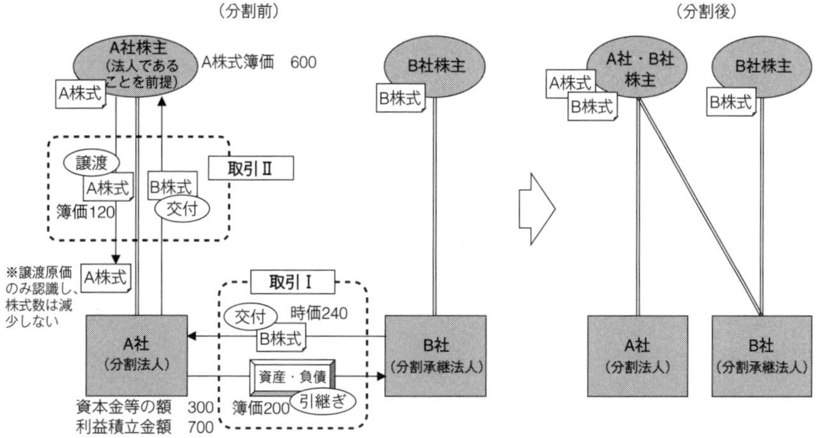

適格分割型分割における取引の流れは、非適格分割型分割と同様です。図としてまとめると、以下の２つの取引があることがわかります。

■「取引Ⅰ」
分割法人と分割承継法人との間の取引（図の「取引Ⅰ」）

■「取引Ⅱ」
分割法人と分割法人の株主との間の取引（図の「取引Ⅱ」）

適格分割型分割があった場合には、分割法人は分割承継法人に移転をした資産及び負債の当該適格分割型分割の直前の帳簿価額による引継ぎをしたものとして、所得の金額を計算します（法法62の２②）。適格合併の場合にも同様の帳簿価額による引継ぎ規定がありますが、適格分割型分割においては、これに加え分割法人が分割承継法人から交付を受ける株式の取扱いに関する規定が設けられています（適格合併には同様の取扱いはありません）。適格合併の場合には合併の対価（合併法人の株式）が合併法人から直接被合併法人の株主に交付されるという取引の流れでしたが、適格分割型分割の場合には分割の対価（分割承継法人の株式）は分割承継法人から分割法人に交付され、さらに分割法人から分割法人の株主に交付されるという流れとなっています。これは、非適格分割型分割と同様、会社法における分割の手続に則した規定となっています。

［　3　仕訳でみる適格分割型分割における課税上の取引　］

(1) 分割法人と分割承継法人との間の取引（「取引Ⅰ」）

① 分割法人の仕訳処理

上記の図のそれぞれの取引を立場別に仕訳としてまとめます。

まず図の「取引Ⅰ」の部分については、分割法人は、適格分割型分割による資産と負債の移転を「適格分割型分割の直前の帳簿価額による引継ぎ」をしたものとして取り扱います（法法62の2②）。

取引としては、資産負債の引継ぎに伴い対価として分割承継法人株式の交付を受けることになりますが、その株式の交付の時の価額は「適格分割型分割により移転をした資産及び負債の帳簿価額を基礎として政令で定める金額」とされます（法法62の2③）。“政令で定める金額”とは「適格分割型分割に係る第8条第1項第6号（資本金等の額）に規定する純資産価額に相当する金額」とされ（法令123の3②）、さらに“純資産価額”とは「適格分割型分割により分割承継法人において増加することとなる資本金等の額（＝分割法人において減少することとなる資本金等の額）」と規定されています（法令8①六、十五）。つまり、分割法人は分割承継法人株式を分割法人において減少する資本金等の額相当額で取得したとする処理を行います。

さらに、これらの規定だけでは仕訳は完成しません。「取引Ⅰ」においては、分割法人の利益積立金額の異動についても考慮する必要があります。合併の場合の取扱いと同様に、分割法人の利益積立金額は非適格の場合には株主に分配されみなし配当となり、適格の場合には分割承継法人に引き継がれることになります。したがって、適格分割型分割における分割法人と分割承継法人との間の取引においては、分割法人から分割承継法人に引き継がれる利益積立金額の引継ぎ仕訳を行う必要があります。

以上の内容から、分割法人における「取引Ⅰ」の仕訳処理を行うためには、まず、分割法人における資本金等の額と利益積立金額の減少額の計算が必要です。計算方法は次のとおりです。

【分割型分割により減少する分割法人の資本金等の額】（法令8①十五）

$$\text{分割法人の分割型分割直前の資本金等の額} \times \frac{\text{分割直前の移転資産の帳簿価額} - \text{分割直前の移転負債の帳簿価額}}{\text{前事業年度末の資産の帳簿価額} - \text{前事業年度末の負債の帳簿価額}} \quad \left(\text{小数点以下3位未満切上げ}\right)$$

（注）　分子の金額は分母の金額を限度とします。

【分割型分割により減少する分割法人の利益積立金額】（法令9①十）

$$\boxed{\begin{gathered}\text{移転簿価純資産価額}\\ \left(\text{移転資産の分割直前の帳簿価額} - \text{移転負債の分割直前の帳簿価額}\right)\end{gathered}} - \boxed{\text{減少する資本金等の額}}$$

（注）　減少する資本金等の額は移転簿価純資産価額が限度となるため、上記の算式により計算した金額がマイナスとなることはありません。したがって、マイナスの利益積立金額が減少（＝利益積立金額が増加）することはありません。

【A社において減少する資本金等の額】

$$\text{分割法人の分割型分割直前の資本金等の額 }300 \times \frac{\text{分割直前の移転簿価純資産価額 }200}{\begin{gathered}\text{前事業年度末の簿価純資産価額 }1{,}000\\ \text{（資本金等の額 }300\text{＋利益積立金額 }700\text{）}\end{gathered}} \quad (0.200) = 60$$

分割法人において減少する資本金等の額の計算方法は、非適格分割型分割と同様です。具体例に当てはめて計算をすると、上記のとおりとなります。

算式中の割合の分母の計算については、「資産の帳簿価額から負債の帳簿価額を控除」するのではなく、「資本金等の額に利益積立金額を加算」しています。どちらも簿価純資産価額を計算する算式となりますので、実務上は簡便的な方法である後者の計算方法により計算します。

続いて、分割法人において減少する利益積立金額を具体例に当てはめて計算すると、次のとおりとなります。

【A社において減少する利益積立金額】
移転簿価純資産価額200－減少する資本金等の額60＝140

以上の内容により計算した金額を仕訳として表すと次のとおりとなります。

【仕訳①】「取引Ⅰ」における分割法人の仕訳

（借）	B　株　式	60	（貸）	資 産・負 債	200
	利益積立金額	140			

資産負債の移転に伴い、対価として分割承継法人株式（B株式）を取得しますので、借方にB株式が計上されます。金額は前述のとおり、分割法人（A社）において減少する資本金等の額となります。なお、資本金等の額の減少は当該仕訳ではなく分割法人と分割法人の株主との間の取引（図の「取引Ⅱ」）の仕訳において認識をします。

移転する資産負債に対応する利益積立金額は分割承継法人に引き継がれることになりますので、本仕訳においてその減少を認識します。これに対し、非適格分割型分割の場合には利益積立金額は株主に分配されるため、「取引Ⅰ」の仕訳ではなく「取引Ⅱ」に係る仕訳において減少を認識しました。分割法人の利益積立金額の行き先を図でイメージできるようになると仕訳の理解が進みます。

以上のように、適格分割型分割の場合には、借方に計上される分割承継法人株式の価額と利益積立金額の減少額との合計額は必ず移転簿価純資産価額と同額になります。したがって、分割法人において資産負債の移転に伴う譲渡損益は計上されず課税関係は生じません。

② 分割承継法人の仕訳処理

分割承継法人は、図の「取引Ⅰ」により分割法人の資産負債を取得します。分割に伴って資産負債を受け入れ分割法人に株式を交付するという取引になりますので、新たな出資を受けたことと同様の効果が生じます。具体的には、資産負債を受け入れるとともに純資産が増加することになります。この純資産の増加について、非適格分割の取扱いにおいては、全て「資本金等の額」として処理をしました。しかし、適格分割型分割では、移転する資産負債を分割法人の帳簿価額で受け入れるとともに、分割法人において減少する資本金等の額と利益積立金額をそのままの内訳で引き継ぐことになります（法令123の3③、同8①五、同9①二）。仕訳に表すと、次のとおりとなります。

【仕訳②】「取引Ⅰ」における分割承継法人の仕訳

（借）	資産・負債	200	（貸）	資本金等の額	60
				利益積立金額	140

適格合併において解説した内容と同様に、当該仕訳において「2つの課税の繰り延べ」について確認することができます。まずは、「移転資産負債の譲渡損益の繰り延べ」です。非適格分割型分割においては、分割による資産負債の移転を譲渡と考え、分割法人は移転資産負債の譲渡損益を計上しました。しかし、適格分割型分割では、分割法人の仕訳のとおり分割法人において譲渡損益は計上されず分割時の課税は生じません。ただし、分割承継法人は受け入れた資産負債を分割法人の帳簿価額により引き継いでいますので、含み損益が実現しないまま引き続き分割承継法人が保有することになります。仮に、分割後に分割承継法人が時価の240で売却を行えば、分割承継法人で含み損益の課税が行われることになります。つまり、永久的に課税機会を失うわけではなく、あくまでも次の譲渡等が行われるまでの「繰り延べ」となります。

続いて、分割法人の株主において生じるはずだったみなし配当課税の繰り延べです。非適格分割の取扱いにおいては、分割法人から分割法人の株主に分割承継法人株式を交付することにより、分割法人の株主に対する純資産の払戻しが認識され、当該払戻しの金額のうち利益積立金額を原資とする部分は株主側でみなし配当として取り扱われました。これに対して適格分割型分割では、株主に対する純資産の払戻しは行われず、分割法人の資本金等の額と利益積立金額が分割承継法人に引き継がれることになります。つまり、利益積立金額を原資として分配されればみなし配当金として配当課税がされるところ、当該利益積立金額を分割承継法人に移転することで、将来分割承継法人が何らかの事由で純資産の払戻しを行うまでは配当課税は繰り延べられることになります。また、資本金等の額も当初出資のまま引き継がれるため、株主から見ると投資の清算が行われず引き続き投資が継続していることになります。

なお、株主における株式の譲渡損益については、適格分割かどうかではなく、分割の対価として交付を受ける資産が分割承継法人の株式のみかどうかにより判断します。したがって、適格分割に該当しない場合でも株式の譲渡損益が繰り延べられる場合があります（(2)②分割法人の株主の仕訳参照）。

(2) 分割法人と分割法人の株主との間における取引（「取引Ⅱ」）

① 分割法人の仕訳

続いて図の「取引Ⅱ」の仕訳を確認します。まずは分割法人です。分割法人は、「取引Ⅰ」で取得した分割承継法人株式を分割法人の株主に交付する取引を行います。非適格分割型分割では、株主への株式の交付を純資産の払戻しとして認識しましたが、適格分割型分割においては、分割法人の純資産は分割承継法人に引き継がれているため、株式交付の取引としての処理を行います。仕訳は次のとおりです。

【仕訳③】「取引Ⅱ」における分割法人の仕訳

（借）	資本金等の額	60	（貸）	B　株　式	60

B株式の交付に伴う相手勘定科目は、資本金等の額として処理します。「仕訳①」においては、借方に分割承継法人から取得したB株式を計上し、資本金等の額の減少を認識していませんので、本仕訳において初めて資本金等の額の減少の処理がされることになります。ただし、株主側の立場で見ると資本金等の額は分割承継法人に引き継がれており、純資産の払戻しとして交付を受けるわけではありません。あくまでも本仕訳はB株式を分割法人から分割法人の株主に通過させる処理に過ぎません。

② 分割法人の株主の仕訳

最後に、図の「取引Ⅱ」における分割法人の株主の取扱いです。株主は法人であることを前提とします。まずは、結論としての仕訳を記載します。

【仕訳③】「取引Ⅱ」における分割法人の株主の仕訳

（借）	B　株　式	120	（貸）	A　株　式	120

分割法人の株主における課税上の取扱いは、SECTION 1の非適格分割型分割で確認した内容と同様です。適格分割か否かにより処理を判断するのではなく、分割に伴い交付される対価が分割承継法人の株式のみかどうかの判断となります。交付対価が分割承継法人の株式のみである場合には、株主において有価証券の譲渡損益を認識しない取扱いとなります（法法61の2③）。

具体的には、仕訳のとおり旧株式（A株式）の帳簿価額を新株式（B株式）の取得価額に付け替えるだけの処理となりますので、A株式の譲渡損益は生じません。ただし、保有していたA社株式の譲渡原価（貸方に計上する金額）をどのように計算するかという論点は生じます。これについても、非適格分割型分割で確認した取扱いと同様です。分割法人において資本金等の額の減少額を計算するために算出した移転割合に基づいて計算をします。具体例の場合には、移転割合が0.200となりますので、分割法人の株主におけるA株式の帳簿価額600に0.200を乗じて計算した120が譲渡原価となります。なお、非適格分割型分割において「新株の取得価額にみなし配当金額を加算する」という取扱いを確認しましたが、上述のとおり、適格分割型分割においてはみなし配当が生じませんので、新株の取得価額にみなし配当金額を加算する取扱いは生じないことになります。

SECTION
03 非適格分社型分割

[1 分社型分割の概要]

(1) 分社型分割の定義と分社型分割の当事者

法人税法上において会社分割は、「分割型分割」と「分社型分割」の2つに区分されます。SECTION1と2では「分割型分割」について、非適格の場合と適格の場合の取扱いを確認しました。ここからは「分社型分割」の取扱いを確認します。

まずは、分社型分割の定義について再度確認をします。法人税法2条の定義においては、分割対価資産（分割により分割法人が交付を受ける分割承継法人の株式その他の資産をいいます）が交付される場合と分割対価資産が交付されない場合について規定されていますが、まずは分割対価資産が交付される場合の取扱いを確認します。以下、分社型分割の定義です。

【分社型分割（法人税法2条12号の10イ)】
分割により分割法人が交付を受ける分割対価資産が当該分割の日において当該分割法人の株主等に交付されない場合の当該分割（無対価分割を除く。)

少し回りくどい表現のようにも感じますが、税務上における分社型分割は、会社法で規定している分割と同様の行為となります。会社法において規定されている会社分割では、分割対価は分割承継法人から分割法人に交付され、分割承継法人から分割法人の株主に直接交付されることは想定していません。このような会社法の取扱いを受け、法人税法の定義においても、その出だしから「分割により分割法人が交付を受ける分割対価資産が…」と表現されています。つまり会社法の分割の手続きに則し、対価は分割法人が交付を受けることを前提としています。法人税法の分社型分割は、上記の定義の内容のとおり、分割法人が交付を受ける対価が（分割法人を経由して）分割法人の株主に交付されない分割となりますので、結果として会社法の分割と同様の分割ということになります。

以上のとおり、分割対価資産は分割法人の株主には交付されませんので、分割法人の株主は分社型分割において課税関係の当事者となりません。これまで解説をした「合併」と「分割型分割」は、課税関係の生じる当事者として全部で三者登場しました。具体的には、「資産負債の移転を行う法人」（被合併法人、分割法人）、「資産負債の移転を受ける法人」（合併法人、分割承継法人）、「資産負債の移転を行う法人の株主」（被合併法人の株主、分割法人の株主）の三者です。分社型分割はこのうち、「資産負債の移転を行う法人の株主」が登場しませんので、当事者は、「資産負債の移転を行う法人」（分割法人）、「資産負債の移転を受ける法人」（分割承継法人）の二者のみとなります。

(2) 分割型分割との違い

分割型分割と分社型分割では、「分割法人の株主」に課税関係が生じるかどうかという点について取扱いの違いがありますが、「分割法人」と「分割承継法人」の課税の取扱いについても大きな違いが生じます。具体的には、分割法人の「利益積立金額」の取扱いです。分割型分割では分割法人の利益積立金額に異動が生じるのに対し、分社型分割にはそのような取扱いがありません。分割法人の株主にとって、株式の発行法人である分割法人の利益積立金額とは「将来の配当金」の財源となる部分です。分割型分割においては、非適格分割の場合には投資の清算が行われたと考え株主に分配され（みなし配当）、適格分割の場合には株主の投資が継続しているものと考え分割承継法人に引き継がれるという取扱いでした。これに対して、分社型分割は分割法人の株主に課税関係が生じないため、分割法人の利益積立金額についても異動が生じません（移転資産負債の譲渡損益の計上に伴う通常の所得計算としての増減は除きます）。図で比較すると次のとおりです。

【図1】

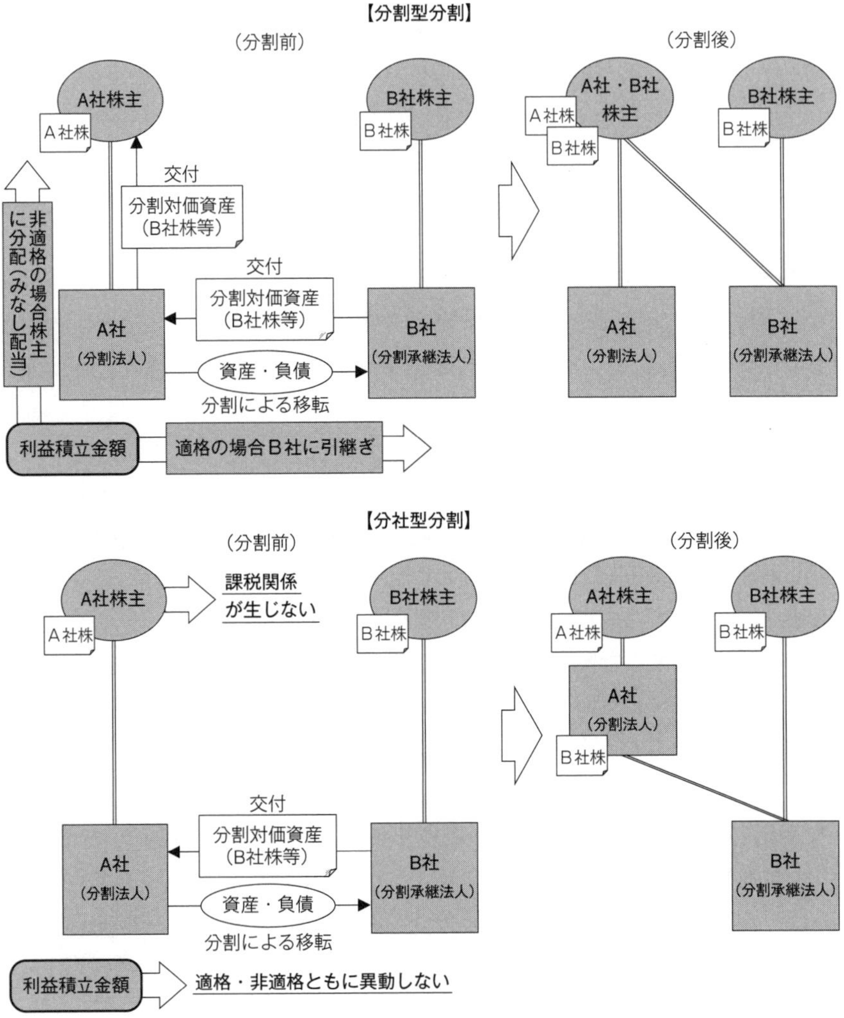

［　2　非適格分社型分割に関する基本規定の確認　］

以上の内容を踏まえて、本 SECTION では原則的な取扱いである非適格の分社型分割を前提に基本規定を確認します。

この項目で紹介する条文

【法人税法2条1項12号の10】

（定義）

第2条

十二の十　分社型分割　次に掲げる分割をいう。

イ　分割により分割法人が交付を受ける分割対価資産が当該分割の日において当該分割法人の株主等に交付されない場合の当該分割（無対価分割を除く。）

⑴　分割法人に関する規定

【法人税法62条】

（合併及び分割による資産等の時価による譲渡）

第62条　内国法人が*分割により*分割承継法人にその有する資産又は負債の移転をしたときは、当該*分割承継法人に当該移転をした資産及び負債の当該*分割の時の価額による譲渡をしたものとして、当該内国法人の各事業年度の所得の金額を計算する。

【法人税法施行令119条1項26号】

（有価証券の取得価額）

第119条　内国法人が有価証券の取得をした場合には、その取得価額は、次の各号に掲げる有価証券の区分に応じ当該各号に定める金額とする。

二十七　前各号に掲げる有価証券以外の有価証券　その取得の時におけるその有価証券の取得のために通常要する価額

⑵　分割承継法人に関する規定

【法人税法施行令8条1項7号】

（資本金等の額）

第8条　資本金等の額について、以下の金額が増加する。

七　分社型分割により移転を受けた資産（以下この号において「移転資産」という。）及び負債（以下この号において「移転負債」という。）の純資産価額（次に掲げる分社型分割の区分に応じそれぞれ次に定める金額をいう。）から*当該分社型分割により分割法人に交付した金銭並びに当該金銭及び当該法人の株式以外の資産の価額の合計額*を減算し

た金額
イ　適格分社型分割に該当しない分社型分割（ロ及びハに掲げるものを除く。）　当該分社型分割により分割法人に交付した当該法人の株式その他の資産の価額の合計額
ロ　適格分社型分割に該当しない分社型分割のうち法第 62 条の 8 第 1 項に規定する非適格合併等に該当しないもの（無対価分割に該当するものを除く。）　当該移転資産の価額から当該移転負債の価額を減算した金額

以上が、非適格の分社型分割に関する取引を整理するに当たって最低限確認しておきたい法人税法上の基本規定です。分割型分割に比べ、分量が少なくなっているのがわかります。上記 1 ⑶において、分社型分割では分割法人の利益積立金額に異動が生じないと解説しましたが、さらに言えば、分割法人の「資本金等の額」についても異動が生じません。つまり、分割法人における純資産の減少が生じません。したがって、分割法人においては、資産負債の移転に関する取扱いと対価として取得する株式の取得価額の取扱いのみを基本規定として取り上げています。

[　3　図解でみる分社型分割における課税上の取引　]

上記で要約した条文の内容に則して、次の前提をもとに図にまとめます。

【図2】

【前提】

■分割法人A社　　　　　　移転する資産と負債の帳簿価額の差額　200

■分割承継法人B社　　　　A社株主に時価240の株式を交付

(注)　適格分割には該当しないものとする

【非適格分社型分割（吸収分割）があった場合の税務上の取引の流れ】

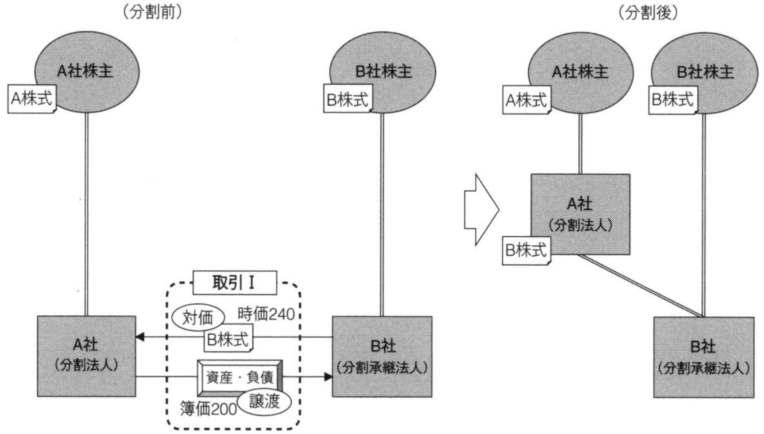

分社型分割を図としてまとめると、合併や分割型分割と異なりの以下の１つの取引のみがあることがわかります。

■「取引Ⅰ」
分割法人と分割承継法人との間の取引（図２の「取引Ⅰ」）

法人税法 62 条の取扱いは、分割型分割と同様です。分割による資産負債の移転を「分割時の価額による譲渡」と規定しています。当該規定は、分割による資産負債の移転が権利義務の包括的な移転であることから、その行為が税務上の「譲渡」に該当するのかどうか不明瞭であるため、これを明確にするために設けられているものと考えられます。

［　4　仕訳でみる非適格分社型分割における課税上の取引　］

(1) 分割法人と分割承継法人との間の取引（「取引Ⅰ」）

① 分割法人の仕訳処理

上記の【図2】のそれぞれの取引を立場別に仕訳としてまとめます。

【図2】の「取引Ⅰ」については、分割法人は、分割による資産と負債の移転を「分割の時の価額による譲渡」をしたものとして取り扱います。本具体例において、譲渡による対価は分割承継法人Ｂ社の株式です（法法62①）。

【仕訳①】「取引Ⅰ」における分割法人の仕訳

（借）	Ｂ　株　式	240	（貸）	資産・負債	200
				譲　渡　益	40

資産と負債を時価により譲渡したものと考えますので、帳簿価額との間に差額がある場合には、譲渡損益が生じることになります。【図2】のケースでは、分割による対価の額（Ｂ株式の時価）240から移転する資産負債の帳簿価額（移転簿価純資産価額）200を控除した40が譲渡益となります。当該取引は、分割型分割と変わるところはありません。

② 分割承継法人の仕訳処理

分割承継法人は、【図2】の「取引Ⅰ」により分割法人の資産負債を取得します。当該取引は分割に伴って資産負債を受け入れ、対価として自社の株式を交付するという取引になりますので、性格としては出資の受入と同様の行為となります。したがって、資本等取引として純資産が増加し、資本金等の額の増加として処理をします。

ここで増加する資本金等の額については、法人税法施行令8条（資本金等の額）1項7号において次の2パターンの処理が規定されています。

区　分	増加する資本金等の額(注)
法人税法62条の8に規定する事業の移転を伴う分社型分割	交付した分割承継法人株式等の分割時の価額
上記に該当しない分社型分割	移転を受けた資産の時価から負債の時価を減算した金額

（注）　分割承継法人株式以外の資産（金銭等）の交付がある場合には、表中の金額から当該交付金銭等の額を減算した金額が増加する資本金等の額となります。

当該取扱いも分割型分割と同様です。表中の法人税法62条の8とは、税務上ののれんである資産調整勘定の取扱いに関する規定です。分割による資産負債の移転に伴い事業が移転するのであれば、分割承継法人が交付する対価もその事業の価値を勘案して計算されることが想定されます。したがって、増加する資本金等の額は、移転する個別の資産負債の時価の合計額ではなく、交付する対価の額（分割承継法人株式等の時価）となります。これに対し、分割が事業の移転を伴わない単なる個別の資産負債の移転である場合には、のれん相当額は生じないと考えられるため、増加する資本金等の額も、交付する対価の額ではなく受け入れた資産負債の時価で計算をします。事業の移転を伴うかどうかについては、実態で判断することになると考えますが、法人税基本通達12の2―2―7（事業を移転しない適格分割等）において、「株式のみを移転する分割」は事業の移転しない分割として例示されています。

本具体例においては、事業の移転を伴うものとして仕訳処理を確認します。分割承継法人B社において増加する資本金等の額は交付をした分割承継法人株式の価額（時価）となります（株式以外に金銭等の交付をするケースもありますが、ここでは解説を省略します)。【図2】の「取引Ⅰ」における分割承継法人の仕訳は次のとおりです。

【仕訳②】「取引Ⅰ」における分割承継法人の仕訳

(借)	資 産・負 債	240	(貸)	資本金等の額※	240

※　交付した合併法人株式の価額（時価）相当が増加する

なお、上述のとおり、資本金等の額の増加額は交付した分割承継法人株式の分割時の価額としていますが、相手勘定科目として受け入れる資産負債の時価純資産価額は必ずしも分割承継法人株式の分割時の価額（240）とは限りません。受け入れた資産と負債についてはそれぞれ時価で取得価額を付しますので、増加する資本金等の額（交付対価の額）との間に差額が生じた場合には、資産調整勘定（借方差額）又は負債調整勘定（貸方差額）として処理をすることになります。本仕訳においては、借方の資産・負債 240 の中に資産調整勘定又は負債調整勘定が含まれているものとしてご確認ください（資産調整勘定及び負債調整勘定の詳細についてはCHAPTER5 参照）。

(2) まとめ

以上の内容のとおり、非適格分社型分割の取扱いは、分割法人と分割承継法人との間の取引のみで確認すると、非適格分割型分割とまったく同様の取引となります。SECTION 1 と 2 で確認した分割型分割の取扱いはとても複雑な処理をしているように感じますが、個別の取引に分解して区分するとシンプルな取引も含まれています。分割型分割と分社型分割の取扱いを比較し、同じ点と異なる点を確認することでより制度の理解が深まるものと思います。

SECTION
04　適格分社型分割

［　1　適格分社型分割に関する基本規定の確認　］

本 SECTION では、分社型分割について適格分割に該当する場合の取扱いを確認します。

適格分割は、適格合併と同様、一定の適格要件を満たす場合に、分割による資産負債の移転に伴い生じる譲渡損益等を繰り延べる制度です。適格要件の詳細については SECTION 5 で確認をしますので、まず適格分社型分割の基本規定を確認し、「分割法人」「分割承継法人」の立場別に、図解及び税務上の仕訳により課税上の取扱いの全体を整理します。

まずは条文上どのような表現で規定されているのか、条文の表現を引用・要約しながら内容を確認していきます。なお、ここでは基本的な部分のみを確認するため、三角分割、無対価分割などの取扱いについては引用と解説を省略します。

この項目で紹介する条文

(1)　分割法人に関する規定

【法人税法 62 条の 3 第 1 項】

（適格分社型分割による資産等の帳簿価額による譲渡）

第 62 条の 3　内国法人が適格分社型分割により分割承継法人にその有する資産又は負債の移転をしたときは、第 62 条第 1 項（合併及び分割による資産等の時価による譲渡）の規定にかかわらず、当該分割承継法人に当該移転をした資産及び負債の当該適格分社型分割の直前の帳簿価額による譲渡をしたものとして、当該内国法人の各事業年度の所得の金額を計算する。

【法人税法施行令 119 条 1 項 7 号】

（有価証券の取得価額）

第 119 条　内国法人が有価証券の取得をした場合には、その取得価額は、次の各号に掲げる有価証券の区分に応じ当該各号に定める金額とする。

七　適格分社型分割*により交付を受けた分割承継法人*の株式　当該適格分社型分割*の直前の移転資産（当該適格分社型分割*により当該分割承継法人*に移転した資産をいう。）の帳簿価額から移転負債（当該適格分社型分割*により当該分割承継法人*に移転した負債をいう。）の帳簿価額を減算した金額（当該株式の交付を受けるために要した費用がある場合には、その費用の額を加算した金額）

⑵ 分割承継法人に関する規定

【法人税法施行令 123 条の 4】

（適格分社型分割における分割承継法人の資産及び負債の取得価額）

第 123 条の 4　内国法人が適格分社型分割により分割法人から資産又は負債の移転を受けた場合には、当該移転を受けた資産及び負債の取得価額は、法第 62 条の 3 第 1 項*に規定する帳簿価額に相当する金額（その取得のために要した費用がある場合には、その費用の額を加算した金額）とする。

【法人税法施行令 8 条 1 項 7 号】

（資本金等の額）

第 8 条　資本金等の額について、以下の金額が増加する。

七　分社型分割により移転を受けた資産（以下この号において「移転資産」という。）及び負債（以下この号において「移転負債」という。）の純資産価額（次に掲げる分社型分割の区分に応じそれぞれ次に定める金額をいう。）

二　適格分社型分割　当該適格分社型分割に係る分割法人の当該適格分社型分割の直前の当該移転資産の帳簿価額から当該移転負債の帳簿価額を減算した金額

【法人税法 62 条の 6】

（株式等を分割法人と分割法人の株主等とに交付する分割）

第 62 条の 6　分割法人が分割により交付を受ける*分割対価資産*の一部のみを当該分割法人の株主等に交付をする分割（二以上の法人を分割法人とする分割で法人を設立するものを除く。）が行われたときは、分割型分割と分社型分割の双方が行われたものとみなす。

【法人税法施行令 123 条の 7】

第 123 条の 7　法第 62 条の 6 第 1 項*に規定する分割についてこれらの規定を適用する場合には、同条第 1 項*の分割型分割により分割承継法人に移転した分割法人の資産及び負債の金額と同条第 1 項*の分社型分割により分割承継法人に移転した当該分割法人の資産及び負債の金額とは、当該分割により分割承継法人に移転した当該分割法人の資産及び負債の金額を当該分割法人の株主等に交付した分割承継法人の株式又は出資の数又は金額と当該分割法人の株主等に交付しなかつた分割承継法人の株式又は出資の数又は金額との割合に応じて按分する方法その他の合理的な方法によつて按分したそれぞれの金額とする。

[　2　図解でみる適格分社型分割における課税上の取引　]

上記で要約した条文の内容に則して、次の前提をもとに図にまとめます。

【図 1】

【前提】

■分割法人A社　　移転する資産と負債の帳簿価額の差額　200

■分割承継法人B社　　A社に時価240の株式を交付

(注)　適格分割に該当するものとする

【分社型分割（吸収分割）があった場合の税務上の取引の流れ】

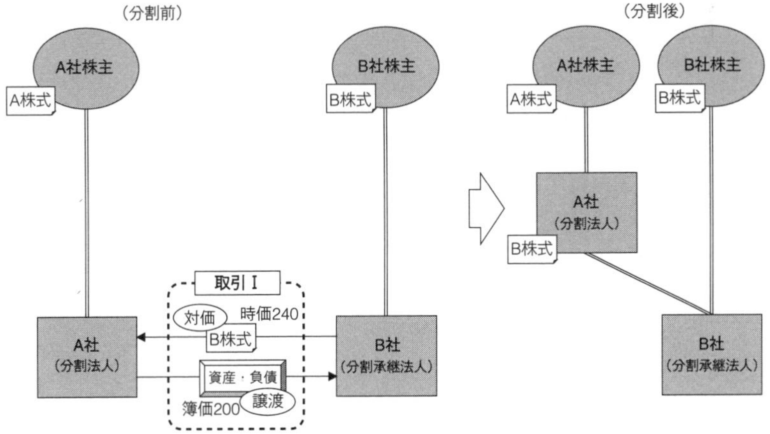

適格分社型分割における取引の流れは、非適格分社型分割と同様です。図としてまとめると、前回と同様に以下の１つの取引のみであることがわかります。

■「取引Ⅰ」
分割法人と分割承継法人との間の取引（図１の「取引Ⅰ」）

適格分社型分割があった場合には、分割法人は分割承継法人に移転をした資産及び負債の当該適格分社型分割の直前の帳簿価額による譲渡をしたものとして、所得の金額を計算します（法法 62 の 3)。「帳簿価額による譲渡」をしたことにより課税上どのように処理されるかについては後述する仕訳処理で確認をしますので、ここでは適格分割型分割との規定のされ方の違いについて確認をします。

適格分割型分割も適格分社型分割も資産及び負債が帳簿価額で移転するという点では変わりませんが、適格分割型分割において、分割に伴う資産及び負債の移転は「帳簿価額による引継ぎ」と表現されているのに対し、適格分社型分割では「帳簿価額による譲渡」と表現されています。このように異なる表現で規定されているのには、次のような理由があると考えられます。

適格分割型分割は、資産及び負債が簿価で移転するだけでなく、その資産及び負債と紐付いた税務上の純資産（資本金等の額と利益積立金額）も同時に移転します。そのため、「譲渡」ではなく「引継ぎ」という表現が用いられているものと考えられます。これに対し分社型分割は資産及び負債が単独で移転しますので、法人税法 62 条（合併及び分割による資産等の時価による譲渡）に定める非適格分割の場合と同様に譲渡取引として規定されているものと考えます。

【図2】

■適格分割型分割と適格分社型分割の比較　～“引継ぎ”と“譲渡”の違い～

(1)　適格分割型分割による資産の引継ぎ

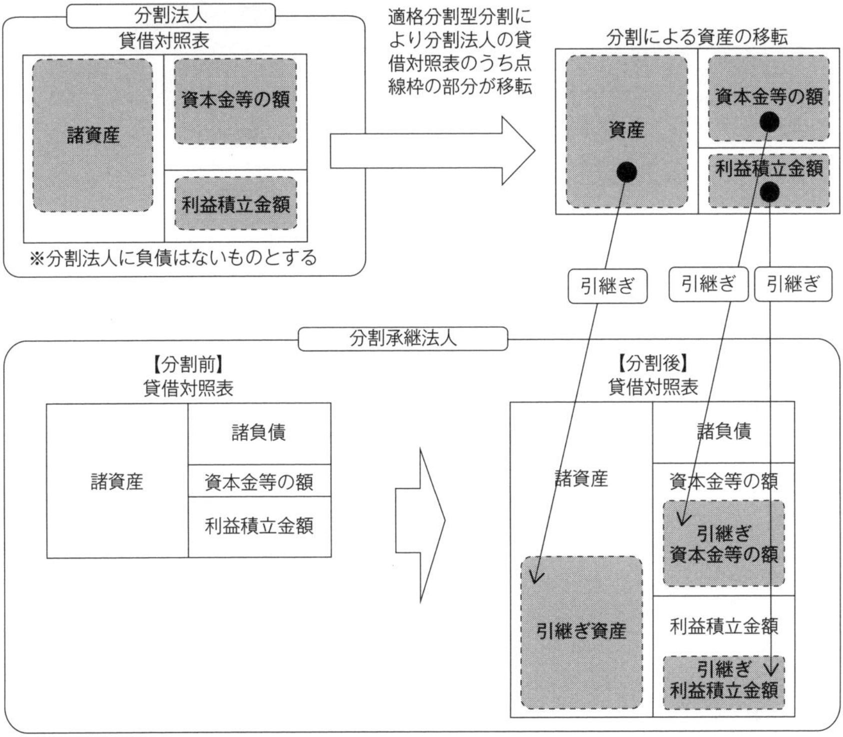

⑵ 適格分社型分割による資産の譲渡

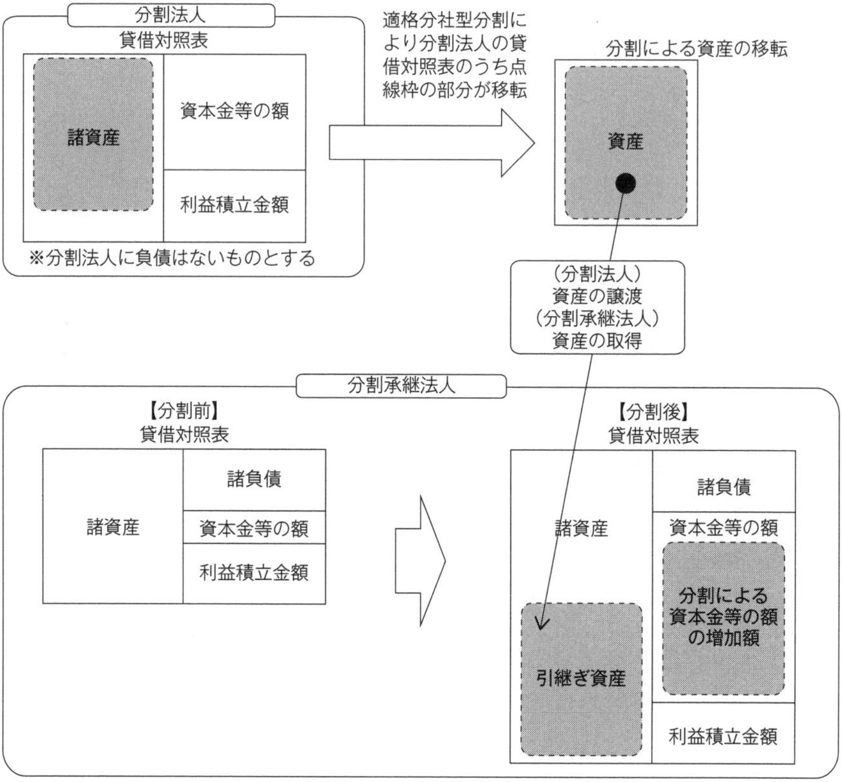

［ 3 仕訳でみる適格分社型分割における課税上の取引 ］

（1）分割法人と分割承継法人との間の取引（「取引Ⅰ」）

① 分割法人の仕訳処理

上記の【図 1】のそれぞれの取引を立場別に仕訳としてまとめます。

【図 1】の「取引Ⅰ」において、分割法人は、分割による資産と負債の移転を「分割承継法人に移転をした資産及び負債の当該適格分社型分割の直前の帳簿価額による譲渡」として取り扱います。本具体例において譲渡による対価は分割承継法人B社の株式です（法法 62 の 3 ①）。

【仕訳①】「取引Ⅰ」における分割法人の仕訳

（借）	B　株　式	200	（貸）	資 産・負 債	200

資産と負債の帳簿価額による譲渡とは、譲渡取引における譲渡対価の額を譲渡直前の帳簿価額と同額とする取扱いです。つまり、譲渡対価＝譲渡原価となりますので、資産負債の移転に伴う譲渡損益が生じません。【図1】のケースでは、分割による対価の額（B株式）は時価の240ではなく、移転する資産負債の帳簿価額200として課税所得の計算を行いますので、譲渡対価200から移転する資産負債の帳簿価額200を控除しても譲渡損益が生じないことになります。結果として、分割時には譲渡益課税が生じないことになります。

また、B株式の取得価額という観点から当該仕訳を見た場合においても、本仕訳を確認することができます。法人税法施行令119条（有価証券の取得価額）1項7号で、適格分社型分割により取得する分割承継法人の株式の取得価額は、適格分社型分割の直前の移転資産の帳簿価額から移転負債の帳簿価額を減算した金額とされており、本ケースにおいて借方において計上されるB株式の取得価額は200となります。

② 分割承継法人の仕訳処理

分割承継法人は、【図1】の「取引Ⅰ」により分割法人の資産負債を取得します。分割承継法人における資産負債の取得価額は、法人税法施行令123条の4（適格分社型分割における分割承継法人の資産及び負債の取得価額）において、移転資産負債の分割法人における帳簿価額に相当する金額とし、その取得のために要した費用がある場合には、その費用の額を加算した金額とされています。

また、当該取引は分割に伴って資産負債を受け入れ、対価として自社の株式を交付するという取引になりますので、性格としては出資の受入れと同様の行為となります。したがって、資本等取引として純資産が増加し、具体的には資本金等の額の増加として処理をします。ここで増加する資本金等の額については、法人税法施行令8条（資本金等の額）1項7号において、分割法人の適格分社型分割の直前の移転資産の帳簿価額から移転負債の帳簿価額を減算した金額とされます。

以上をまとめると、次の仕訳となります。

【仕訳②】「取引Ⅰ」における分割承継法人の仕訳

（借）	資産・負債※	200	（貸）	資本金等の額	200

※　取得のため要した費用の額はないものとします。

仕訳にするととてもシンプルで、資産負債を分割法人の帳簿価額200で受け入れ、同額の資本金等の額が増加する処理となります。なお、前述のとおり、適格分社型分割は適格分割型分割と異なり分割法人の純資産を引き継ぐ取扱いではないため、分割承継法人において利益積立金額に増減が生じることはありません。

(2) まとめ

以上、2つの会社分割制度（分割型分割と分社型分割）について税務上の取扱いを確認してきましたが、これでそれぞれ非適格の場合と適格の場合の基本的な解説は終了となります。SECTION 5 以降で、適格分割における適格要件や無対価分割などの特殊ケースについて確認をしますが、本 SECTION の最後に個別の論点として、分割型分割と分社型分割が同時に行われる場合の取扱いを確認します。

[　4　分割型分割と分社型分割が同時に行われる場合　]

(1) 基本規定の確認

分割型分割と分社型分割が同時に行われる場合の取扱いについては、法人税法62条の6において「分割法人が分割により交付を受ける分割対価資産の一部のみを当該分割法人の株主等に交付をする分割が行われたときは、分割型分割と分社型分割の双方が行われたものとみなす。」と規定されています。この場合取引をどのように区分するかが論点となります。

(2) 交付株式数等によるあん分

分割型分割と分社型分割の違いの一つとして、次のような区分の仕方があります。

①　分割型分割

…分割承継法人の株式等が（分割法人を通して）分割法人の株主等に交付さ

れる

② 分社型分割

…分割承継法人の株式等が分割法人に交付される

このような違いがあることから、分割に伴い交付される株式等が「分割法人」と「分割法人の株主等」のいずれにも交付される分割である場合には、分割型分割と分社型分割のいずれもが行われたこととして取り扱うことになります。この場合において、分割法人の資産負債の移転が分割型分割と分社型分割のいずれにより行われたのかは、「分割法人の株主等に交付した株式等」と「分割法人の株主等に交付しなかった株式等（分割法人に交付した株式等)」との数などによりあん分して区分することにより判断することになります。

SECTION
05 適格分割の要件

[1 適格要件の基本的な考え方]

本 SECTION では適格分割の要件について確認をします。税務上における会社分割には、分割型分割と分社型分割があり、それぞれ課税上の取扱いについては相違点があります。ただし、適格となるための要件（以下「適格要件」とします）については分割型分割と分社型分割に区分して規定が設けられてはいません。「適格分割」として同一の条文で規定されています。つまり、細かい点で取扱いが異なるところはありますが、基本的には分割型分割と分社型分割の適格要件は同じということです。

適格分割は、合併の場合と同様に、①企業グループ内の分割と②共同で事業を行うための分割の２つに区分されます。適格組織再編成は「移転資産等に対する支配が継続している場合に、従前の課税関係を継続させる」（「平成 13 年度版改正税法のすべて」大蔵財務協会）という趣旨で設けられている制度ですが、①と②で前提条件が異なるため、それぞれ適格要件も異なります。①の企業グループ内の分割については、企業グループ内での資産等の移転となるため、「移転資産等に対する支配が継続している」という形式が整いやすく、適格要件もシンプルです。これに対し、②の共同で事業を行うための分割は、第三者間の分割が想定されているため、①と比較するとより細かい要件を充足することが求められます。

[2 共通要件としての対価要件]

(1) 対価要件における対価の内容

適格分割の要件は、分割の形態をいくつかのパターンに分けて確認をすることになりますが、全てのパターンの共通要件として、対価要件があります。具体的には、分割の対価として交付される資産が分割承継法人の株式のみである（金銭その他の資産が含まれない）とする要件です。まずは、適格分割について規定した法人税法2条12号の11の規定のうち、対価要件の部分を抜粋して記載します。

【法人税法2条12号の11（定義）一部抜粋】

適格分割

次のいずれかに該当する分割で分割対価資産として分割承継法人又は分割承継親法人（分割承継法人との間に当該分割承継法人の発行済株式等の全部を直接又は間接に保有する関係として政令で定める関係がある法人をいう。）のいずれか一の法人の株式以外の資産が交付されないもの（当該株式が交付される分割型分割にあっては、当該株式が分割法人の発行済株式等の総数又は総額のうちに占める当該分割法人の各株主等の有する当該分割法人の株式の数（出資にあっては、金額）の割合に応じて交付されるものに限る。）をいう。

（以下省略）

適格分割は、「移転資産等に対する支配が継続している」ことを前提として課税を繰り延べる制度です。グループ内の資産等の移転であっても対価が金銭等の場合には、実質的に資産の売買と変わらないため、分割法人の資産負債を引き継ぐ分割承継法人の株式（又は分割承継親法人株式）のみが交付される分割に限り適格としています。

ただし、分割型分割の場合、合併と同様に、次のような金銭等の交付については対価要件判定上の対価には含まれません。

【対価要件の判定から除外される金銭等の交付】

① 分割日までの期間に対応する剰余金の配当が分割法人の株主に交付される場合の金銭等

② 分割に反対する株主からの株式の買取請求に基づきその対価として交付される金銭等

③　分割型分割により分割法人の株主に交付すべき分割承継法人の株式の数に1株未満の端数が生じたため、その1株未満の株式の代金として交付される金銭等（法令139の3の2②）

ここで、条文を確認する上での留意点です。「①剰余金の配当として交付される場合」と「②反対株主の買取請求に基づいて交付される場合」の金銭等については、合併の場合の適格判定においても対価要件における対価（交付資産）から除かれる取扱いとされ、当該取扱いは、適格合併の定義を規定した法人税法2条12号の8に明確に記載されています（合併の対価を記載した箇所に「当該株主等に対する剰余金の配当等（株式又は出資に係る剰余金の配当、利益の配当又は剰余金の分配をいう。）として交付される金銭その他の資産及び合併に反対する当該株主等に対するその買取請求に基づく対価として交付される金銭その他の資産を除く。」とのカッコ書きがあります）。

これに対し、適格分割の定義を規定した法人税法2条12号の11においては、上記に抜粋した内容のとおり、このような記載がありません。これは、適格分割の定義では、交付される対価について「分割対価資産として」との前提が置かれており、あえてこれらの金銭等を除く規定を設ける必要がないためと考えられます。当該「分割対価資産」とは法人税法2条12号の9において「分割により分割承継法人によって交付される当該分割承継法人の株式（出資を含む。）その他の資産をいう。」とされており、①と②に掲げる金銭等は、当然のこととして「分割対価資産」から除かれているものと思われます。

(2) 按分型要件

以上までの内容は合併の場合と同じですが、分割のうち分割型分割についてはいわゆる按分型要件と呼ばれる要件があります。法人税法2条12号の11においては「当該株式が分割法人の発行済株式等の総数又は総額のうちに占める当該分割法人の各株主等の有する当該分割法人の株式の数（出資にあっては、金額）の割合に応じて交付されるものに限る。」との規定があります。分割法人の株主に、分割前の持株割合に応じて株式が交付されない場合には、分割前後で株主の支配に異動が生じることとなり、「移転資産等に対する支配が継続している」と言えず適格組織再編成の趣旨に反するためです。したがって、分割型分割が適格要件を満たすためは、分割法人の分割前の持株割合に応じて株式を交付する必要があります。

なお、「無対価分割」（対価として株式や金銭等を交付しない分割）及び「三角分割」（分割の対価として、分割承継法人の親法人の株式を交付する分割）についても、適格分割の対価要件を満たす場合がありますが、これについてはSECTION6及び7で確認をします。

[3 企業グループ内分割の適格要件]

(1) 分割法人と分割承継法人との間に完全支配関係がある場合の適格要件

企業グループ内の適格分割は、分割法人と分割承継法人との間に「完全支配関係」がある場合と「支配関係」がある場合の2つの類型に区分されます。完全支配関係は100％の資本関係、支配関係は50％超の資本関係のことをいいます（完全支配関係と支配関係の意義についてはCHAPTER 2 の SECTION 3 参照）。

完全支配関係がある場合の類型においては対価要件に加え次の関係性の要件を満たすことで、適格分割に該当します（法人を設立する分割で2以上の法人が行うもの（複数新設合併）の取扱いについては解説を省略します）。

【関係性の要件（法令4の3⑥）】

※　株式分配に関する部分の記載は省略しています。

■新設分割以外

①　いずれか一方の法人による完全支配関係

分割前に当該分割に係る分割法人と分割承継法人との間にいずれか一方の法人による完全支配関係がある分割の次に掲げる区分に応じそれぞれ次に定める関係（②に掲げる関係に該当するものを除きます。）

イ　新設分割以外の分割型分割のうち当該分割型分割前に当該分割型分割に係る分割法人と分割承継法人との間に当該分割承継法人による完全支配関係があるもの

…当該完全支配関係

ロ　新設分割以外の分割（イに掲げる分割型分割を除く。）のうち当該分割前に当該分割に係る分割法人と分割承継法人との間にいずれか一方の法人による完全支配関係があるもの

…当該分割後に当該分割法人と分割承継法人との間に当該いずれか一方の法人による完全支配関係が継続することが見込まれている場合における当該分割法人と分割承継法人との間の関係

（注1）　当該分割後に他方の法人（当該分割法人及び分割承継法人のうち、当該いずれか一方の法人以外の法人をいう。）を被合併法人とする適格合併を行うことが見込まれている場合には、当該分割の時から当該適格合併の直前の時まで当該完全支配関係が継続することが見込まれている場合とされます。

（注2）　当該分割後に当該いずれか一方の法人を被合併法人とする適格合併を行うことが見込まれている場合には当該適格合併に係る合併法人は、当該適格合併後においては、当該いずれか一方の法人とみなして本規定を適用します。

②　同一の者による完全支配関係

分割前に当該分割に係る分割法人と分割承継法人との間に同一の者による完全支配関係がある分割の次に掲げる区分に応じそれぞれ次に定める関係

イ　新設分割以外の分割型分割のうち当該分割型分割前に当該分割型分割に係る分割法人と分割承継法人との間に同一の者による完全支配関係があるもの

…当該分割型分割後に当該同一の者と当該分割承継法人との間に当該同一の者による完全支配関係が継続することが見込まれている場合における当該分割法人と分割承継法人との間の関係

（注1）　当該分割型分割後に当該分割承継法人を被合併法人とする適格合併を行うことが見込まれている場合には、当該分割型分割の時から当該適格合併の直前の時まで当該完全支配関係が継続することが見込まれている場合とされます。

（注2）　当該分割後に当該同一の者を被合併法人とする適格合併を行うことが見込まれている場合には当該適格合併に係る合併法人は、当該適格合併後においては、当該同一の者とみなして本規定を適用します。

ロ　新設分割以外の分割（イに掲げる分割型分割を除く。）のうち当該分割前に当該分割に係る分割法人と分割承継法人との間に同一の者による完全支配関係があるもの

…当該分割後に当該分割法人と分割承継法人との間に当該同一の者による完全支配関係が継続することが見込まれている場合における当該分割法人と分割承継法人との間の関係

（注1）　当該分割後に当該分割法人又は分割承継法人を被合併法人とする適格合併を行うことが見込まれている場合には、当該分割の時から当該適格合併の直前の時まで当該完全支配関係が継続することが見込まれている場合とされます。

（注2）　イと同様です。

■単独新設分割

①　分割法人による完全支配関係

単独新設分割のうち当該単独新設分割後に当該単独新設分割に係る分割法人と分割承継法人との間に当該分割法人による完全支配関係があるもの

…当該単独新設分割後に当該完全支配関係が継続することが見込まれている場合における当該分割法人と分割承継法人との間の関係

（注1）　当該単独新設分割後に当該分割承継法人を被合併法人とする適格合併を行うことが見込まれている場合には、当該単独新設分割の時から当該適格合併直前の時まで当該完全支配関係が継続することが見込まれている場合とされます。

（注2）　当該分割後に当該分割法人を被合併法人とする適格合併を行うことが見込まれている場合には当該適格合併に係る合併法人は、当該適格合併後においては、当該分割法人とみなして本規定を適用します。

②　同一の者による完全支配関係

単独新設分割のうち当該単独新設分割後に当該単独新設分割に係る分割法人と分割承継法人との間に同一の者による完全支配関係があるもの

…次に掲げる場合の区分に応じそれぞれ次に定める要件に該当することが見込まれている場合における当該分割法人と分割承継法人との間の関係

（1）　分割型分割に該当する場合

当該単独新設分割後に当該同一の者と当該分割承継法人との間に当該同一の者による完全支配関係が継続すること

(2) (1) に掲げる場合以外の場合　当該単独新設分割後に当該分割法人と分割承継法人との間に当該同一の者による完全支配関係が継続すること

(注 1)　当該単独新設分割後に (1) については当該分割承継法人を、(2) については分割法人又は分割承継法人を被合併法人とする適格合併を行うことが見込まれている場合には、当該単独新設分割の時から当該適格合併の直前の時まで当該完全支配関係が継続することが見込まれている場合とされます。

(注 2)　当該単独新設分割後に当該同一の者を被合併法人とする適格合併を行うことが見込まれている場合には当該適格合併に係る合併法人は、当該適格合併後においては、当該同一の者とみなして本規定を適用します。

(2) 分割法人と分割承継法人との間に支配関係がある場合の適格要件

上記(1)の完全支配関係がある場合の類型における適格判定は、対価要件のほか分割法人と分割承継法人の関係性のみを要件としています。これに対し、支配関係がある場合の類型における適格判定は対価要件及び関係性の要件に加え、事業に関する要件を満たす必要が生じます。グループ内であっても、外部株主も存在する法人同士の分割となるため、「移転資産等に対する支配の継続」という観点から一定の要件を付しています。

まず、対象となる支配関係ですが、基本的には、(1)に記載した内容について「完全支配関係」を「支配関係」と読み替えた場合の関係となります（無対価分割の場合に、読替えでは対応ができない箇所がありますが解説を省略します）（法令 4 の 3 ⑦)。なお、支配関係とは 50 %超の資本関係であり、100 %の資本関係も含まれる表現であることから、分割法人と分割承継法人との間に完全支配関係がある場合には、同時に支配関係もあることになります。そのため、支配関係がある場合の適格分割からは、完全支配関係がある場合は除かれ、重複適用がないように手当されています（上記(1)の取扱いが優先されます)。

続いて、支配関係がある場合の適格要件のうち事業に関する要件です。次の①～③の全ての要件を満たす必要があります。

【事業に関する要件（法法２十二の十一ロ）】

① 資産・負債引継要件

分割事業（分割法人の分割前に行う事業のうち、当該分割により分割承継法人において行われることとなるもの）に係る主要な資産及び負債が分割承継法人に移転していること

② 従業者引継要件

分割直前の分割事業に係る従業者のうち、その総数のおおむね 80％以上が分割後に分割承継法人又は分割承継法人との間に完全支配関係がある法人(注)の業務に従事することが見込まれていること

③ 事業継続要件

分割事業が分割後に分割承継法人又は分割承継法人との間に完全支配関係がある法人(注)において引き続き営まれることが見込まれていること

（注） 分割後に行われる適格合併により分割事業が合併法人に移転することが見込まれている場合には、当該合併法人及び合併法人との間に完全支配関係がある法人を含みます。

①の資産・負債引継ぎ要件は、合併にはない要件となりますので注意が必要です。

②の「従業者」とは、事業に現に従事する者をいい、役員、使用人のほか出向により受け入れている者等も含むこととされます。日給支給の日雇いの労働者については、法人の選択により含めないことができる（したがって、原則は含まれる）こととされているため、パートやアルバイトなどの正社員以外の者についても人数に含まれるものと考えられます（法基通 1-4-4）。

また、②の「分割承継法人の業務に従事することが見込まれていること」には、分割法人の分割直前の従業者が出向により分割承継法人の業務に従事する場合が含まれます（法基通 1-4-10）。

[4　共同で事業を行うための分割の適格要件]

(1) 共同事業要件

続いて資本関係が 50 %以下の法人間の適格分割について確認をします。グループ企業間ではない法人同士で行われる分割が適格分割に該当するためには、合併の場合と同様に「共同事業要件」と呼ばれる要件を満たす必要があります。共同事業要件は、分割に伴って統合する事業が相互に関連性のあるものであり、かつ、当該分割が対等に近い状況で行われることが要件とされています。具体的には、次の表の要件を全て満たす必要があります。ただし、分割型分割で分割の直前に分割法人について他の者による支配関係がないときは⑥の要件は満たす必要はありません。また、無対価分割の場合には、一定の分割型分割に限定される取扱いがありますが、これについてはSECTION6で確認をします。

【適格分割の共同事業要件（法令4の3⑧、法規3)】

要件				内容
①	事業関連性要件		□	分割により移転する分割法人の事業と分割承継法人の分割前に行ういずれかの事業とが相互に関連すること
			□	分割法人及び分割承継法人のいずれにおいても事務所等の固定施設を所有又は賃借していること
			□	分割法人及び分割承継法人のいずれにおいても従業者があること（役員のみの場合には、常勤役員であること）
			□	自己の名義をもって、かつ、自己の計算において商品販売等の事業を営んでいること
②	右のいずれかの要件を満たすこと	事業規模要件	□	分割事業とこれに関連する分割承継法人の分割前に行ういずれかの事業のそれぞれの売上金額、従業者数又はこれらに準ずるものの規模の割合がおおむね5倍を超えないこと（いずれか一つの指標が5倍を超えなければ要件を充足します）
		特定役員要件	□	分割前の分割法人の役員等のいずれかと分割承継法人の特定役員のいずれかとが分割後分割承継法人の特定役員となることが見込まれていること
③	資産・負債引継要件		□	分割事業に係る主要な資産及び負債が分割承継法人に移転していること
④	従業者引継要件		□	分割事業に係る従業者のおおむね80％以上が分割後に分割承継法人又は分割承継法人との間に完全支配関係のある法人の業務に従事することが見込まれること
⑤	事業継続要件		□	分割事業（「事業関連性要件」において関連性のあるとした事業に限る）が分割後に分割承継法人又は分割承継法人との間に完全支配関係のある法人において引き続き行われることが見込まれること
⑥	株式継続保有要件	分割型分割の場合	□	分割型分割により交付される分割承継法人の株式（議決権のないものを除く）であって支配株主に交付されるものの全部が支配株主により継続して保有されることが見込まれていること ※支配株主…分割型分割の直前に当該分割型分割に係る分割法人と他の者との間に当該他の者による支配関係がある場合における当該他の者及び当該他の者による支配関係があるもの（当該分割承継法人を除く。）
		分社型分割の場合	□	分割法人が交付を受ける分割承継法人株式の全部を継続して保有することが見込まれていること

（注）④～⑥については、分割後さらに適格合併が行われる場合の取扱いが規定されていますが、本書では解説を省略します。

(2) 事業関連性要件

表中の①の事業関連性要件は、分割法人の分割事業（分割法人の分割前に行う事業のうち当該分割により分割承継法人において行われることとなるもの、つまり分割により移転する事業をいいます）と当該分割に係る分割承継法人の分割承継事業（分割承継法人の分割前に行う事業のうちいずれかの事業をいいます）とが相互に関連するものであることとされます。事業に関連性があるかどうかについては、事業が同種である場合だけでなく、それぞれの事業に係る商品や役務又は経営資源（有形の設備のほか、無形の知的財産権や生産技術、技能、知識、生産方式など、法人の経営において利用される資源をいいます）を相互に活用する場合などにおいても認められます。これらの要件の判定において数値等による形式基準はありませんので、当事者である法人自ら関連性があるかどうかの判断を行うことになります。

実務においては、税務調査等に備え、どのような基準をもとに事業関連性があると判断したのか（又は事業関連性がないと判断したのか）を事前に整理し、書面等にまとめておくことが望ましいものと考えます。なお、固定施設がない場合や従業者がない場合には、事業実態がないと判断され事業関連性要件は満たしません。

(3) 事業規模要件と特定役員要件

事業規模要件と特定役員要件は、いずれか一方を満たせばよいとされます。当該要件で判定しているのは、当該分割がいわゆる買収ではなく対等な関係での事業の統合であるかという点です。特定の指標に基づいた会社規模がおおむね同等であれば、対等な関係と判断され要件を充足します。具体的には、表中の②のとおり、指標の規模がおおむね５倍以内であることが要件とされます。

一方、事業規模が大きく異なる事業同士の統合であっても、特定役員要件を満たす場合には、対等な関係での分割と判断されます。特定役員要件における特定役員とは、社長、副社長、代表取締役、専務取締役、常務取締役又はこれらに準ずる者で法人の経営に従事している者をいいます。つまり、役員の中でも経営の中枢にいる者のみが対象となります。分割法人の役員が分割による事業統合後に分割承継法人の特定役員として経営の中枢に参画し、分割承継法人の特定役員が引き続き特定役員を継続するということであれば、税務上は対等な関係での分割と見ることになります。

なお、適格合併の判定における事業規模要件においては、規模判定の指標として資本金の額がありましたが、分割を含む他の組織再編成においては資本金の額による判定を行うことはできませんので留意する必要があります。

(4) 資産・負債引継要件、従業者引継要件及び事業継続要件

資産・負債引継要件、従業者引継要件及び事業継続要件は、分割法人と分割承継法人との間に支配関係がある場合の適格分割と同じ要件ですが、事業継続要件において継続すべきは、分割事業のうち、事業関連性要件で関連性があるとして判定した事業となります。例えば、分割によりＡ事業とＢ事業が移転した場合において、Ａ事業と分割承継法人の事業に関連性があると判断し、Ｂ事業に関連性はないと判断したときは、Ａ事業が継続する必要があり、仮にＢ事業のみが継続する場合には、要件は充足しないことになります。

(5) 株式継続保有要件

分割型分割の株式継続保有要件における支配株式の考え方は、合併の場合と同様となります。54ページを参照下さい。

なお、分社型分割については、分割法人が株式の交付を受けることになりますので、分割法人が交付を受けた株式の全部を継続して保有することが見込まれている必要があります。

[5 まとめ]

適格分割の要件をまとめると次の表のとおりとなります。○を付した箇所について要件を充足する必要があります。資本関係が薄まるにつれて要件が多くなることがわかります。

【適格要件のまとめ】

要件	企業グループ内の分割		共同事業を営むための分割
	完全支配関係	支配関係	
対価要件	○	○	○
同一の者継続保有要件（兄弟会社等の場合）	○	○	―
資産負債引継要件		○	○
従業者引継要件	―	○	○
事業継続要件	―	○	○
事業関連性要件	―	―	○
事業規模要件又は特定役員要件	―	―	○
株式継続保有要件	―	―	○（注）

（注）　分割型分割において分割の直前に分割法人について他の者による支配関係がないときは、満たす必要はありません。

［　6　スピンオフ税制　］

平成 29 年度税制改正において、企業内の事業部門を分離して独立した企業とする「スピンオフ」について一定の要件を満たすものを適格組織再編成として取り扱う制度が導入されました。

スピンオフの手法の一つとして「単独新設分割型分割」があり、一定の要件を満たすものについて適格分割として取り扱われます。スピンオフのための分割は「企業グループ内の分割」と「共同で事業を行うための分割」のいずれにも該当しない新たな類型の適格分割であり、従来の適格要件の考え方である「株主による移転資産に対する支配の継続」という観点では説明のできない制度です。

適格組織再編成としてのスピンオフ税制は現状の実務において広く活用されている状況ではないと考えますので、本書においては、解説を省略します。

SECTION

06　無対価分割

［　1　無対価分割が行われる場合の論点　］

会社分割にあたり対価として分割承継法人株式や金銭その他の資産の交付が行われない「無対価分割」の取扱いについて確認をします。分割が無対価で行われた場合の税務上の論点は、次の2点です。

①　分割型分割と分社型分割のいずれに該当するか
②　適格分割に該当するか

税務上における会社分割の取扱いは、分割型分割と分社型分割の2種類に区分して規定されています。これらの区分は、分割対価の交付先により判断することができ、交付先が「分割法人の株主」であれば分割型分割、「分割法人」であれば分社型分割となります。しかし、無対価の場合には対価の交付先がないため、いずれに該当するか判断を行うことができません。そこで法人税法では、2条（定義）においてこれらを明確にできるように無対価の場合の取扱いを規定しています。

また、会社分割が適格分割に該当するための要件の1つとして「対価要件」があります。「分割の対価として交付される資産は分割承継法人の株式のみであること」という要件です。つまり、分割の対価として金銭や株式以外の資産が交付される場合には適格分割には該当しません。適格組織再編成の制度は、「移転資産等に対する支配の継続」があると認められる場合に従前の課税関係を継続するという趣旨で設けられています。分割の対価として金銭等が交付される場合は、実質その分割は買収（譲渡）と同様であり、分割の前後で株主による資産等に対する支配が継続しているとは言えないため、適格分割には該当しないこととされています（ただし、反対株主からの株式の買取請求に基づき金銭等が交付される場合などを除きます）。

無対価分割の場合には対価要件を充足しているかが不明瞭であるため、法人税法施行令において取扱いを明確にしています。

本SECTIONでは、これら2つの論点について、詳細を確認します。

この項目で紹介する条文

【法人税法2条1項12号の9】

（定義）

第2条

十二の九　分割型分割　次に掲げる分割をいう。

ロ　分割対価資産がない分割（以下この号及び次号において「無対価分割」という。）で、その分割の直前において、分割承継法人が分割法人の発行済株式等の全部を保有している場合又は分割法人が分割承継法人の株式を保有していない場合の当該無対価分割

【法人税法2条1項12号の10】

（定義）

第2条

十二の十　分社型分割　次に掲げる分割をいう。

ロ　無対価分割で、その分割の直前において分割法人が分割承継法人の株式を保有している場合（分割承継法人が分割法人の発行済株式等の全部を保有している場合を除く。）の当該無対価分割

【法人税法施行令4条の3第6項】

（適格組織再編成における株式の保有関係等）

第4条

6　法第2条第12号の11イに規定する政令で定める関係は、次に掲げるいずれかの関係とする。

一　分割前（*単独新設分割*である場合にあつては、分割後）に当該分割に係る分割法人と分割承継法人（*複数新設分割*である場合にあつては、分割法人と他の分割法人）との間にいずれか一方の法人による完全支配関係がある分割の次に掲げる区分に応じそれぞれ次に定める関係（次号に掲げる関係に該当するものを除く。）

イ　新設分割以外の分割型分割*のうち当該分割型分割前に当該分割型分割に係る分割法人と分割承継法人との間に当該分割承継法人による完全支配関係（当該分割型分割が*無対価分割*である場合にあつては、分割承継法人が分割法人の発行済株式等の全部を保有する関係に限る。）があるもの　当該完全支配関係

ロ　新設分割以外の分割（イに掲げる分割型分割を除く。）のうち当該分割前に当該分割に係る分割法人と分割承継法人との間にいずれか一方の法人による完全支配関係（当該分割が無対価分割である場合にあつては、分割法人が分割承継法人の発行済株式等の全部を保有する関係に限る。）があるもの　当該分割後に当該分割法人と分割承継法人との間に当該いずれか一方の法人による完全支配関係が継続すること*が見込まれている場合における当該分割法人と分割承継法人との間の関係

二　分割前（当該分割が単独新設分割である場合にあつては、分割後）に当該分割に係る分割法人と分割承継法人（当該分割が複数新設分割である場合にあつては、分割法人と他の分割法人）との間に同一の者による完全支配関係がある分割の次に掲げる区分に応じそれぞれ次に定める関係

イ　新設分割以外の分割型分割*のうち当該分割型分割前に当該分割型分割に係る分割法人と分割承継法人との間に同一の者による完全支配関係（当該分割型分割が無対価分割である場合にあつては、次に掲げる関係がある場合における当該完全支配関係に限る。）があるもの　当該分割型分割後に当該同一の者と当該分割承継法人との間に当該同一の者による完全支配関係が継続すること*が見込まれている場合における当該分割法人と分割承継法人との間の関係

(1)　分割承継法人が分割法人の発行済株式等の全部を保有する関係

(2)　分割法人の株主等（当該分割法人及び分割承継法人を除く。）及び分割承継法人の株主等（当該分割承継法人を除く。）の全てについて、その者が保有する当該分割法人の株式の数の当該分割法人の発行済株式等（当該分割承継法人が保有する当該分割法人の株式を除く。）の総数のうちに占める割合と当該者が保有する当該分割承継法人の株式の数の当該分割承継法人の発行済株式等の総数のうちに占める割合とが等しい場合における当該分割法人と分割承継法人との間の関係

ロ　新設分割以外の分割（イに掲げる分割型分割を除く。）のうち当該分割前に当該分割に係る分割法人と分割承継法人との間に同一の者による完全支配関係（当該分割が無対価分割である場合にあつては、分割法人が分割承継法人の発行済株式等の全部を保有する関係がある場合における当該完全支配関係に限る。）があるもの　当該分割後に当該分割法人と分割承継法人との間に当該同一の者による完全支配関

係が継続すること*が見込まれている場合における当該分割法人と分割承継法人との間の関係

［　2　無対価分割と会社分割の定義　］

無対価分割が行われた場合には、分割直前における分割法人と分割承継法人の関係性によって分割型分割と分社型分割のいずれに該当するかが決まります。以下、分割型分割と分社型分割の定義について図に表すと次のとおりとなります。

(1) 分割型分割となる無対価分割（法法２十二の九ロ）

≪ケース１≫　分割承継法人が分割法人の発行済株式等の全部を保有している場合

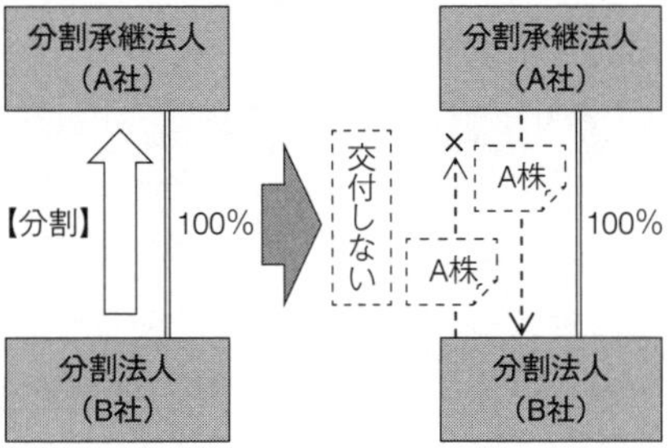

≪ケース2≫　分割法人が分割承継法人の株式を保有していない場合①

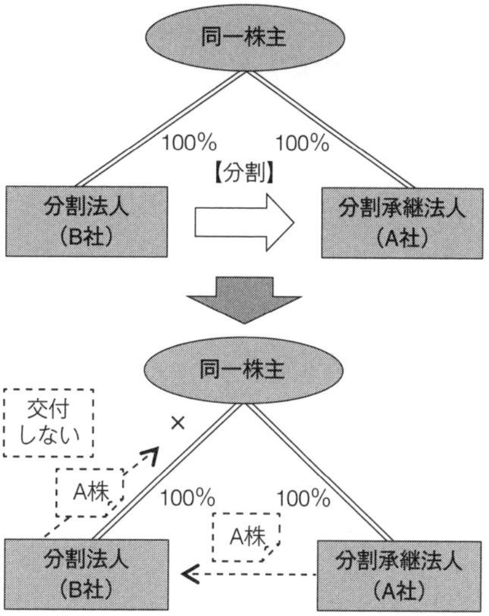

≪ケース3≫　分割法人が分割承継法人の株式を保有していない場合②

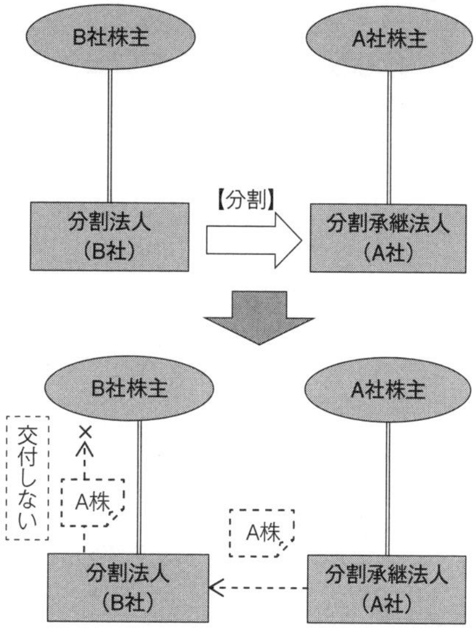

無対価で行われる組織再編成に関する規定は、実務的に対価の省略が行われるケースがあるもののその取扱いが明確でなかったことから、平成22年度税制改正において明確化されました（「平成22年版改正税法のすべて」（財団法人大蔵財務協会））。

上記《ケース1》は、対価の交付をしてもしなくても分割前後で親会社であるA社の持株割合は変わらず、対価を交付することに実益がありませんので、本来交付すべき対価の交付を省略したと見ることができます。《ケース2》の同一株主による兄弟会社間で分割が行われる場合においても、分割前後で当該同一株主がそれぞれA社とB社を100％保有する状況に変化はありませんので、交付すべき対価を省略したと見ることができます（ただし、株主が保有するそれぞれの株式の帳簿価額については分割に伴う変動を認識する必要があります）。

これに対し、《ケース3》のように株主の異なる第三者間で無対価分割が行われる場合には、分割により資産負債が移転したにもかかわらず、分割後、B社株主又はB社とA社との間には資本関係が生じません。これは、移転する資産負債を0と評価したため対価の交付がなかったというケースが想定され、本来交付すべき対価を省略したケースとは状況が異なります。実務上の無対価分割は対価の省略に伴って行われることが多いと考えられますが、このように必ずしも省略のケースだけではないことも認識しておく必要があります。

(2) 分社型分割となる無対価分割（法法2十二の十ロ）

≪ケース4≫　分割法人が分割承継法人の株式を保有している場合（分割承継法人が分割法人の発行済株式等の全部を保有している場合を除く）

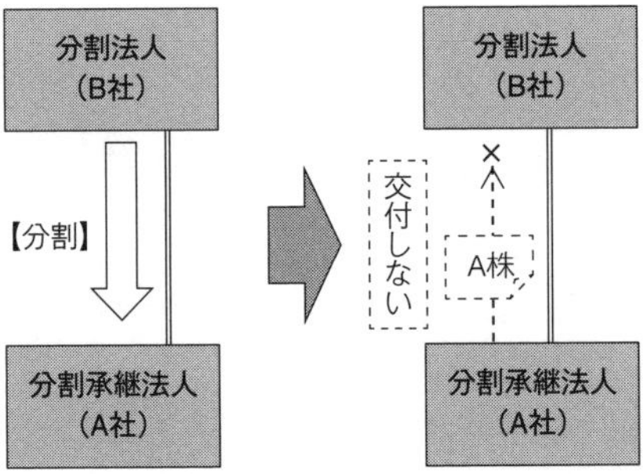

《ケース4》の前提は、「分割法人が分割承継法人の株式を保有している場合」とありますので、持株割合は問いません。1株でも保有していれば分社型分割となります。ただし、カッコ書きにあるとおり分割承継法人が分割法人の発行済株式等の全部を保有している場合、つまり分割承継法人の100％子会社である分割法人が親会社である分割承継法人の株式の一部を保有している場合は除かれます。この場合は、(1)に該当し、分割型分割に該当することになります。

[　3　適格分割となる無対価分割（完全支配関係がある場合）　]

(1) 無対価分割に関する規定の全体像

適格分割には「企業グループ内の分割」と「共同で事業を行うための分割」の2つの類型があり、「企業グループ内の分割」はさらに完全支配関係がある場合と支配関係がある場合の類型に区分されます（この他、スピンオフ税制の取扱いがありますが、解説は省略します）。いずれの類型においても「分割により交付される対価が分割承継法人株式のみである」とする対価要件が付されています。ただし、対価の交付がない分割（無対価分割）であっても、分割前に分割法人と分割承継法人の間に一定の関係性がある場合には適格分割として取り扱う規定が設けられています。当該一定の関係性は、法人税法施行令４条の３第６項から第８項に定められており、まずは「企業グループ内の分割」のうち完全支配関係がある場合の類型についての取扱いを確認します。

まずは、条文全体の構成ですが、法人税法施行令４条の３第６項１号の本文中の最後のカッコ書きにおいて「次号に掲げる関係に該当するものを除く。」との規定がありますので、１号と２号の内容は２号が優先されます。２号において無対価分割が適格分割に該当するとされるのは、イ又はロの関係性のいずれかとなります。以下、２号のイとロについて確認をします。

(2) 無対価分割が適格分割となる場合の関係性

法人税法施行令４条の３第６項２号イ(1)(2)、ロの関係性を図にすると次のとおりになります。なお、２号は分割法人と分割承継法人の間に「同一の者」による完全支配関係があることを前提として規定されていますので、それぞれの図には全て「同一の者」である株主を記載しています。

① 分割承継法人が分割法人の発行済株式等の全部を保有する関係（法令4の3⑥ニイ(1)）

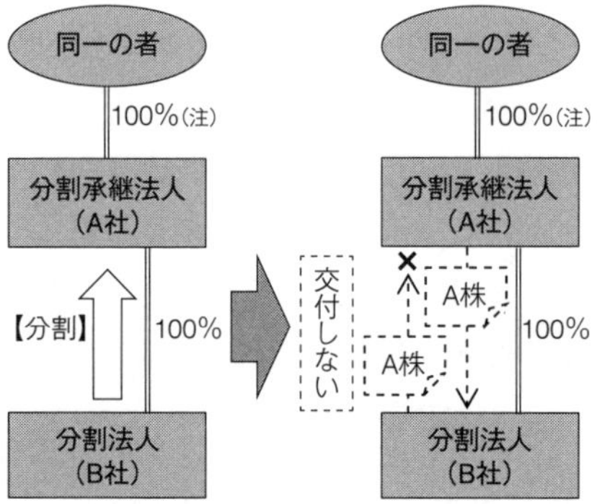

※　分割承継法人が分割法人の発行済株式等の全部を保有するため分割型分割に該当

（注）　6項2号は、分割前に分割法人と分割承継法人との間に同一の者による完全支配関係があり、かつ、分割後に当該同一の者による完全支配関係が継続することが前提となります。したがって、同一の者の継続保有の見込みがない場合には2号の要件を満たしません。ただし、分割法人と分割承継法人との間にいずれか一方の法人による完全支配関係が継続すれば1号の規定が適用されるため、本ケースで同一の者による完全に支配関係の継続がなかったとしても、A社とB社の完全支配関係が継続する場合には、適格要件を満たすことになります。

② 分割法人及び分割承継法人の株主等の全てについてそれぞれの法人の持株割合が等しい場合の分割法人と分割承継法人の関係（法令４の３⑥ニイ(2)）

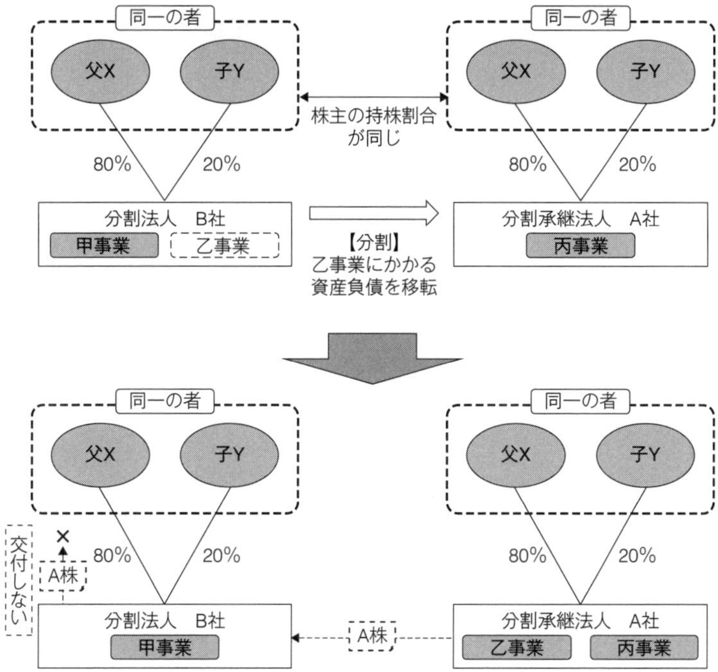

※　分割法人が分割承継法人の株式を保有していないため分割型分割に該当

③ 分割法人が分割承継法人の発行済株式等の全部を保有する関係（法令4の3⑥ニロ）

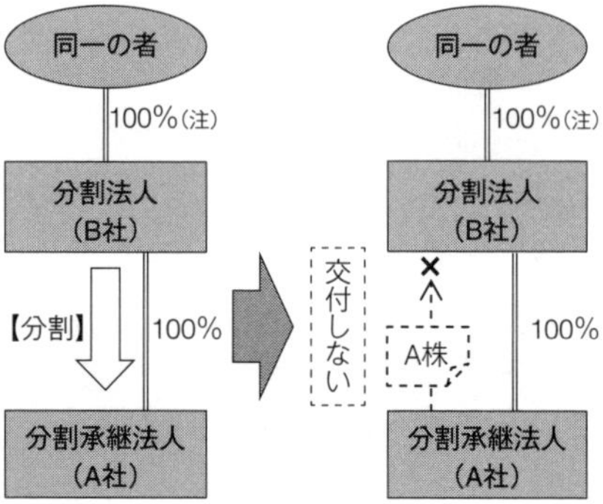

※ 分割法人が分割承継法人の株式を保有しており、分割承継法人が分割法人の発行済株式等の全部を保有していないため分社型分割に該当

（注） 完全支配関係の継続の考え方については、①の(注)の取扱いと同様です。

①～③の共通点は、分割の前後で「同一の者」が保有する分割法人株式又は分割承継法人株式の価値（いずれも保有している場合には分割法人株式と分割承継法人株式の価値の合計）に変化がないと考えられる点です。株式を交付してもしなくても、保有している株式全体の価値に変動がなければ、対価の交付を省略しただけと見ることができます。したがって、分割により移転する資産負債への支配は継続していると考え、適格分割として課税関係を生じさせない取扱いとなります。

法人税法施行令４条の３第６項１号の取扱いについては、①の（注）の記載をご確認下さい。

[4 適格分割となる無対価分割（支配関係がある場合）]

(1) 規定の優先順位

続いて「企業グループ内の分割」のうち支配関係がある場合の類型における無対価分割の取扱いです。まずは規定全体の構成ですが、支配関係とは持株割合50％超の関係であり100％の関係も含む用語であるため、完全支配関係がある場合には、支配関係もあることになります。したがって、規定の重複が生じてしまうため、支配関係がある場合の取扱いを規定した法人税法施行令４条の３第７項では、「前項各号に掲げる関係に該当するものを除く」との規定が置かれ、６項（完全支配関係の場合の規定）が優先されます。

分割法人と分割承継法人との間に支配関係のある場合の適格要件の規定については、完全支配関係の場合と同様に「いずれか一方の法人による支配関係（法令４の３⑦一)」と「同一の者による支配関係（法令４の３⑦二)」との２つに区分されています。

(2) いずれか一方の法人による支配関係がある場合

分割法人と分割承継法人との間にいずれか一方の法人による支配関係がある場合において無対価分割が適格分割に該当するケースは、分割前に法人税法施行令４条の３第６項２号イ(2)又はロに規定する関係がある場合に限られます。

ロに規定する関係は「分割法人が分割承継法人の発行済株式等の全部を保有する関係」であるため一見すると６項の完全支配関係がある場合の内容と規定が重複しているように感じますが、６項の規定は分割後に分割法人と分割承継法人の完全支配関係の継続（又は同一の者による分割法人と分割承継法人の完全支配関係の継続）が要件として付されています。これに対し７項１号には、分割後における分割法人と分割承継法人の支配関係の継続の要件が付されていますので、７項１号の無対価分割の取扱いが適用されるケースとは、分割前に分割法人と分割承継法人との間に完全支配関係があり、分割後に当該完全支配関係は継続しないものの支配関係は継続している場合が想定されます。

(3) 同一の者による支配関係がある場合

分割法人と分割承継法人との間に同一の者による支配関係がある場合において無対価分割が適格分割に該当するケースは、上記３(2)で確認をした６項２号イ(1)(2)及びロの３パターンの内容について「完全支配関係」とあるのを「支配関係」と読み替えた内容となります。上記と解説と同様の考え方となりますので、詳細な解説は省略します。

5　適格分割となる無対価分割（共同で事業を営むための分割の場合）

最後に、分割法人と分割承継法人が共同で事業を営むための適格分割における無対価分割の取扱いについて確認をします。当該無対価分割が適格分割に該当するケースは、次の関係となります（法令４の３の⑧）。

①６項２号イ(2)に掲げる関係（分割型分割）
②分割法人の全てが資本若しくは出資を有しない法人である場合の分割法人と分割承継法人の関係（分割型分割）
③分割法人が分割承継法人の発行済株式等の全部を保有する関係（分社型分割）

③については、分割後に分割法人と分割承継法人との間の支配関係の継続が見込まれないことが前提となります。

SECTION
07　三角分割

［　1　三角分割の概要　］

前 SECTION に引き続き「分割の対価」に関する内容です。確認をするのは、分割の対価として株主に分割承継法人の親法人の株式を交付するいわゆる「三角分割」の取扱いです。

三角分割に関する規定は、会社法の施行による組織再編成の対価の柔軟化により平成 19 年に導入されました。導入の背景については、CHAPTER2 の SECTION6「三角合併」をご確認下さい。三角分割の導入により、100 %親子関係にある法人の子法人を分割承継法人として他社の事業を承継する場合に、既存の 100 %親子関係を崩すことなく分割を行うことが可能となりました。

具体例を図で確認します。三角分割は、分割型分割と分社型分割のいずれにおいても行うことができますので、それぞれについて確認をします。まずは、分割型分割です。通常想定されるのは、企業グループが他社の事業を買収するケースです。なお、「三角合併」を解説した際には、外国法人が 100 %子法人である内国法人を合併法人として他の内国法人と合併を行うケースを例にしました。三角組織再編成の導入の主目的は外国企業による日本企業の買収をしやすくするためという点が挙げられますのでこのような前提で解説をしましたが、本稿においては、税務上の取扱いに的を絞り当事者は全て内国法人であることを例にして解説をします。

【具体例１　通常の分割型分割の場合】

前提：Ａ社の100％子法人であるＢ社を分割承継法人、Ａ社グループ外のＣ社を分割法人として分割型分割を行う。分割の対価は、分割承継法人Ｂ社株式とする。

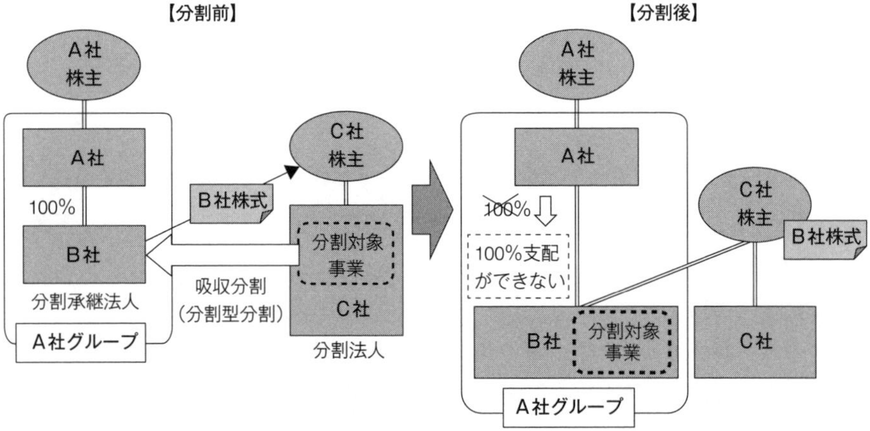

本具体例は、Ａ社のグループ外企業であるＣ社事業の一部を分割により買収するというケースが想定されます。通常の分割型分割（分割承継法人の株式を対価とする分割型分割）では、Ｃ社事業の買収に当たってＣ社株主に分割承継法人であるＢ社の株式を交付することになりますので、分割後においてＡ社とＢ社の100％資本関係を保つことができません。つまり、Ａ社を中心とするＡ社グループの子会社に外部株主が存在することになってしまいます。これを回避するための手法として三角分割が考えられます。

【具体例２　三角分割型分割の場合】

前提：Ａ社の100％子法人であるＢ社を分割承継法人、Ａ社グループ外のＣ社を分割法人として分割型分割を行う。分割の対価は、分割承継法人Ｂ社の親会社であるＡ社の株式とする。

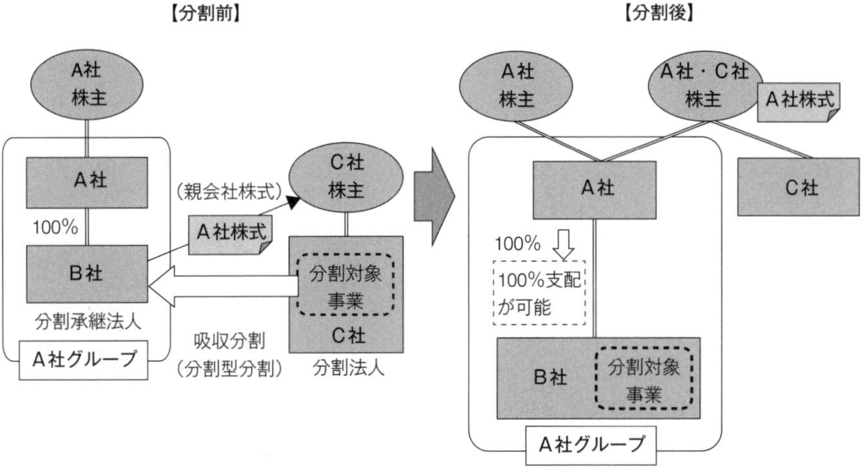

三角分割の場合には、分割の対価としてＣ社株主に対し分割承継法人の親法人であるＡ社の株式を交付することになりますので、分割前後でＡ社とＢ社の100％資本関係に影響はありません。なお、同様の効果を得るための手法としては、分割の対価として現金を交付する方法や、現金を対価とする事業譲受けも考えられます。Ｃ社事業を金銭で買収してしまえば、Ａ社とＢ社の100％資本関係に影響が生じることはありません。ただし、この手法では当然ですがグループ外にキャッシュアウトが生じることになりますので、資金調達が課題となります。一方で三角分割の場合には、Ｂ社が対価であるＡ社株式を準備するに当たって資金が必要となりますが、通常、三角分割のための親会社株式の取得は実行直前に親会社へ増資を行うことが想定され、この場合、増資資金は親会社が収受しますので、Ａ社グループ外に資金が流出することはありません。このように、資本関係を維持しつつ、買収のためのコストも抑えることができるという点で三角分割は優れた手法となります。

続いて、分社型分割においても三角分割を行うことができますので、同様に、通常の場合と三角分割の場合を図で比較しながら確認をします。

【具体例３　通常の分社型分割の場合】

前提：Ａ社の100％子法人であるＢ社を分割承継法人、Ａ社グループ外のＣ社を分割法人として分社型分割を行う。分割の対価は、分割承継法人Ｂ社株式とする。

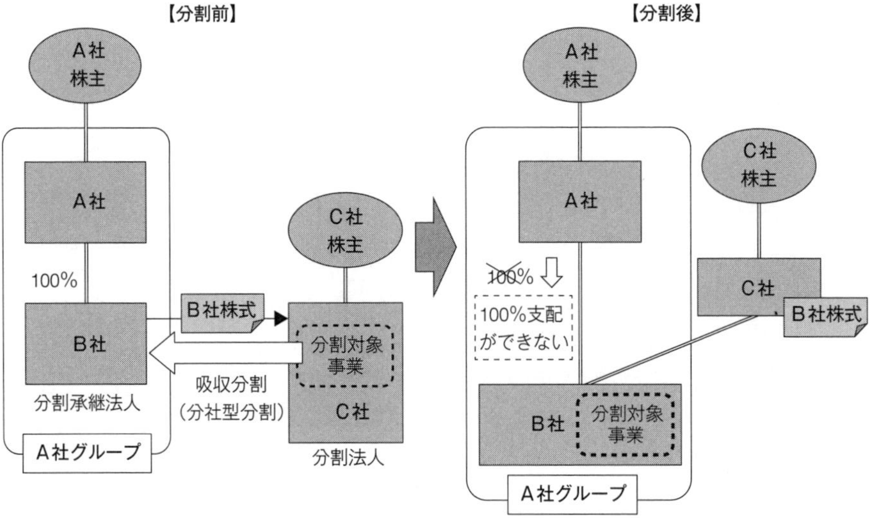

具体例１の通常の分割型分割の場合と比較をすると、対価の交付先及び分割後の株主構成は異なりますが、分割後にＡ社とＢ社の100％資本関係を維持できないという状況は同じです。

【具体例４　三角分社型分割の場合】

前提：Ａ社の100％子法人であるＢ社を分割承継法人、Ａ社グループ外のＣ社を分割法人として分社型分割を行う。分割の対価は、分割承継法人Ｂ社の親会社であるＡ社の株式とする。

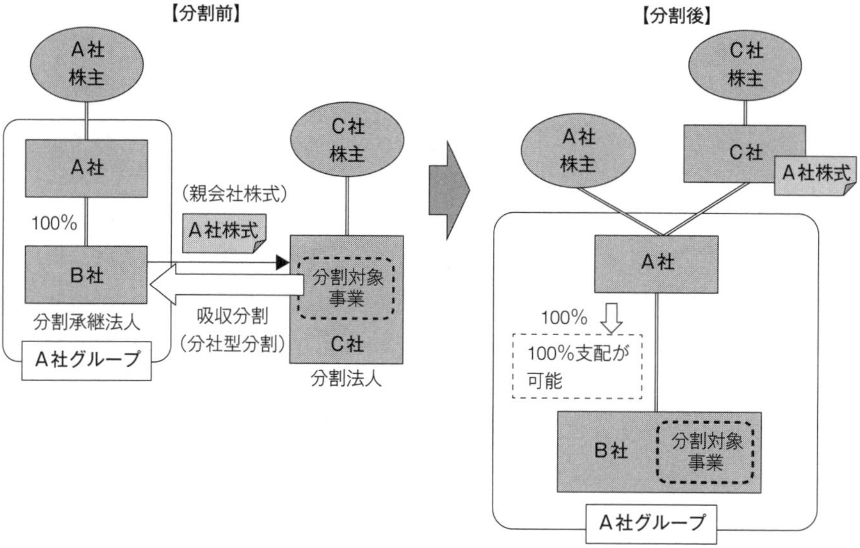

分社型分割の場合においても、三角分割を行うことで分割後におけるＡ社とＢ社の 100 ％資本関係の維持が可能となります。

このように会社法において組織再編成をしやすくするための方法が定められたことに伴い、税制もその活用を後押しするため、一定の要件を満たす場合には適格分割として取り扱うなど規定の整備が図られています。

[　2　分割承継法人による親法人株式の取得　]

三角分割は分割の対価として親法人株式を用いる手法となりますので、分割承継法人は分割時に対価となる親法人株式を保有していなければなりません。会社法では、原則として親会社（議決権の 50 ％超を保有する等により分割承継会社を支配する会社）株式の取得が禁止されており、やむを得ず取得する場合でも、相当の時期に処分しなければならないとされています（会社法 135）。ただし、特例として吸収分割において分割承継会社が分割会社に交付する（分割型分割の場合には、さらにその分割会社の株主に対して交付する）対価の全部又は一部が親会社株式とされている場合には、分割承継会社はその交付をする株式の総数を超えない範囲で親会社株式を取得することができ、その分割の効力発生日までの間は保有することができることとされています（会社法800）。

「交付をする株式の総数を超えない範囲で取得をすることができる」とされ、その「交付をする株式の総数」は分割契約によって定められますので、通常の場合、分割承継会社は親会社株式を分割契約後に取得することとなります。取得方法は、分割承継会社（子会社）から親会社へ増資をする方法や分割承継会社（子会社）が第三者からの購入により取得する方法などが考えられますが、外部への資金流出を避けるために現金を対価とする分割でなく三角分割を選択するのであれば、親会社株式の取得方法についても、資金流出を伴う第三者からの購入でなく、増資など親子間の資本取引で行う方法が選択されるものと考えます。

[3　三角分割の場合の適格要件]

(1) 分割親法人株式とは

三角分割は対価として交付する資産が親法人株式であること以外は、基本的に通常の分割と変わりませんので、適格分割に該当するかどうかについても資本関係や事業関連性などの要件を基に判定を行います。

したがって、三角分割の適格要件において論点となるのは交付される親法人株式の意義となります。以下、該当する条文を要約して確認します。

この項目で紹介する条文

【法人税法２条12号の11】

（定義）

第２条

十二の十一　適格分割　次のいずれかに該当する分割で分割対価資産として分割承継法人

又は分割承継親法人（分割承継法人との間に当該分割承継法人の発行済株式等の全部を直接又は間接に保有する関係として政令で定める関係がある法人をいう。）のうちいずれか一の法人の株式以外の資産が交付されないもの（当該株式が交付される分割型分割にあつては、当該株式が分割法人の発行済株式等の総数*のうちに占める当該分割法人の各株主等の有する当該分割法人の株式の数*の割合に応じて交付されるものに限る。）をいう。*

【法人税法施行令４条の３第５項】
（適格組織再編成における株式の保有関係等））
第４条
５　法第２条第 12 号の 11 に規定する全部を直接又は間接に保有する関係として政令で定める関係は、分割の直前に当該分割に係る分割承継法人と当該分割承継法人以外の法人との間に当該法人による完全支配関係（以下この項において「直前完全支配関係」という。）があり、かつ、当該分割後に当該分割承継法人と当該法人（以下この項において「親法人」という。）との間に当該親法人による完全支配関係が継続すること（当該分割後に分割承継法人を被合併法人とする適格合併を行うことが見込まれている場合には、当該分割の時から当該適格合併の直前の時まで当該完全支配関係が継続すること。）が見込まれている場合における当該直前完全支配関係とする。

【法人税法 61 条の２】
（有価証券の譲渡益又は譲渡損の益金又は損金算入）
第 61 条の２
７　内国法人が自己を分割承継法人とする適格分割により分割承継親法人の株式を交付した場合における第１項の規定の適用については、同項第１号に掲げる金額【※譲渡対価の額】は、当該分割承継親法人の株式の当該適格分割の直前の帳簿価額に相当する金額とする。

三角分割が適格分割とされるためには、他の適格要件を満たした上で、対価として交付される資産が「分割承継親法人株式」に該当する必要があります。分割承継親法人株式とは、分割承継法人と分割承継法人以外の法人との間に当該法人による完全支配関係がある場合の当該法人（親法人）の株式をいいます。つまり親会社が直接子法人株式を保有する場合の関係性のみならず、間接保有による完全支配関係も含みます。

(2) 対価の選択

(1)における条文の表現では、適格分割の要件を満たすのは「分割承継法人株式又は分割承継親法人株式のいずれか一方の株式以外の資産が交付されないもの」とされています。したがって、株式以外の現金等の資産が交付される場合だけでなく、分割承継法人株式と分割承継親法人株式の両方が同時に交付される場合にも、適格分割には該当しないこととなります。

(3) 分割後における親法人との関係性の継続

三角分割の場合の適格要件については、対価が分割承継親法人株式であることに加え、分割承継法人とその親法人との間の直接完全支配関係が分割後も継続する見込みであることが要件とされています。当該要件については、次の①又は②に該当する場合には、さらにそれぞれに掲げる要件を満たす必要があります。

① 分割後に親法人を被合併法人とする適格合併を行うことが見込まれている場合…分割後に当該分割承継法人と当該親法人との間に当該親法人による直接完全支配関係があり、当該適格合併後に当該適格合併に係る合併法人と当該分割承継法人との間に当該合併法人による直接完全支配関係が継続すること

② 分割後に分割承継法人を被合併法人とする適格合併を行うことが見込まれている場合
…分割の時から当該適格合併の直前の時まで当該分割承継法人と親法人との間に当該親法人による直接完全支配関係が継続すること

[4 保有する親法人株式の譲渡損益]

(1) みなし譲渡

法人が三角分割を行おうとする場合において、その交付をしようとする親法人株

式が次に掲げる株式である場合には、それぞれに掲げる日においてその親法人株式をその日の価額（時価）で譲渡し、かつ、その日の価額で取得したものとみなす取扱いがあります。つまり、その日において親法人株式の含み損益を実現することとなります（法法 61 の 2 ㉓）。

対象株式	みなし譲渡日
三角分割の契約日に保有する親法人株式	三角分割の契約日
三角分割の契約日後に適格合併等により移転を受けた親法人株式	移転を受けた日

前述のとおり、会社法上、三角分割の対価とする場合には親法人株式の取得をすることができますが、これ以外にもやむを得ない理由がある場合には、相当の時期に処分をすることを前提に親法人株式の取得が認められることがあります。例えば、合併により被合併法人が保有していた親法人株式を引き継ぐというケースです。三角分割の対価とすることを目的として取得した親法人株式ではなく、このようなやむを得ない理由によりたまたま取得した親法人株式を三角分割の対価として交付する場合には、上記表のみなし譲渡日においてその親法人株式を譲渡したものとみなして含み損益を実現させ、課税関係を清算することになります。なお、分割契約において交付することが見込まれている株式数を超える部分の株式については、当該規定の適用はありません。また、当該取扱いは三角分割が適格分割に該当するかどうかにかかわらず適用されます。

(2) 親法人株式の交付に伴う譲渡損益

三角分割により分割承継法人が分割法人の株主又は分割法人に分割承継親法人株式を対価として交付する行為は、法人税法上有価証券の譲渡取引に該当します。したがって、原則として有価証券の譲渡損益を認識します。ただし、三角分割が適格分割に該当する場合には有価証券の譲渡対価の金額は、当該分割承継親法人株式の当該適格分割の直前の帳簿価額に相当する金額とする取扱いがあります（法法 67 の 2 ⑦）。

有価証券の譲渡損益の計算は、譲渡対価の額から譲渡原価の額を控除して計算することとされますが、法人税法 61 条の 2 第 7 項の取扱いにより、三角分割が適格分割に該当する場合には、分割承継親法人株式の譲渡による譲渡対価の額は、譲渡原価の額（分割直前の帳簿価額）と同額とされ、譲渡損益は計上されません。上記⑴のみなし譲渡の取扱いにより、保有する分割承継親法人株式は交付前に時価替えをしますので、不計上とされる譲渡損益はさほど大きくならないことが想定されますが、分割契約日又はその後の親法人株式の取得日から分割の日（株式の交付の日）までの時価の変動分について生じる損益については実現しないこととなります。

なお、分割承継法人において分割承継親法人株式の交付に伴う有価証券の譲渡損益が計上されないことにより、分割承継法人の分割による資産負債の受入仕訳に差額が生じることになります。当該差額については、資本金等の額として処理することで対応しています（法令８①六、七）。

以上がみなし譲渡の取扱いとなります。みなし譲渡の規定は根拠法令が三角合併と同様となりますので、数値を用いた具体的な事例については CHAPTER2 の SECTION6（三角合併）をご参照ください。

5　分割型分割により分割承継親法人株式の交付を受ける分割法人の株主の取扱い

分割型分割に伴い分割法人の株主（法人株主）に分割承継法人の株式のみが交付される場合には、適格か非適格かを問わず、新株式に旧株式の帳簿価額のうち分割純資産対応分を付け替えることで株主の譲渡損益は繰り延べられます。これと同様に、分割型分割に伴い分割法人の株主（法人株主）に分割承継親法人株式のみが交付される場合には、適格か非適格かを問わず、取得した分割承継親法人株式に旧株式の帳簿価額のうち分割純資産対応分を付け替えることで、株主の譲渡損益が繰り延べられます（みなし配当が生じる場合には、みなし配当金額が取得価額に加算されます）（法法 61 の２④）。

CHAPTER 4

現物出資

SECTION 01
現物出資の課税上の基本規定

[1 現物出資の概要]

現物出資とは、法人の設立や増資手続において金銭以外の財産を出資することをいいます。法人税法上、金銭出資は組織再編税制の枠組みではありませんが、現物出資については、財産の移転とともに事業の移転を伴う場合があることも想定しており、組織再編成の一つとして整理されています。

現物出資の当事者は、「現物出資法人」と「被現物出資法人」の二者です。それぞれ次のとおり定義されています。

【現物出資の当事者の定義】

当事者の区分	定義
現物出資法人 (法法2①12の4)	現物出資によりその有する資産の移転を行い、又はこれと併せてその有する負債の移転を行った法人をいう
被現物出資法人 (法法2①12の5)	現物出資により現物出資法人から資産の移転を受け、又はこれと併せて負債の移転を受けた法人をいう

それぞれの規定のとおり、現物出資により移転する財産は資産だけでなく負債も含まれます。本SECTIONでは、現物出資について、法人税法の基本規定を確認しながら、非適格現物出資と適格現物出資の課税上の取扱いを解説します。

[2 現物出資に関する基本規定]

まずは原則的な取扱いである非適格現物出資の基本規定を確認します。

この項目で紹介する条文

(1) 現物出資法人に関する規定

【法人税法施行令 119 条 1 項 2 号】

(有価証券の取得価額)

第 119 条　内国法人が有価証券の取得をした場合には、その取得価額は、次の各号に掲げる有価証券の区分に応じ当該各号に定める金額とする。

二　金銭の払込み又は金銭以外の資産の給付により取得をした有価証券（*適格現物出資により取得をしたものを除く。）　その払込みをした金銭の額及び給付をした金銭以外の資産の価額の合計額（*その払込み又は給付による取得のために要した費用がある場合にはその費用の額を加算した金額とする。）

二十七　前各号に掲げる有価証券以外の有価証券　その取得の時におけるその有価証券の取得のために通常要する価額

(2) 被現物出資法人に関する規定

【法人税法施行令 8 条 1 項 1 号】

(資本金等の額)

第 8 条　資本金等の額について、以下の金額が増加する。

一　株式（出資を含む。以下第 10 号までにおいて同じ。）の発行又は自己の株式の譲渡をした場合（次に掲げる場合を除く。）に払い込まれた金銭の額及び給付を受けた金銭以外の資産の価額その他の対価の額に相当する金額*

イ～ハ　*

ニ　適格現物出資に該当しない現物出資（法第 62 条の 8 第 1 項（非適格合併等により移転を受ける資産等に係る調整勘定の損金算入等）に規定する非適格合併等に該当するものに限る。）により現物出資法人に自己の株式を交付した場合

ホ～リ*

【法人税法施行令 8 条 1 項 9 号】

(資本金等の額)

第 8 条　資本金等の額について、以下の金額が増加する。

九　適格現物出資に該当しない現物出資（法第 62 条の 8 第 1 項に規定する非適格合併等

に該当するものに限る。以下この号において「非適格現物出資」という。）により現物出資法人に交付した当該法人の株式の当該非適格現物出資の時の価額*

次に適格現物出資の基本規定を確認します。

（1）現物出資法人に関する規定

【法人税法 62 条の 4 第 1 項】

（適格現物出資による資産等の帳簿価額による譲渡）

第 62 条の 4　内国法人が適格現物出資により被現物出資法人にその有する資産の移転をし、又はこれと併せてその有する負債の移転をしたときは、当該被現物出資法人に当該移転をした資産及び負債の当該適格現物出資の直前の帳簿価額による譲渡をしたものとして、当該内国法人の各事業年度の所得の金額を計算する。*

【法人税法施行令 119 条 1 項 7 号】

（有価証券の取得価額）

第119条　内国法人が有価証券の取得をした場合には、その取得価額は、次の各号に掲げる有価証券の区分に応じ当該各号に定める金額とする。

七　*適格現物出資により交付を受けた*被現物出資法人の株式　*適格現物出資の直前の移転資産（*適格現物出資により*被現物出資法人に移転した資産をいう。）の帳簿価額から移転負債（*適格現物出資により*被現物出資法人に移転した負債をいう。）の帳簿価額を減算した金額（当該株式の交付を受けるために要した費用がある場合には、その費用の額を加算した金額）

（2）被現物出資法人に関する規定

【法人税法施行令 123 条の 5】

（適格現物出資における被現物出資法人の資産及び負債の取得価額）

第123条の5　内国法人が適格現物出資により現物出資法人から資産の移転を受け、又はこれと併せて負債の移転を受けた場合には、当該移転を受けた資産及び負債の取得価額は、法第 62 条の 4 第 1 項*に規定する帳簿価額に相当する金額（その取得のために要した費用がある場合にはその費用の額を加算した金額*とする。）とする。

【法人税法施行令8条1項8号】
（資本金等の額）
第8条　資本金等の額について、以下の金額が増加する。
八　適格現物出資により移転を受けた資産及び当該資産と併せて移転を受けた負債の純資産価額（現物出資法人の当該適格現物出資の直前の当該資産の帳簿価額*から当該現物出資法人の当該適格現物出資の直前の当該負債の帳簿価額*を減算した金額をいう。）*

非適格現物出資の特徴としては、現物出資に伴う資産負債の移転に係る譲渡損益の取扱いについて個別の規定が存在しないことです。非適格の合併と分割については、法人税法62条（合併及び分割による資産等の時価による譲渡）の規定により、資産及び負債の移転をその時の価額による譲渡をしたものとして取り扱う規定があります。当該規定は、合併又は分割による資産負債の移転が権利義務の包括的な移転であることから、その行為が税務上の「譲渡」に該当するのかどうか不明瞭であるため、これを明確にするために設けられているものと考えられます。これに対して、現物出資の場合は、その行為が譲渡であるということが明らかであるため敢えて個別の規定を設ける必要がありません。これについては、組織再編税制が導入された平成13年の『改正税法のすべて』（大蔵財務協会）において、「現物出資については、従来から、資産等の移転を行った法人が移転資産等の譲渡損益の計上を行うのが原則であるとされており、これに疑義がないことから、平成13年度改正においても移転資産等の譲渡損益の計上に係る原則の規定は設けられていません。」との解説がされています。

[　3　図解でみる現物出資の課税上の取引　]

上記で要約した条文の内容に則して、次の前提をもとに図にまとめます。

【前提】

■現物出資法人A社	移転する資産と負債の帳簿価額の差額　200
■被現物出資法人B社	A社に時価240の株式を交付

【現物出資があった場合の税務上の取引の流れ】

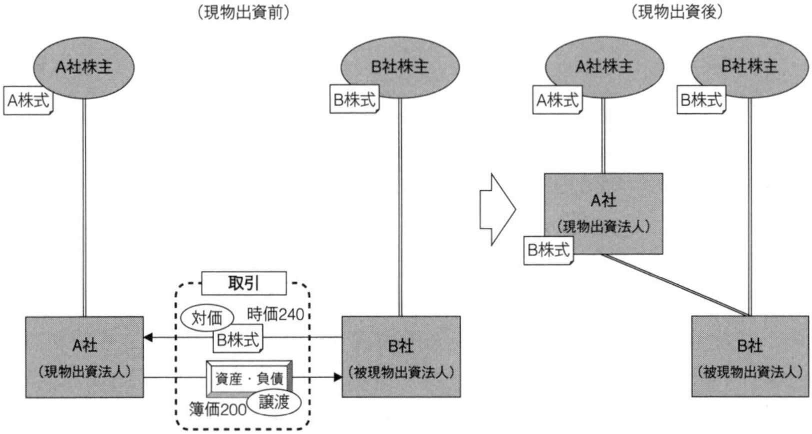

図としてまとめると、現物出資において税務上の取引は一つしか生じていないことがわかります。具体的には、現物出資法人と被現物出資法人との間の取引のみです。合併や分割型分割では、資産負債を譲渡する法人（被合併法人・分割法人）の株主についても課税関係が生じていましたが、現物出資において資産負債を譲渡する法人（現物出資法人＝Ａ社）の株主（Ａ社株主）に課税関係は生じません。したがって、みなし配当の取扱いや利益積立金額の増減といった論点は生じません。この点は分社型分割と同様となります。

［　4　仕訳でみる現物出資における課税上の取引　］

(1)　非適格現物出資の場合

①　現物出資法人の仕訳処理

上記の図の取引を非適格現物出資の場合と適格現物出資の場合に区分して、立場別に仕訳としてまとめます。まずは、非適格現物出資の場合の現物出資法人Ａ社の取扱いです。現物出資法人は、非適格現物出資による資産と負債の移転をその現物出資の時の価額による譲渡をしたものとして取り扱います（前述のとおり、当該取扱いについては法人税法上個別規定としては明文化されていません）。

本具体例において譲渡による対価は被現物出資法人Ｂ社の株式です。

【仕訳】　非適格現物出資における現物出資法人Ａ社の仕訳

（借）	Ｂ　株　式	240	（貸）	資産・負債	200
				譲　渡　益	40

資産負債を時価により譲渡したものと考えますので、当該資産負債の時価と帳簿価額との間に差額がある場合には、譲渡損益が生じることになります。図のケースでは、現物出資による対価の額（Ｂ株式の時価）240から移転する資産負債の帳簿価額（移転簿価純資産価額）200を控除した40が譲渡益となります。

Ｂ社株式の取得価額は、現物出資の相手方である被現物出資法人における資本金等の額の増加額と同様の取扱いになるものと考えます。解説が前後しますが、次の②被現物出資法人の仕訳処理の表中の「増加する資本金等の額」が「給付を受けた金銭以外の資産の価額」である場合においては、現物出資法人が取得する被現物出資法人株式の取得価額は、「給付をした金銭以外の資産の価額」となり（法令119①二）、「現物出資法人に交付した被現物出資法人株式の現物出資の時の価額」である場合には、「その取得の時におけるその有価証券の取得のために通常要する価額」になる（法令119①二十七）という取扱いです。いずれにおいても時価が取得価額となります。考え方については、次の②被現物出資法人の仕訳処理解説をご確認ください。

②　被現物出資法人の仕訳処理

被現物出資法人は、現物出資により現物出資法人の資産負債を取得します。当該取引は出資の受入となりますので、資本等取引として純資産が増加し、資本金等の額の増加として処理をします。

非適格現物出資の場合に増加する資本金等の額については、法人税法施行令８条（資本金等の額）１項１号及び９号において次の２パターンの処理が規定されています。

法　令	区　　　分	増加する資本金等の額
法令8①一	下記に該当しない現物出資	給付を受けた金銭以外の資産の価額
法令8①九	法人税法 62 条の 8 に規定する現物出資	現物出資法人に交付した被現物出資法人株式の現物出資の時の価額

表中の法人税法 62 条の 8 とは、税務上ののれんである資産調整勘定の取扱いに関する規定です。当該規定に該当する現物出資とは、「現物出資の直前において営む事業及び当該事業に係る主要な資産又は負債のおおむね全部が被現物出資法人に移転するもの」とされています。現物出資による資産負債の移転に伴い事業が一体となって移転するのであれば、被現物出資法人が交付する対価もその事業の価値を勘案して計算されることが想定されます。したがって、増加する資本金等の額は、移転する個別の資産負債の時価の合計額ではなく、交付する対価の額（被現物出資法人株式の時価）となります。

これに対し、現物出資が事業の移転を伴わない個別の資産負債の移転である場合には、のれん相当額は生じないと考えられるため、増加する資本金等の額も、交付する対価の額ではなく受け入れた資産負債の時価で計算をします。

本具体例においては、事業の移転を伴うものとして仕訳処理を確認します。被現物出資法人Ｂ社において増加する資本金等の額は交付をした被現物出資法人株式の価額（時価）となります。図における非適格現物出資の場合の被現物出資法人の仕訳は、次のとおりです。

【仕訳】　非適格現物出資における被現物出資法人Ｂ社の仕訳

（借）	資 産・負 債	240	（貸）	資本金等の額※	240

※　交付した被現物出資法人株式の価額（時価）相当が増加する

なお、上述のとおり、資本金等の額の増加額は交付した被現物出資法人株式の現物出資時の価額としていますが、相手勘定科目として受け入れる資産負債の時価純資産価額は必ずしも被現物出資法人株式の現物出資時の価額（240）と一致するとは限りません。受け入れた資産と負債についてはそれぞれ個別の時価で取得価額を付しますので、増加する資本金等の額（交付対価の額）との間に差額が生じた場合には、資産調整勘定（借方差額）又は負債調整勘定（貸方差額）として処理をすることになります。本仕訳においては、借方の資産・負債 240 の中に資産調整勘定又は負債調整勘定が含まれているものとしてご確認下さい（資産調整勘定及び負債調整勘定の詳細については CHAPTER 5 参照）。

(2) 適格現物出資の場合

① 現物出資法人の仕訳処理

続いて適格現物出資の場合の取扱いを立場別に仕訳としてまとめます。まずは、現物出資法人Ａ社です。現物出資法人は、現物出資による資産と負債の移転を「被現物出資法人に移転をした資産及び負債の当該適格現物出資の直前の帳簿価額による譲渡」をしたものとして取り扱います。本具体例において譲渡による対価は被現物出資法人Ｂ社の株式です（法法 62 の 4 ①）。

【仕訳】 適格現物出資における現物出資法人Ａ社の仕訳

（借）	Ｂ　株　式	200	（貸）	資 産・負 債	200

資産と負債の帳簿価額による譲渡とは、譲渡取引における譲渡対価の額を譲渡直前の帳簿価額と同額とする取扱いです。つまり、譲渡対価＝譲渡原価となりますので、資産負債の移転に伴う譲渡損益が生じません。図のケースでは、現物出資による対価の額（Ｂ株式）は時価の 240 ではなく、移転する資産負債の帳簿価額 200 として課税所得の計算を行いますので、譲渡対価 200 から移転する資産負債の帳簿価額 200 を控除しても譲渡損益が生じないことになります。結果として、現物出資時には譲渡益課税が生じないことになります。

また、Ｂ株式の取得価額という観点から当該仕訳を見た場合においても、本仕訳を確認することができます。法人税法施行令 119 条（有価証券の取得価額）1 項 7 号で、適格現物出資により取得する被現物出資法人の株式の取得価額は、適格現物出資の直前の移転資産の帳簿価額から移転負債の帳簿価額を減算した金額とされており、本ケースにおいて借方において計上されるＢ株式の取得価額は 200 となります。

② 被現物出資法人の仕訳処理

被現物出資法人は、現物出資法人の資産負債を取得します。被現物出資法人における資産負債の取得価額は、法人税法施行令123条の5（適格現物出資における被現物出資法人の資産及び負債の取得価額）において、移転資産負債の現物出資法人における帳簿価額に相当する金額とし、その取得のために要した費用がある場合には、その費用の額を加算した金額とされています。

また、当該取引は出資の受入となりますので資本等取引として純資産が増加し、資本金等の額の増加として処理をします。適格現物出資により増加する資本金等の額については、法人税法施行令8条（資本金等の額）1項8号において、現物出資法人の適格現物出資の直前の移転資産の帳簿価額から移転負債の帳簿価額を減算した金額とされます。

以上をまとめると、次の仕訳となります。

【仕訳】 適格現物出資における被現物出資法人B社の仕訳

（借）	資 産・負 債	200	（貸）	資本金等の額※	200

※ 取得のため要した費用の額はないものとします。

仕訳にするととてもシンプルで、資産負債を現物出資法人の帳簿価額200で受け入れ、同額の資本金等の額が増加する処理となります。なお、適格現物出資は資産負債を帳簿価額で取得したとされますが、適格合併や適格分割型分割と異なり相手方の純資産を引き継ぐ取扱いではないため、利益積立金額に増減が生じることはありません。

SECTION
02　適格現物出資の要件

[　1　適格要件の基本的な考え方　]

法人税法上、現物出資は合併や分割と同様に組織再編成の一つとして規定されているため、適格要件を満たす場合には現物出資に伴う資産負債の移転について課税の繰延べが図られます。

適格現物出資は、合併や分割の場合と同様に、①企業グループ内の現物出資と②共同で事業を行うための現物出資の二つに区分されます。適格組織再編成は「移転資産等に対する支配が継続している場合に、従前の課税関係を継続させる」（『改正税法のすべて（平成 13 年度版）』大蔵財務協会）という趣旨で設けられている制度ですが、①と②で前提条件が異なるため、それぞれ適格要件も異なります。①の企業グループ内の現物出資については、企業グループ内での資産等の移転となるため、「移転資産等に対する支配が継続している」という形式が整いやすく、適格要件もシンプルです。これに対し、②の共同で事業を行うための現物出資は、第三者間の現物出資が想定されているため、①と比較するとより細かい要件を充足することが求められます。

以上の内容は合併・分割と同様ですが、現物出資については、これらのほかに特徴的な論点があります。それは、適格要件の判定上、現物出資の当事者（現物出資法人・被現物出資法人）に関して外国法人の取扱いが含まれている点です。

日本国内で行われる合併や分割は日本の法律に準拠して行われる行為であるため、内国法人同士で行うことが前提となり、内国法人と外国法人の間で直接合併や分割を行うことは想定されません。外国の法律に準拠して行う外国法人同士の合併や分割（日本の合併や分割に類似する行為）についても日本の課税上の論点が生じる可能性はありますが、外国法人について特別な規定が定められているわけではなく、内国法人に関する取扱いと同様の規定の中で適格要件等の課税上の取扱いを検討することになります。

これに対して現物出資は、内国法人から外国法人への現物出資なども想定されます。内国法人と外国法人との間で行われる資産負債の移転について課税の繰延べを行うと、日本国内で資産負債の含み損益に課税を行うことのないまま、国外に所得が移転してしまう可能性がありますので、不適切な課税の繰延べが行われないように適格要件が定められています。この点については、本 SECTION の最後で確認をします。

なお、合併と分割の適格要件を確認した際には、まずはじめに共通要件として対価要件を確認しました。合併又は分割に伴って交付される対価が合併法人株式又は分割承継法人株式のみであり、現金等が含まれていないこととする要件です。現物出資の条文にもこのような規定がありますが、実際には出資の対価として現金が交付されることはありませんので、対価要件に関する解説は行いません。

この項目で紹介する条文

【法人税法施行令4条の3第13項】

（適格組織再編成における株式の保有関係等）

第4条

13　法第2条第12号の14イに規定する政令で定める関係は、次に掲げるいずれかの関係とする。

一　現物出資前（*単独新設現物出資*である場合にあつては、現物出資後）に当該現物出資に係る現物出資法人と被現物出資法人*との間にいずれか一方の法人による完全支配関係がある現物出資の次に掲げる区分に応じそれぞれ次に定める関係（次号に掲げる関係に該当するものを除く。）

イ　新設現物出資以外の現物出資のうち当該現物出資前に当該現物出資に係る現物出資法人と被現物出資法人との間にいずれか一方の法人による完全支配関係があるもの　当該現物出資後に当該現物出資法人と被現物出資法人との間に当該いずれか一方の法人による完全支配関係が継続すること*が見込まれている場合における当該現物出資法人と被現物出資法人との間の関係

ロ　単独新設現物出資のうち当該単独新設現物出資後に当該単独新設現物出資に係る現物出資法人と被現物出資法人との間に当該現物出資法人による完全支配関係があるもの　当該単独新設現物出資後に当該完全支配関係が継続すること*が見込まれ

ている場合における当該現物出資法人と被現物出資法人との間の関係

二　現物出資前（当該現物出資が単独新設現物出資である場合にあつては、現物出資後）に当該現物出資に係る現物出資法人と被現物出資法人*との間に同一の者による完全支配関係がある現物出資の次に掲げる区分に応じそれぞれ次に定める関係

イ　新設現物出資以外の現物出資のうち当該現物出資前に当該現物出資に係る現物出資法人と被現物出資法人との間に同一の者による完全支配関係があるもの　当該現物出資後に当該現物出資法人と被現物出資法人との間に当該同一の者による完全支配関係が継続すること*が見込まれている場合における当該現物出資法人と被現物出資法人との間の関係

ロ　単独新設現物出資のうち当該単独新設現物出資後に当該単独新設現物出資に係る現物出資法人と被現物出資法人との間に同一の者による完全支配関係があるもの　当該単独新設現物出資後に当該完全支配関係が継続すること*が見込まれている場合における当該現物出資法人と被現物出資法人との間の関係

[　2　企業グループ内現物出資の適格要件　]

(1) 現物出資法人と被現物出資法人との間に完全支配関係がある場合の適格要件

企業グループ内の適格現物出資は、現物出資法人と被現物出資法人との間に「完全支配関係」がある場合と「支配関係」がある場合の二つの類型に区分されます。完全支配関係は100％の資本関係、支配関係は50％超の資本関係のことをいいます（完全支配関係と支配関係の意義についてはCHAPTER 2のSECTION 3参照）。

完全支配関係がある場合の類型においては次の関係性の要件を満たすことで、適格現物出資に該当します（法人を設立する現物出資で2以上の法人が行うもの（複数新設現物出資）の取扱いについては解説を省略します）。

【関係性の要件（法令4の3⑬の要約）】

※複数新設現物出資及び株式分配に関する部分の記載は省略しています。

■新設現物出資以外の現物出資

① いずれか一方の法人による完全支配関係

現物出資前に当該現物出資に係る現物出資法人と被現物出資法人との間にいずれか一方の法人による完全支配関係があるもの

…当該現物出資後に当該完全支配関係が継続することが見込まれている場合における当該完全支配関係

（注1） 現物出資後に他方の法人（現物出資法人及び被現物出資法人のうち、当該いずれか一方の法人以外の法人をいう。）を被合併法人とする適格合併を行うことが見込まれている場合には、現物出資の時から適格合併の直前の時まで当該完全支配関係が継続すること。

（注2） 現物出資後に当該いずれか一方の法人を被合併法人とする適格合併を行うことが見込まれている場合には適格合併に係る合併法人は、適格合併後においては、当該いずれか一方の法人とみなして本規定を適用します。

② 同一の者による完全支配関係

現物出資後に現物出資法人と被現物出資法人との間に同一の者による完全支配関係が継続することが見込まれている場合

…当該現物出資法人と被現物出資法人との間の関係

（注1） 現物出資後に当該現物出資法人又は被現物出資法人を被合併法人とする適格合併を行うことが見込まれている場合には、現物出資の時から適格合併の直前の時まで当該完全支配関係が継続することが見込まれている場合とされます。

（注2） 現物出資後に当該同一の者を被合併法人とする適格合併を行うことが見込まれている場合には、適格合併に係る合併法人は、当該適格合併後においては、当該同一の者とみなして本規定を適用します。

■単独新設現物出資

① 現物出資法人による完全支配関係

単独新設現物出資のうち当該単独新設現物出資後に当該単独新設現物出資に係る現物出資法人と被現物出資法人との間に当該現物出資法人による完全支配関係があるもの

…単独新設現物出資後に当該完全支配関係が継続することが見込まれている場合における当該現物出資法人と被現物出資法人との間の関係

（注１）　当該単独新設現物出資後に当該被現物出資法人を被合併法人とする適格合併を行うことが見込まれている場合には、当該単独新設現物出資の時から当該適格合併の直前の時まで当該完全支配関係が継続すること。

（注２）　当該現物出資後に当該現物出資法人を被合併法人とする適格合併を行うことが見込まれている場合には当該適格合併に係る合併法人は、当該適格合併後においては、当該現物出資法人とみなして本規定を適用します。

②　同一の者による完全支配関係

単独新設現物出資のうち当該単独新設現物出資後に当該単独新設現物出資に係る現物出資法人と被現物出資法人との間に同一の者による完全支配関係があるもの

…当該単独新設現物出資後に当該完全支配関係が継続することが見込まれている場合における当該現物出資法人と被現物出資法人との間の関係

（注１）　当該単独新設現物出資後に当該現物出資法人を被合併法人とする適格合併を行うことが見込まれている場合には、当該単独新設現物出資の時から当該適格合併の直前の時まで当該完全支配関係が継続すること。

（注２）　当該現物出資後に当該同一の者を被合併法人とする適格合併を行うことが見込まれている場合には当該適格合併に係る合併法人は、当該適格合併後においては、当該同一の者とみなして本規定を適用します。

(2) 現物出資法人と被現物出資法人との間に支配関係がある場合の適格要件

上記(1)の完全支配関係がある場合の類型における適格判定は、現物出資法人と被現物出資法人の関係性のみを要件としています。これに対し、支配関係がある場合の類型における適格判定は関係性の要件に加え、事業に関する要件を満たす必要が生じます。グループ内であっても、外部株主が存在する法人間での現物出資となるため、「移転資産等に対する支配の継続」という観点から一定の要件を付しています。

まず、対象となる支配関係については、(1)の①～③に記載した内容について「完全支配関係」を「支配関係」と読み替えた場合の関係となります（法令４の３⑬）。なお、支配関係とは50％超の資本関係であり、100％の資本関係も含まれる表現であることから、現物出資法人と被現物出資法人との間に完全支配関係がある場合には、同時に支配関係もあることになります。そのため、支配関係がある場合の適格現物出資からは、完全支配関係がある場合は除かれ、重複適用がないように手当てされています（上記(1)の取扱いが優先されます）。

続いて、支配関係がある場合の適格要件のうち事業に関する要件です。次の①〜③の全ての要件を満たす必要があります。

【事業に関する要件（法法２十二の十四ロ）】

① 資産・負債引継要件

現物出資事業（現物出資法人の現物出資前に行う事業のうち、当該現物出資により被現物出資法人において行われることとなるもの）に係る主要な資産及び負債が被現物出資法人に移転していること

② 従業者引継要件

現物出資直前の現物出資事業に係る従業者のうち、その総数のおおむね80％以上が現物出資後に被現物出資法人又は被現物出資法人との間に完全支配関係がある法人の業務に従事することが見込まれていること

③ 事業継続要件

現物出資事業が現物出資後に被現物出資法人又は被現物出資法人との間に完全支配関係がある法人において引き続き行われることが見込まれていること

（注） 現物出資後に行われる適格合併により現物出資事業が合併法人に移転することが見込まれている場合には、当該合併法人及び合併法人との間に完全支配関係がある法人を含みます。

①の資産・負債引継ぎ要件は、分割には同様の要件がありますが、合併にはない要件となりますので注意が必要です。

②の「従業者」とは、事業に現に従事する者をいい、役員、使用人のほか出向により受け入れている者等も含むこととされます。日給支給の日雇いの労働者については、法人の選択により含めないことができる（したがって、原則は含まれる）こととされているため、パートやアルバイトなどの正社員以外の者についても人数に含まれるものと考えられます。これに対し、下請先の従業員は、例えば自己の工場

内でその業務の特定部分を継続的に請け負っている企業の従業員であっても、従業者には該当しないこととされます（法基通1—4—4)。

②の「被現物出資法人の業務」は現物出資により移転した事業（現物出資事業）に限らず、被現物出資法人の既存の業務を含みます。また「被現物出資法人の業務に従事することが見込まれていること」には、現物出資法人の現物出資直前の従業者が出向により分割承継法人の業務に従事する場合が含まれます（法基通1—4—10)。

[　3　共同で事業を行うための現物出資の適格要件　]

(1) 共同事業要件

続いて資本関係が50％以下の法人間の適格現物出資について確認をします。グループ企業間ではない法人同士で行われる現物出資が適格現物出資に該当するためには、合併や分割の場合と同様に「共同事業要件」と呼ばれる要件を満たす必要があります。共同事業要件は、現物出資に伴って統合する事業が相互に関連性のあるものであり、かつ、当該現物出資が対等に近い状況で行われることが要件とされています。具体的には、次の表の要件を全て満たす必要があります。

【適格現物出資の共同事業要件（法令4の3⑮、法規3)】

要件				内容
①	事業関連性要件		□	現物出資により移転する現物出資法人の事業と被現物出資法人の現物出資前に行ういずれかの事業とが相互に関連すること
			□	現物出資法人及び被現物出資法人のいずれにおいても事務所等の固定施設を所有又は賃借していること
			□	現物出資法人及び被現物出資法人のいずれにおいても従業者があること（役員のみの場合には、常勤役員であること）
			□	自己の名義をもって、かつ、自己の計算において商品販売等の事業を営んでいること
②	右のいずれかの要件を満たすこと	事業規模要件	□	現物出資事業とこれに関連する被現物出資法人の現物出資前に行ういずれかの事業のそれぞれの売上金額、従業者数又はこれらに準ずるものの規模の割合がおおむね5倍を超えないこと（いずれか一つの指標が5倍を超えなければ要件を充足します）
		特定役員要件	□	現物出資前の現物出資法人の役員等のいずれかと被現物出資法人の特定役員のいずれかとが現物出資後に被現物出資法人の特定役員となることが見込まれていること
③	資産・負債引継要件		□	現物出資事業に係る主要な資産及び負債が被現物出資法人に移転していること
④	従業者引継要件		□	現物出資事業に係る従業者のおおむね80％以上が現物出資後に被現物出資法人又は被現物出資法人との間に完全支配関係がある法人の業務に従事することが見込まれていること
⑤	事業継続要件		□	現物出資事業（「事業関連性要件」において関連性のあるとした事業に限る）が現物出資後に被現物出資法人又は被現物出資法人との間に完全支配関係がある法人において引き続き行われることが見込まれていること
⑥	株式継続保有要件		□	現物出資法人が交付を受ける被現物出資法人株式の全部を継続して保有することが見込まれていること

（注） ④～⑥については、現物出資後さらに適格合併が行われる場合の取扱いが規定されていますが、本書においては解説を省略します。

(2) 事業関連性要件

(1)表中の①の事業関連性要件は、現物出資法人の現物出資事業（現物出資法人の現物出資前に行う事業のうち当該現物出資により被現物出資法人において行われることとなるもの、つまり現物出資により移転する事業をいいます）と当該現物出資に係る被現物出資法人の被現物出資事業（被現物出資法人の現物出資前に行う事業のうちいずれかの事業をいいます）とが相互に関連するものであることとされます。事業に関連性があるかどうかについては、事業が同種である場合だけでなく、それぞれの事業に係る商品や役務又は経営資源（有形の設備のほか、無形の知的財産権や生産技術、技能、知識、生産方式など、法人の経営において利用される資源をいいます）を相互に活用する場合などにおいても認められます。これらの要件の判定において数値等による形式基準はありませんので、当事者である法人自ら関連性があるかどうかの判断を行うことになります。

実務においては、税務調査等に備え、どのような基準をもとに事業関連性があると判断したのか（又は事業関連性がないと判断したのか）を事前に整理し、書面等にまとめておくことが望ましいものと考えます。なお、固定施設がない場合や従業者がない場合には、事業実態がないと判断され事業関連性要件は満たしません。

(3) 事業規模要件と特定役員要件

事業規模要件と特定役員要件は、いずれか一方を満たせばよいとされます。当該要件で判定しているのは、当該現物出資がいわゆる買収ではなく対等な関係での事業の統合であるかという点です。特定の指標に基づいた会社規模がおおむね同等であれば、対等な関係と判断され要件を充足します。具体的には、⑴表中の②のとおり、指標の規模が５倍以内であることが要件とされます。

一方、事業規模が大きく異なる事業同士の統合であっても、特定役員要件を満たす場合には、対等な関係での現物出資と判断されます。特定役員要件における特定役員とは、社長、副社長、代表取締役、専務取締役、常務取締役又はこれらに準ずる者で法人の経営に従事している者をいいます。つまり、役員の中でも経営の中枢にいる者のみが対象となります。現物出資法人の役員が現物出資による事業統合後に被現物出資法人の特定役員として経営の中枢に参画し、被現物出資法人の特定役員が引き続き特定役員を継続するということであれば、税務上は対等な関係での現物出資と見ることになります。

なお、適格合併の判定における事業規模要件においては、規模判定の指標として資本金の額がありましたが、現物出資においては資本金の額による判定を行うことはできませんので留意する必要があります。

(4) 資産・負債引継要件、従業者引継要件及び事業継続要件

資産・負債引継要件、従業者引継要件及び事業継続要件は、現物出資法人と被現物出資法人との間に支配関係がある場合の適格現物出資と同じ要件ですが、事業継続要件において継続すべきは、現物出資事業のうち、事業関連性要件で関連性があるとして判定した事業となります。例えば、現物出資によりＡ事業とＢ事業が移転した場合において、Ａ事業と被現物出資法人の事業に関連性があると判断し、Ｂ事業に関連性はないと判断したときは、Ａ事業が継続する必要があり、仮にＢ事業のみが継続する場合には、要件は充足しないことになります。

[4 適格要件のまとめ]

以上の適格現物出資の要件をまとめると次の表のとおりとなります。○を付した箇所について要件を充足する必要があります。資本関係が薄まるにつれて要件が多くなることがわかります。

【適格要件のまとめ】

要件	企業グループ内の現物出資		共同事業を行うための現物出資
	完全支配関係	支配関係	
対価要件(注)	○	○	○
同一の者継続保有要件(兄弟会社等の場合)	○	○	—
資産負債引継要件		○	○
従業者引継要件	—	○	○
事業継続要件	—	○	○
事業関連性要件	—	—	○
事業規模要件又は特定役員要件	—	—	○
株式継続保有要件	—	—	○

(注) 条文上は対価要件が規定されていますが、実際には現物出資に伴って現金等の資産が交付されることはありません。

[　5　外国法人が関係する場合の取扱い　]

(1)「帰属主義」の考え方

続いて、現物出資に外国法人が関係する場合の適格要件について確認をします。企業グループ内の現物出資及び共同事業を営むための現物出資の全てに共通する要件です。

まずは、具体的な内容に入る前に、外国法人に対する課税原則である「帰属主義」について確認をします。もともと日本の法人税法において外国法人に対する課税は「総合主義」と呼ばれる課税方式を採用していましたが、平成26年度税制改正により見直しが行われ、平成28年4月1日以後開始する事業年度の所得に対する法人税から「帰属主義」が適用されることとなりました。

外国法人が日本国内に支店等の恒久的施設（Permanent Establishment：以下「PE」とします）を有する場合には、日本の事業に係る所得について、日本の法人税の納税義務が生じます。帰属主義を採用する場合の「日本の事業に係る所得」とは、そのPEが本店等（本店、支店、工場その他これらに準ずるもので当該PE以外のものをいいます）から分離・独立した企業であると擬制した場合に得られるべき所得、つまりPEに帰属する所得をいいます。したがって、外国法人が日本において事業所得を稼得した場合においても、その所得がPEに帰属せず本店等に帰属する場合には、原則として日本における課税は生じません（不動産に係る所得など一定の所得については課税が生じる場合があります）。また、これとは反対に、外国法人が日本国外で稼得した所得であっても当該PEに帰属するものについては日本の課税対象となります。このような所得の捉え方を「帰属主義」と呼びます。

さらに、帰属主義に変更後の計算の特徴として「内部取引」という考え方があります。PEを本店等から分離・独立した企業と考えて所得を計算しますので、PEと本店等との間における資産の移転や役務の提供などについても内部取引として「取引」を認識し、その内部取引が時価（移転価格制度における独立企業間価格）で行われたものとして、PEに帰属する所得の計算を行うこととなります（日本国内の不動産の移管など特定の内部取引については、独立企業間価格ではなく内部取引直前の簿価で取引されたものとしてPEに帰属する所得を計算する取扱いもあります）。

以上の考え方を踏まえ、現物出資に外国法人が関係する場合の適格要件について確認をします。法人税法 2 条 12 号の 14 においては、外国法人が関係するケースとして、前段の文章のカッコ書きに三つのケースが規定されていますが、そのうち 1 ケースを解説し、考え方を整理します。

(2) 外国法人に対する国内資産の移転

法人が外国法人に対して国内にある資産又は負債として次に掲げる資産又は負債の現物出資を行う場合には、原則として、適格現物出資に該当しません。

・　国内にある不動産
・　国内にある不動産の上に存する権利
・　鉱業法の規定による鉱業権
・　採石法の規定による採石権
・　その他国内にある事業所に属する資産（外国法人の発行済株式等の総数の 25 %以上の数の株式を有する場合におけるその外国法人の株式を除く）又は負債

ただし、現物出資により移転する当該資産又は負債の全部が外国法人の日本における恒久的施設（PE）に帰属する場合には、適格現物出資となります。この例外的に適格現物出資とする取扱いは平成 28 年度税制改正により設けられたものであり、平成 28 年 4 月 1 日以後開始事業年度から適用されます。これは外国法人に対する課税原則につき「帰属主義」の考え方が導入されたことに伴う改正であり、当該現物出資につき課税の繰延べを行うことについて、日本の税制上の不都合が生じなくなることから適格現物出資として取り扱うことになりました。

具体的には、外国法人の PE に帳簿価額で資産を移転したとしても、その後外国法人が内部取引により本店等に移転を行う際には、その取引は原則として時価（独立企業間価格）で行われたものとし、日本国内で課税が生じます。したがって、この場合には日本国内で永久的な課税漏れが生じることがないため適格現物出資として取り扱うことに改正されました。

【外国法人に対する国内資産の移転が適格現物出資となる場合】

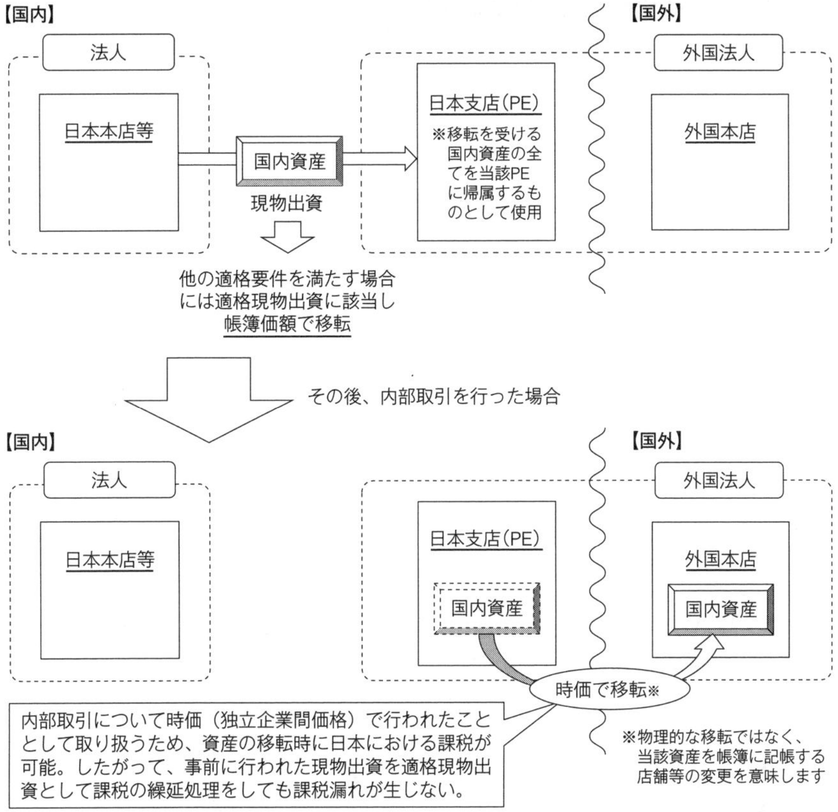

以上のように、帰属主義の導入に伴う外国法人への課税の影響を考慮して、日本国内で適切な課税が行われるよう現物出資の適格要件について制度の整備が図られています。

SECTION
03 現物出資と消費税

[1 現物出資に関する消費税の規定]

消費税法４条において、消費税の課税の対象となる取引は次のとおり規定されています。

この項目で紹介する条文

【消費税法４条１項】

（課税の対象）

第４条　国内において事業者が行つた資産の譲渡等（特定資産の譲渡等に該当するものを除く。第３項において同じ。）及び特定仕入れ（事業として他の者から受けた特定資産の譲渡等をいう。以下この章において同じ。）には、この法律により、消費税を課する。

【消費税法２条１項８号】

（定義）

第２条

八　資産の譲渡等　事業として対価を得て行われる資産の譲渡及び貸付け並びに役務の提供（代物弁済による資産の譲渡その他対価を得て行われる資産の譲渡若しくは貸付け又は役務の提供に類する行為として政令で定めるものを含む。）をいう。

【消費税法施行令２条１項２号】

（資産の譲渡等の範囲）

第２条　法第２条第１項第８号に規定する対価を得て行われる資産の譲渡若しくは貸付け又は役務の提供に類する行為として政令で定めるものは、次に掲げるものとする。

二　金銭以外の資産の出資（特別の法律に基づく承継に係るものを除く。）

【消費税法 28 条】
（課税標準）
第 28 条　課税資産の譲渡等に係る消費税の課税標準は、課税資産の譲渡等の対価の額（対価として収受し、又は収受すべき一切の金銭又は金銭以外の物若しくは権利その他経済的な利益の額とし、課税資産の譲渡等につき課されるべき消費税額及び当該消費税額を課税標準として課されるべき地方消費税額に相当する額を含まないものとする。以下この項及び第 3 項において同じ。）とする。＊

【消費税法施行令 45 条】
（課税資産の譲渡等及び特定課税仕入れに係る消費税の課税標準の額）
第 45 条　法第 28 条第 1 項及び第 2 項に規定する金銭以外の物又は権利その他経済的な利益の額は、当該物若しくは権利を取得し、又は当該利益を享受する時における価額とする。
2　次の各号に掲げる行為に該当するものの対価の額は、当該各号に定める金額とする。
三　金銭以外の資産の出資　当該出資により取得する株式（出資を含む。）の取得の時における価額に相当する金額
3　事業者が課税資産の譲渡等（特定資産の譲渡等に該当するものを除く。以下この項において同じ。）に係る資産（以下この項において「課税資産」という。）と課税資産の譲渡等以外の資産の譲渡等に係る資産（以下この項において「非課税資産」という。）とを同一の者に対して同時に譲渡した場合において、これらの資産の譲渡の対価の額（法第 28 条第 1 項に規定する対価の額をいう。以下この項において同じ。）が課税資産の譲渡の対価の額と非課税資産の譲渡の対価の額とに合理的に区分されていないときは、当該課税資産の譲渡等に係る消費税の課税標準は、これらの資産の譲渡の対価の額に、これらの資産の譲渡の時における当該課税資産の価額と当該非課税資産の価額との合計額のうちに当該課税資産の価額の占める割合を乗じて計算した金額とする。

条文中の「特定資産の譲渡等」及び「特定仕入れ」は現物出資に関係しませんので、解説は省略します。これらを省略して消費税法 4 条 1 項を読むと、消費税の課税対象となる取引は「国内において事業者が行った資産の譲渡等」ということになります。したがって、現物出資による資産の移転が「資産の譲渡等」に該当する場合には、国内において事業者が行う現物出資による取引は消費税の課税の対象とな

ります。

消費税の課税の対象となる資産の譲渡等とは、消費税法２条８号において「事業として対価を得て行われる資産の譲渡及び貸付け並びに役務の提供」と規定されています。さらに、譲渡性や対価性が不明瞭な取引のうち一定の取引については消費税法施行令２条において「資産の譲渡等に類する行為」として課税の対象となる取引が列挙されています。この資産の譲渡等に類する行為のうちに「金銭以外の資産の出資」が規定されているため、現物出資は消費税の課税対象とされます。

［　2　現物出資が消費税の課税対象となる理由　］

現物出資が消費税の課税対象取引とされるのは、『DHC コンメンタール消費税法』（第一法規）において会社法上の会社設立の一形態である事後設立との課税のバランスを図る観点からと解説されています。事後設立とは、金銭の出資により会社を設立した後、その金銭を対価として資産（及び負債）を譲渡する行為を言います。金銭を対価として資産の譲渡を行いますので、その取引は消費税法の資産の譲渡等そのものであり、消費税の課税の対象となります。会社法の会社設立の一形態である現物出資も同様の経済効果が生じることから、消費税の課税対象とすることでバランスを図っています。

このように現物出資による資産の移転については、消費税の課税対象となります。これに対して、同じ組織再編行為である合併と分割による資産の移転は、法人の権利義務の全部又は一部を他の法人に包括的に承継させる行為であるため、消費税の取扱いにおける資産の譲渡には該当しません。また、消費税法施行令２条の資産の譲渡等に類する行為にも定めがないため、消費税の課税対象となる取引とはなりません。

なお、消費税法施行令２条２号の金銭以外の資産の出資からはカッコ書きで「特別の法律に基づく承継に係るもの」が除かれています。これは平成 15 年度税制改正において、当時進められていた特殊法人等改革に伴って設けられた規定です。具体的には既存の特殊法人等を独立行政法人化するなどに当たり現物出資が多く用いられる中、その事業の承継が実態的には合併や分割と同様に一体的・包括的に行われるものとして、課税の対象から除外することとなりました（『平成 15 年版改正税法のすべて』財団法人大蔵財務協会、参照）。

［ 3 現物出資を行った場合の消費税の計算 ］

(1) 消費税の課税標準に関する規定

次に、現物出資を行った場合の具体的な消費税の計算について確認をします。まずは、消費税の課税標準についての規定を確認します。

この項目で紹介する条文

【消費税法 28 条（課税標準）】

第 28 条　課税資産の譲渡等に係る消費税の課税標準は、課税資産の譲渡等の対価の額（対価として収受し、又は収受すべき一切の金銭又は金銭以外の物若しくは権利その他経済的な利益の額とし、課税資産の譲渡等につき課されるべき消費税額及び当該消費税額を課税標準として課されるべき地方消費税額に相当する額を含まないものとする。以下この項及び第 3 項において同じ。）とする。＊

【消費税法施行令 45 条（課税資産の譲渡等及び特定課税仕入れに係る消費税の課税標準の額）】

第 45 条　法第 28 条第 1 項及び第 2 項に規定する金銭以外の物又は権利その他経済的な利益の額は、当該物若しくは権利を取得し、又は当該利益を享受する時における価額とする。

2　次の各号に掲げる行為に該当するものの対価の額は、当該各号に定める金額とする。

三　金銭以外の資産の出資　当該出資により取得する株式（出資を含む。）の取得の時における価額に相当する金額

3　事業者が課税資産の譲渡等（特定資産の譲渡等に該当するものを除く。以下この項において同じ。）に係る資産（以下この項において「課税資産」という。）と課税資産の譲渡等以外の資産の譲渡等に係る資産（以下この項において「非課税資産」という。）とを同一の者に対して同時に譲渡した場合において、これらの資産の譲渡の対価の額（法第 28 条第 1 項に規定する対価の額をいう。以下この項において同じ。）が課税資産の譲渡の対価の額と非課税資産の譲渡の対価の額とに合理的に区分されていないときは、当該

課税資産の譲渡等に係る消費税の課税標準は、これらの資産の譲渡の対価の額に、これらの資産の譲渡の時における当該課税資産の価額と当該非課税資産の価額との合計額のうちに当該課税資産の価額の占める割合を乗じて計算した金額とする。

消費税の課税取引があった場合におけるその消費税の課税標準は、金銭等の対価がある場合には、その対価の額とされます。現物出資については、その取引の形態が特殊であるため、消費税法施行令45条2項3号において個別に課税標準に関する取扱いが定められています。具体的には、「当該出資により取得する株式（出資を含む。）の取得の時における価額に相当する金額」、つまり、現物出資により取得する株式の時価が課税標準とされます。課税標準の規定は消費税の売上側の視点で規定されていますので、「取得する」との表現で規定されていますが、交付側（消費税の仕入側）も同様の取扱いとなります。

また、現物出資については、単独の資産のみが出資されるだけでなく、複数の資産が同時に出資されるケースも想定されます。この場合において、複数の資産の中に消費税の課税資産と非課税資産が含まれ、かつ、その対価の額が合理的に区分されていないときは、対価の額をそれぞれの時価比で按分し課税資産対応分を消費税の課税標準額とします。

(2) 具体例（事業譲渡の場合）

上記の規定に基づき、現物出資があった場合の消費税の計算について具体例で確認をしていきますが、まずは取扱いを整理するために金銭を対価とする「事業譲渡」があった場合の具体例から確認をします。

【具体例1】

＜前提＞

① 事業譲渡する資産及び負債

土　地　帳簿価額100（時価1,000）

建　物　帳簿価額250（時価200）

借入金　帳簿価額300（時価300）

② 対価（金銭）1,300

③ ①に掲げる移転資産の時価1,200（土地1,000＋建物200）から移転負債の時

価300（借入金300）を控除した金額900と対価1,300との差額400は、営業権代として支払った額である。

＜仕訳処理＞

（譲渡側）

（借）	現預金	1,300	（貸）	土地	100
	借入金	300		建物	250
				譲渡益	1,250

（譲受側）

（借）	土地	1,000	（貸）	現預金	1,300
	建物	200		借入金	300
	営業権	400			

※　それぞれ税込処理を前提としています。

事業譲渡を行う場合、資産のほか負債についても譲渡の対象とされることがありますが、負債の譲渡は、消費税法における資産の譲渡等に該当しませんので、課税の対象となりません。したがって、具体例における借入金300の移転は、消費税の課税対象となりません。事業譲渡における消費税の計算は、「譲渡した資産」について、その課税標準となる「対価の額」を検討することになります。

具体例において、「譲渡した資産」とは、まず土地と建物が挙げられます。土地は消費税の非課税取引、建物は消費税の課税取引となりますので、課税標準の計算が必要となるのは建物となります。

具体例においては、さらに③に掲げる営業権も「譲渡した資産」に含まれます。事業譲渡における全体の譲渡対価の額は、通常、移転する個別資産・負債の時価の積み上げだけでなく、移転する事業の収益性等を考慮して決定しますので、移転する個別の資産・負債の時価の差額（移転時価純資産価額）と対価の額が一致しないケースがあります。移転時価純資産価額よりも対価のほうが大きい場合には、その金額はのれん（営業権）として計上されます。消費税の取扱いにおいて、のれん（営業権）のような無形資産に対する対価の支払いについても課税取引とされますので、具体例の営業権は「譲渡した資産」に含まれることになります。

続いて、これら「譲渡した資産」の消費税の課税標準となる「対価の額」ですが、その取扱いとして、国税庁より「質疑応答事例（営業の譲渡をした場合の対価の額)」が公表されています。当該事例の解説によれば、『営業の譲渡は営業に係る資産、負債の一切を含めて譲渡する契約であり、資産の譲渡については課税資産と非課税資産を一括して譲渡するものと認められますから、課税資産と非課税資産の対価の額を合理的に区分して課税することとなります』との記載があります。その上で、具体的な計算としては、対価の額について負債の額を控除せず、個々の資産の時価がそれぞれの対価の額であるとする計算としています。

当該取扱いを本具体例に当てはめると、土地の非課税売上高は時価の 1,000、建物の課税売上高は時価の 200、営業権の課税売上高は移転時価純資産 900 と対価として支払った金銭の額 1,300 との差額 400 となります。なお、営業権の取扱いについては売り手と買い手の双方が営業権を個別の資産 400 として認識して取引した場合はもちろん、全体の対価と個別資産の差額として計算した場合のいずれにおいても課税取引になるものと考えます。

以上の取扱いを再度規定に当てはめて整理をします。課税資産と非課税資産を一括譲渡した場合において、それぞれの対価の額が合理的に区分されていないときは、全体の対価の額を譲渡資産の時価で按分することになりますが、質疑応答事例によれば個別資産の時価がそれぞれの資産の対価の額とされています。このような取扱いとされるのは、まず全体の資産の譲渡等の対価の額は、譲受先に引き継ぐ負債の額 300 と金銭による対価 1,300 の合計額 1,600 であることが前提にあると考えられます。その上で、対価 1,600 を譲渡資産の時価で按分しているものと考えられます。この場合、対価の額の合計と譲渡資産の額の合計は一致しますので、結果として個々の資産の時価が、それぞれの資産の譲渡に係る対価の額となります。

なお、仮に事業譲渡による移転時価純資産の価額よりも事業譲渡対価の額のほうが小さい場合には、その差額は負ののれんとなります。この場合、負ののれんは譲渡対価にならないものと考えられますので、譲渡した資産の消費税の課税標準となる対価の額は、金銭等により支出した対価の額（負債を移転している場合には当該金額を加算した金額）を譲渡した資産の時価で按分していくことになるものと考えます。

(3) 具体例（現物出資の場合）

続いて、現物出資があった場合の消費税の計算について具体例で確認をします。

【具体例2】

＜前提＞

①　現物出資する資産及び負債

土　地　帳簿価額100（時価1,000）

建　物　帳簿価額250（時価200）

借入金　帳簿価額300（時価300）

②　対価（株式）　時価900

※　解説の論点をシンプルにするため、具体例1と異なり、対価として交付する株式の時価は移転純資産の時価と同額にしています。

③　非適格現物出資に該当する。

＜仕訳処理（税務上）＞

（譲渡側）

（借）	株　　式	900	（貸）	土　　地	100
	借 入 金	300		建　　物	250
				譲 渡 益	850

（譲受側）

（借）	土　　地	1,000	（貸）	借 入 金	300
	建　　物	200		資本金等の額	900

※　それぞれ税込処理を前提としています。

具体例2における消費税の取扱いが、具体例1で確認をした事業譲渡と同様の取扱いになるのであれば、土地の非課税売上高が時価の1,000、建物の課税売上高が時価の200となります。ただし、現物出資の場合にはこのような取扱いとはなりません。現物出資の場合の資産の譲渡等の対価の額は、「当該出資により取得する株式（出資を含む。）の取得の時における価額に相当する金額」、つまり、現物出資により取得する株式の時価とされているためです。したがって、交付した株式の時価900が全体の対価の額となり、これを譲渡した資産の時価比で按分する取扱いとなります。したがって、課税取引である建物の譲渡に係る消費税の課税標準額の計算は、具体的には次のとおりとなります。

（計算式）

$$\text{取得した株式の時価} \times \frac{\text{建物（時価）}}{\text{土地（時価）＋建物（時価）}} = 900 \times \frac{200}{1{,}000+200} = 150$$

同様に土地の非課税売上高についても、時価で按分すると750となります。

なお、具体例2は非適格現物出資を前提としています。したがって、仕訳についても時価で譲渡をしたものとした処理を記載しています。これに対して、適格現物出資を行った場合の取扱いですが、法人税法上の取扱いは現物出資法人から被現物出資法人への資産・負債の移転は帳簿価額で行われたものとして処理をします。一方で消費税法上の取扱いは、法人税法の適格・非適格を考慮するような規定は設けられていません。したがって、適格現物出資であったとしても、建物の消費税の課税標準額は非適格現物出資の場合と同じになります。

(4) その他の留意点

上記の具体例は、譲渡側（現物出資法人側）と譲受側（被現物出資法人側）の仕訳が表裏一体であるものとして処理をしています。つまり、お互いに移転する資産の時価の認識を合わせた上で取引を行っていることを前提としています。ただし、事業譲渡や事業の移転を伴う現物出資の場合には、移転する事業の価値等に基づいて全体の対価（株式の交付価格）の決定がされるため、移転する個別の資産負債の時価について必ずしもお互いに認識を合わせないまま取引を行うケースも想定されます。この場合には、譲渡側の課税売上高と譲受側の課税仕入高がそれぞれの認識に基づいて計算され、両者の金額が一致しなくなってしまうことも考えられます。このような状態は、事業者が消費者から消費税を預かって納付するという消費税本来の間接税としての仕組みを考えると望ましくありませんので、契約時において双方の消費税の認識は合わせておくべきものと考えます。

CHAPTER

5

資産調整勘定と負債調整勘定

SECTION 01

非適格合併と資産調整勘定の計上

[1 法人税法における「のれん」]

本CHAPTERでは非適格合併等が行われた場合において合併法人等に生じる「資産調整勘定」の取扱いについて確認します。資産調整勘定とは、税務上の「のれん」のことです。組織再編成に伴って生じるのれんを法人税法においては独自の名称で「資産調整勘定」と定義し、その取扱いを定めています。資産調整勘定が生じるケースには、非適格合併のほか、非適格分割、非適格現物出資、事業の譲受けがありますが、合併を前提として取扱いを確認します。

合併に伴い合併法人に生じるのれんとは、一言で言うと、合併による交付対価と受入純資産価額との差額（借方差額）です。合併が適格合併である場合には、受け入れた資産負債を被合併法人の帳簿価額で引き継ぎ、当該差額が生じる余地はありませんので、税務上の資産調整勘定が生じるのは非適格合併が前提となります。なお、非適格合併を行う場合には、貸方に受入差額（負ののれん）が生じる場合もあります。負ののれんについては法人税法上「負債調整勘定」という名称で定義しています。

この項目で紹介する条文

【法人税法62条の8第1項】

（非適格合併等により移転を受ける資産等に係る調整勘定の損金算入等）

第62条の8　内国法人が非適格合併*により当該非適格合併*に係る被合併法人*から資産又は負債の移転を受けた場合において、当該内国法人が当該非適格合併*により交付した*新株等の価額の合計額（当該非適格合併*において当該被合併法人*から支出を受けた*寄附金の額に相当する金額を含み、当該被合併法人*に対して支出をした同項に規定する寄附金の額に相当する金額を除く。*）が当該移転を受けた資産及び負債の時価純資産価額（当該資産（営業権にあつては、政令で定めるものに限る。*）の取得価額*の合計額から当該負債の額（*負債調整勘定の金額を含む。*）の合計額を控除した金額をいう。*）を超えるときは、その超える部分の金額（当該資産の取得価額の合計額が当該負債の額の合計額に満たない場合には、その満たない部分の金額を加算した金額）のうち政令で定める部分の金額は、資産調整勘定の金額とする

【法人税法施行令 123 条の 10】
（非適格合併等により移転を受ける資産等に係る調整勘定の損金算入等）
第 123 条の 10
3　法第 62 条の 8 第 1 項に規定する政令で定める営業権は、営業権のうち独立した資産として取引される慣習のあるもの*とする。
4　法第 62 条の 8 第 1 項に規定する政令で定める部分の金額は、同項に規定する超える部分の金額のうち、資産等超過差額（*非適格合併*により交付された同項の内国法人の株式その他の資産の当該非適格合併*の時における価額が当該非適格合併*により当該株式その他の資産を交付することを約した時の価額と著しい差異を生じている場合におけるこれらの価額の差額その他の財務省令で定める金額に相当する金額をいう。*）に相当する金額以外の金額とする。

[　2　のれんの発生と会計処理　]

(1) のれんが発生する理由

法人が吸収合併を行う場合、被合併法人は合併法人に吸収されるとともに解散して消滅します。そして、これにあわせて被合併法人の株主が保有する被合併法人株式も消滅することになります。被合併法人の株主は所有していた財産を失うため、その代わりとして合併法人から対価を取得することになります。対価の種類としては、合併法人の株式のほか金銭等が交付される場合もあります。

【図１】 合併による対価の交付

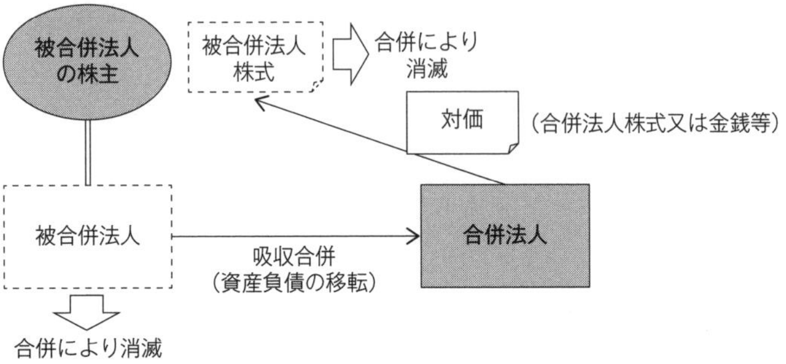

被合併法人の株主に交付される対価は、消滅する被合併法人株式の代わりとして交付されるものであるため、その価額は被合併法人株式の価値に基づいて計算されることになります。被合併法人株式の価値とは、被合併法人そのものの価値とも言えます。具体的にその価値をどのように評価するかと言えば、その計算方法や考え方は様々です。被合併法人は合併により解散をするわけですから、一つの方法として、被合併法人の資産負債の全てをその時点の時価で換金したとした場合のいわゆる清算価値で計算するという方法も考えられます。合併に伴い不利益を被る者がほとんどいないような同族会社間の合併ということであれば、客観的に把握できる価値のみを対価に反映させるという観点から、このような清算価値による計算を採用することもあります。

しかし、一般的な第三者間の合併においては、通常はそのような計算は行われません。なぜなら、被合併法人は解散をしても被合併法人の「事業」は消滅せず、合併後において合併法人で継続していくことが前提となるためです。したがって、被合併法人が有する有形・無形の財産の内容だけでなく、通常は、被合併法人の事業の将来性についてもその価値の計算に反映されることになります。また、このような計算上の数値のみならず、その合併に至った経緯や背景なども対価の額の決定に影響することがあります。例えば、合併法人主体で行う積極的な買収であれば、当初の想定以上に高い対価を支払ってでも買収したいと思うケースがあるでしょうし、反対に、事業の将来性が不透明なため経営力のある法人に事業を譲りたいという被合併法人側のニーズから行われる合併であれば、低い対価でも事業を買い取って欲しいと思うケースもあるでしょう。第三者同士で行われる合併の場合には、様々なアプローチで事業の価値を検証し、様々な思惑の中でお互いに交渉を行い、最終的には合併契約の中で対価の額（対価が合併法人の株式である場合には、交付する株式数）を決定することになります。

このように合併により被合併法人の株主に交付される対価の額は、移転する資産負債の時価を個別に積み上げて計算されるわけではありません。そのため移転する資産負債の時価と対価の額に差額が生じ、のれん（又は負ののれん）が発生することになります。

(2) のれん発生時の会計処理例

法人税法上は、合併による資産負債の移転を、合併法人と被合併法人の間における資産負債の譲渡取引と考えています（CHAPTER 2のSECTION 1参照）。のれんが論点となるのは、この譲渡取引について行う合併法人の資産負債の受入処理です。受け入れた資産負債の時価と交付した対価の額に差額がある場合には、その受入処理において、のれん（又は負ののれん）が生じます。会計上の処理を具体例で確認します。

【具体例】

① 前提

・ 被合併法人の貸借対照表

資産の部		純資産の部	
売掛金	100	資本金等	20
		利益剰余金	80

※ 売掛金100は回収可能性に問題はなく、時価100である。

・ 合併により交付する対価　　時価100の合併法人株式

・ 当該合併は企業結合に関する会計基準における「取得」に該当する。

② 合併法人の会計処理

（借）売掛金	100	（貸）資本金等※	100

※ 交付した株式の価額分だけ増加する。

具体例では、受け入れた資産の価額（売掛金の時価）と交付した対価の額（交付した合併法人株式の時価）が一致しているため、差額が生じずのれんは計上されません。当事者間の合理的な判断のもとこのような対価設定としたのであれば税務上妥当な取引となります。しかし、特に収益性の高い事業を移転する場合、交付する対価の額を時価純資産価額で計算することは必ずしも妥当とは限らず、寄附等の問題が生じる可能性がありますので留意する必要があります。

では、続いて上記の具体例において、合併法人が被合併法人の将来の高い収益性を見込んで、時価 140 の対価を交付した場合にはどうでしょうか。会計処理は、次のとおりとなります。

（借）	売　掛　金	100	（貸）	資　本　金　等※	140
	の　れ　ん	40			

※　交付した株式の価額分だけ増加する。

当該合併は、個別の資産である売掛金を取得するために株式を交付したわけではなく、被合併法人の事業全体を取得するために、事業全体の価値を計算して株式を交付していますので、対価の額（140）と売掛金の額（100）との間に差額（40）が生じています。受入れに当たっては、売掛金は売掛金として個別の時価を計上しますので、100 で計上されます。したがって差額 40 が生じ、これをのれんとして計上します。

［　3　資産調整勘定の具体的な計算　］

(1) 資産調整勘定の算出方法

のれんが生じる理由についての基本的な考え方を確認しましたが、続いて税務上ののれんである資産調整勘定の具体的な計算方法を確認します。

法人税法 62 条の 8 第 1 項の規定の内容の骨子を算式にまとめると、資産調整勘定の金額の計算方法は、次のとおりとなります。

【算式】

資産調整勘定の金額	＝	交付した新株等の価額	−	移転を受けた資産及び負債の時価純資産価額

つまり、移転を受けた資産及び負債の時価純資産価額よりも高い金額を支払って被合併法人の事業を取得した場合には、その差額は資産調整勘定と考えるということです。取扱いとしては、「2　のれんの発生と会計処理」で述べたとおりですが、法人税法62条の8第1項のカッコ書き及び法人税法施行令123条の10について、いくつか論点が存在します。これらを整理すると次の3点です。

【資産調整勘定計算上の論点】

① 対価である新株等の価額については、被合併法人から支出を受けた寄附金の額を含み、被合併法人に対して支出をした寄附金の額を除くこととされている。

② 資産及び負債の時価純資産価額を計算する上で、資産には独立した資産として取引される慣習のある営業権が含まれ、負債には負債調整勘定の額が含まれる。

③ 上記計算式により計算した差額のうち、資産等超過差額に相当する金額については、資産調整勘定とならない（SECTION 2参照）。

(2) 寄附金の額がある場合の対価の額の計算

対価である新株等の価額については、被合併法人から支出を受けた寄附金の額を含み、被合併法人に対して支出をした寄附金の額を除くこととされています。ここで想定しているのは、対価が合併法人株式であることを前提とすると、次のとおりとなります。

・被合併法人から寄附金の支出を受ける場合

…本来被合併法人の株主に交付すべき株式数よりも少ない数の株式しか交付しない場合

・被合併法人に対して寄附金を支出する場合

…本来被合併法人の株主に交付すべき株式数よりも多い数の株式を交付する場合

非適格合併があった場合、被合併法人と合併法人との間では資産負債の移転に伴うに譲渡取引を認識するため、合併法人が交付する合併の対価（合併法人の株式等）は、譲渡取引の対価として被合併法人に交付したものとされます（その後直ちに被合併法人から被合併法人の株主に交付されたものとされます）。したがって、被合併法人の株主に交付される対価の額が、本来あるべき適正な時価でないとした場合には、（最終的には株主における課税上の問題も生じることにはなりますが）まずは、最初の取引である被合併法人と合併法人との間の取引において、寄附金の問題として生じることになります。

具体例を用いて確認します。

【具体例】

（前提）

- 合併法人Ａ社の事業価値が1,000、被合併法人Ｂ社の事業価値が200とします。
- Ａ社の発行済株式数は100株とし、1株当たり10の価値であることから、合併に伴い被合併法人の株主に交付する株式数は20株が時価に照らして適正な数であるとします（Ｂ社の事業価値200÷@10＝20株）。
- 合併によりＢ社からＡ社に移転する資産の時価は150とし、負債はないものとします。

（ケース1）　18株しか交付しない場合の合併法人の処理

（借）	資　　　産	150	（貸）	資本金等の額	180
	資産調整勘定	50		受　贈　益	20

ケース1では、本来は200の対価を交付すべきところ、180（@10×18株）の対価を交付していますので、200の価値がある事業を、対価180で購入できたことになります。これを、合併法人と被合併法人の間の取引で見た場合において、当該取引に合理性がないと認められるときは、被合併法人から合併法人に対する20の寄附が生じていることになります。

この場合に借方の資産調整勘定に計上される金額は、「交付した新株等の価額180」に「被合併法人から支出を受けた寄附金の額20」を加算した200から「移転を受けた資産負債の時価純資産価額150」を控除した50となります。

なお、貸方については、合併の対価の額として合併法人株式を交付する場合には、資本金等の額の増加を認識することになります。法人税法施行令8条1項5号によれば、非適格合併において合併法人株式を交付する場合の増加する資本金等の額は「合併に係る被合併法人の株主に交付した合併法人の株式の合併時の価額（時価）」とされています。この場合に、被合併法人から支出を受けた寄附金の額について、資本金等の額に含めるような規定にはなっていませんので、実際に交付をした18株を基礎として資本金等の額を計算すればよいものと考えます。結果として、差額20は被合併法人から無償による資産の譲受けをしたものとして受贈益が計上されます。

（ケース2）　23株交付する場合の合併法人の処理

（借）	資　　産	150	（貸）	資本金等の額	230
	資産調整勘定	50			
	寄　附　金	30			

ケース2では本来200の対価を交付すべきところ230（@10×23株）の対価を交付していますので、200の価値がある事業を対価230を支払って購入したことになります。これを合併法人と被合併法人の間の取引で見た場合において、当該取引に合理性がないと認められるときは、合併法人から被合併法人に対する30の寄附が生じていることになります。

この場合に、借方の資産調整勘定に計上される金額は、「交付した新株等の価額230」から「被合併法人に支出した寄附金30」を控除し、さらに「移転を受けた資産負債の時価純資産価額150」を控除した50となります。また、合併法人が寄附を行っていますので、借方には寄附金30が計上されます。貸方については資本金等の額の増加を認識することになりますが、ケース1と同様、非適格合併において合併法人株式を交付する場合の増加する資本金等の額は取引の中に寄附金が含まれているかどうかを問わず、「合併に係る被合併法人の株主に交付した合併法人の株式の合併時の価額（時価）」とされていますので、230の資本金等の額が計上されます。

(3) 資産及び負債の純資産価額

資産調整勘定は、「交付した新株等の価額」から「資産及び負債の時価純資産価額」を控除することにより計算されますが、その資産には「独立した資産として取引される慣習のある営業権」が含まれることとされます。

資産調整勘定の規定は平成 18 年度税制改正において導入された規定ですが、これ以前の実務においては、現行の資産調整勘定に相当する金額（交付対価と受入時価純資産の差額）は「営業権」として処理されていました。しかし、企業結合に関する会計基準、事業分離等に関する会計基準及びこれらに伴う適用指針において会計上ののれんの取扱いが整理されたことに伴い、法人税法においても合併等において生じるいわゆる「差額のれん」は資産調整勘定として処理するよう整理されました。法人税法上、無形固定資産である営業権についての範囲そのものに見直しが図られたわけではありませんが、「差額のれん」の発生事由は明確化されましたので、当該発生事由に基づいて生じる「差額」は資産調整勘定として処理することになりました。ただし、法人税法上で定める営業権の中には、法人税基本通達 7—1—5（織機の登録権利等）に定められている許認可等が必要な事業の権利のように個別に評価して有償で売買される性格のものも含まれていますので、受入処理においても単独で資産計上可能な営業権が存在します。したがって、このような資産のうち取引慣行があるものについては、差額のれんの中に含めるのではなく、単独で資産計上することとしています。

SECTION
02　資産調整勘定の損金算入

[　1　資産調整勘定の損金算入　]

SECTION 1では、資産調整勘定の計上について確認をしました。本SECTIONにおいては、計上後の取り崩しについての取扱いを確認します。まずは、基本規定について確認します。

この項目で紹介する条文

【法人税法62条の8】
（非適格合併等により移転を受ける資産等に係る調整勘定の損金算入等）
第62条の8
4　第1項の資産調整勘定の金額を有する内国法人は、各資産調整勘定の金額に係る当初計上額*を60で除して計算した金額に当該事業年度の月数（当該事業年度が当該資産調整勘定の金額に係る非適格合併等の日の属する事業年度である場合には、同日から当該事業年度終了の日までの期間の月数）を乗じて計算した金額*に相当する金額を、当該事業年度*において減額しなければならない。
5　前項の規定により減額すべきこととなった資産調整勘定の金額に相当する金額は、その減額すべきこととなった日の属する事業年度の所得の金額の計算上、損金の額に算入する。

【法人税法施行規則27条の16】
（非適格合併等により移転を受ける資産等に係る調整勘定の損金算入等）
第27条の16　令第123条の10第4項*に規定する財務省令で定める金額は、次の各号に掲げる場合の区分に応じ当該各号に定める金額（当該各号に掲げる場合のいずれにも該当する場合には、当該各号に定める金額の合計額）とする。

一　＊非適格合併＊により交付された＊内国法人の株式その他の資産＊の当該非適格合併＊の時における価額（以下＊「交付時価額」という。）が当該非適格合併＊により＊交付することを約した時の価額（以下＊「約定時価額」という。）と著しい差異を生じている場合（＊交付時価額が約定時価額の２倍を超える場合に限る。）

イ又はロに掲げる金額（当該内国法人がイに掲げる金額の算定をしていない場合又はその算定の根拠を明らかにする事項を記載した書類及びその算定の基礎とした事項を記載した書類を保存していない場合にあつては、ロに掲げる金額）

イ　＊交付時価額から当該非適格合併＊により移転を受けた事業の価値に相当する金額として当該事業により見込まれる収益の額を基礎として合理的に見積もられる金額を控除した金額

ロ　＊交付時価額から約定時価額を控除した金額（＊時価純資産価額が当該約定時価額を超える場合にあつては、当該交付時価額から当該時価純資産価額を控除した金額）

二　＊法第62条の８第１項に規定する超える部分の金額が当該合併＊により移転を受ける事業により見込まれる収益の額の状況その他の事情からみて実質的に当該合併＊に係る被合併法人＊の欠損金額（当該移転を受ける事業による収益の額によつて補填されると見込まれるものを除く。）に相当する部分から成ると認められる金額があるとき

当該欠損金額に相当する部分から成ると認められる金額

SECTION 1で確認したとおり、資産調整勘定は以下の算式により計算されます。

【資産調整勘定の金額の計算式】

資産調整勘定の金額 ＝ 交付した新株等の価額 － 移転を受けた資産及び負債の時価純資産価額

当該算式中における移転を受けた資産及び負債の時価純資産価額がマイナスとなる場合（時価債務超過である場合）には、そのマイナスの金額を正の値とし、交付した新株等の価額に加算した金額が資産調整勘定の額となります。また、負債調整勘定のうち退職給与債務引受額、短期重要債務見込額として個別に計上されるもの（SECTION 3参照）については、算式中の時価純資産価額の計算上、負債として取

り扱います。以上が資産調整勘定の計上時の計算です。

続いて、計上された資産調整勘定の金額のその後の取扱いです。資金調整勘定はその計上をした事業年度の翌事業年度以後において次の算式により計算した金額を取り崩し、その取り崩した事業年度の損金の額に算入します。

【資産調整勘定の損金算入額の計算式】

$$\text{資産調整勘定の取崩額} = \text{資産調整勘定の当初計上額} \times \frac{\text{その事業年度の月数}}{60}$$

会計処理上、のれんは資産に計上し、20年以内のその効果の及ぶ期間にわたって、定額法その他の合理的な方法により規則的に償却することとされています（企業結合に関する会計基準31）。税務上は上記の算式のとおり、損金算入される期間が5年とされ会計処理における償却期間と一致するとは限りませんので、税務上の損金算入に当たっては損金経理要件が設けられていません。つまり、会計上10年で償却をしても、2年で償却をしても、税務上は5年間で損金の額に算入されます（会計処理とのズレについては申告調整を行います）。したがって、仮に資産調整勘定が生じる元となった事業を廃止した場合においても、資産調整勘定の残額を取り崩すといった処理は行われません。

[　2　資産等超過差額の取扱い　]

(1) 資産等超過差額が生じるケース

資産調整勘定の計算においては、もう一つ論点があります。SECTION 1で、法人税法62条の8及び法人税法施行令123条の10の条文の要約を確認しましたが、当該規定によれば『交付した新株等の価額が移転を受けた時価純資産価額を超える場合の超える部分の金額のうち「資産等超過差額」に相当する金額以外の金額は、資産調整勘定の金額とする。』とされています。つまり、上記の資産調整勘定の金額の計算式で計算した金額の中に、「資産等超過差額」に相当する金額が含まれている場合には、当該金額を控除した金額が資産調整勘定となります。

資産等超過差額の定義は、法人税法施行規則27条の16において定められています。

当該規定によると、資産等超過差額が生じるケースとしては次の2つのパターンがあります。

① 交付時価額が約定時価額の2倍を超える場合

② 実質的に欠損金額に相当する部分から成ると認められる金額がある場合

いずれのパターンにおいても、資産調整勘定として資産計上しこれを損金算入することについて、課税上弊害があると認められるケースになります。損金算入に課税上弊害があるため、資産調整勘定ではなく資産等超過差額として資産計上し、課税上は非償却の資産として損金算入を認めない取扱いとなります。それぞれのパターンについて、具体例を用いて確認します。

(2) 交付時価額が約定時価額の2倍を超える場合

【具体例1】

・ A社とB社は、A社を合併法人、B社を被合併法人として合併を行うため、X1年10月1日を合併期日（合併効力発生日）としてX1年7月15日に合併契約を締結した。

・ B社の発行済株式総数は100,000株であり、B社の株式1株に対して4株を割り当て交付する。

・ A社は上場会社であり、それぞれ以下の日付におけるA株式が上場されている金融商品取引所が公表するA株式の最終価格は、次のとおりである。

X1年7月15日（合併契約日）

…1株当たり1,200円

X1年10月1日（合併期日）

…1株当たり2,500円

・ 合併によりA社が受け入れるB社の諸資産及び諸負債の時価は、諸資産が9億円、諸負債が6億円である。

・ 本合併は、税務上の非適格合併に該当する。

本具体例では、交付時価額（1株当たり2,500円）が約定時価額（1株当たり1,200円）の2倍を超えているため、資産等超過差額の計算が必要となります。計算については、「移転を受けた事業の価値に相当する金額として当該事業により見込まれる収益の額を基礎として合理的に見積もられる金額」（DCF 法などにより計算した移転事業価値）を算定し、その算定の根拠を明らかにする事項等を記載した書類の保存をしていれば、「交付時価額－算定した移転事業価値」と「交付時価額－約定時価額」のいずれかの計算方法を選択することができます。移転事業価値相当の算定をしていない又はそれに関する書類の保存がない場合には、「交付時価額－約定時価額」で計算することになります。

このように、合併の対価である合併法人株式の交付株式数を決定する合併契約日と実際に交付される合併期日との間には時期的なズレが生じるため、合併契約の日から合併期日までの間に対価である合併法人株式の価額が変動することが想定されます。当該取扱いは、その変動のうち異常な高騰と考えられる部分についてまで資産調整勘定の範囲に含めて損金算入を認めてしまうことは課税上弊害があると考え、交付時価額が約定時価額の２倍を超える場合については、資産等超過差額を計算し、一部を非償却としています。具体的な計算は、次のとおりです。

① 「交付時価額－約定時価額」で計算する場合

本合併においては、合併により受け入れる時価純資産価額が３億円（諸資産９億円－諸負債６億円）であるのに対し、合併により交付したＡ株式の時価の総額は 10 億円（Ｂ社発行済株式総数 100,000 株×交付株数４株×交付時価額 2,500 円）となりますので、通常であれば、10 億円から３億円を控除した７億円が資産調整勘定となります。ただし、交付時価額が約定時価額の２倍を超えているため、資産等超過差額の計算を行います。交付時価額から約定時価額を控除した金額で計算する方法の場合には、交付時価額 10 億円から約定時価額 4.8 億円（Ｂ社発行済株式総数 100,000 株×交付株数４株×交付時価額 1,200 円）を控除した 5.2 億円が資産等超過差額となります。結果として、資産調整勘定の金額は 1.8 億円（交付時価額 10 億円－時価純資産価額３億円－資産等超過差額 5.2 億円）となります。

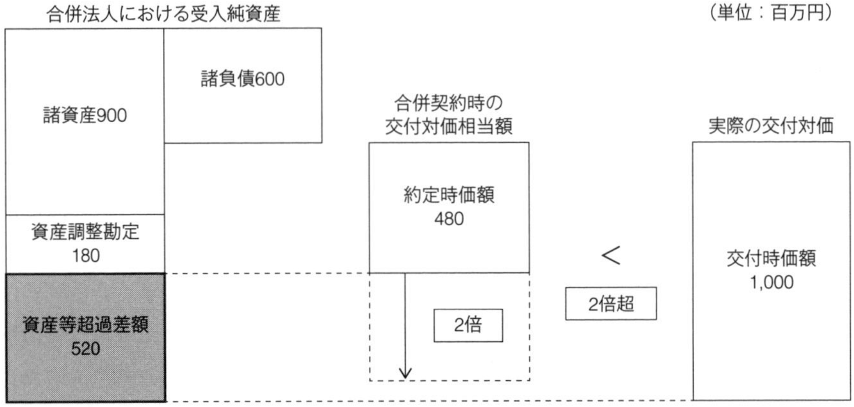

② 「交付時価額－算定した移転事業価値」で計算する場合

本事例において、被合併法人の移転する事業価値を 6.8 億円と算定し、その計算の根拠となる書類等を保存しているものとします。この場合には、交付時価額 10 億円から 6.8 億円を控除した 3.2 億円を資産等超過差額とすることができます。①の約定時価額による計算との選択が可能であり、課税上有利という点で考えるのであれば、償却可能な資産調整勘定が大きくなる方（非償却である資産等超過差額が小さくなる方）を選択することになります。

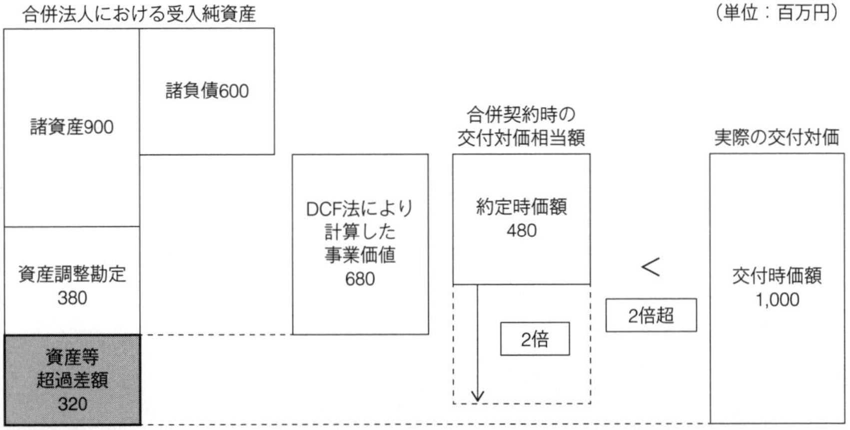

(3) 実質的に欠損金額に相当する部分から成ると認められる金額がある場合

【具体例 2】

- A社とB社は、A社を合併法人、B社を被合併法人として合併を行う。
- 合併によりA社が受け入れるB社の諸資産及び諸負債の時価は、諸資産が1億円、諸負債が3億円である。
- 合併の対価としてA社株式1株（時価10,000円）を交付する。
- 本合併は、税務上の非適格合併に該当する。

本具体例は、債務超過の法人を吸収合併した場合の取扱いです。本具体例では、合併法人であるA社が、時価債務超過2億円（諸負債3億円－諸資産1億円）の被合併法人B社の純資産を受け入れることになりますので、対価の額にかかわらず、必ず借方に2億円の差額が生じます。さらに、対価として10,000円の株式を交付していますので、税務上の仕訳は次のとおりとなります。

（借）	諸資産	100,000,000	（貸） 諸負債	300,000,000
	借方差額	200,010,000	資本金等の額	10,000

本具体例において、B社が収益力の高い事業を営んでおり将来的には債務超過解消が十分見込まれるということであれば、A社が債務超過を引き受ける形で合併を行うことも合理的であると考えられますので、仕訳の借方差額について資産調整勘定を計上しても問題ありません。

一方で、B社の事業に将来性がなく今後も赤字経営が見込まれるということであれば、借方差額を「のれん代」として考え、資産調整勘定を計上することについて課税上の問題が生じます。「のれん代」の償却は、「のれん代」を払って獲得した事業の収益との対応関係にありますので、獲得する事業の収益力を超えて資産調整勘定を計上し損金算入する行為は、被合併法人の過去の損失（債務超過）を借方差額として資産化し、当該損失を合併法人において再計上させる行為と変わらないためです。したがって、合併によって生じる借方差額のうちに、実質的に欠損金額に相当する部分から成ると認められる金額がある場合には、その欠損金額に相当する部分は、資産等超過差額として損金算入を認めない取扱いとなっています。実質的に欠損金額に相当する部分については、実務上、各種の事業価値の算定方法により被合併法人の事業価値を算定し、検証することになります。

なお、前回確認したとおり、対価の額に寄附金が含まれる場合には、当該寄附金の額は資産調整勘定の金額とならないとの規定があります。たとえば、本具体例において、被合併法人のＢ社が事業を行わない休眠会社であり、当該合併が経済合理性のない単なる債務引受けである場合には、上記仕訳の借方差額はすべて寄附金となり、資産調整勘定も資産等超過差額も計上されないという処理が考えられます。

資産等超過差額が生じるケースとしては、たとえばＢ社事業の整理・再建の一環としてＡ社がＢ社の救済のためにＢ社事業を引き受けるということが考えられます。Ａ社の救済がＢ社との関係性から合理的と認められる場合には、法人税基本通達9—4—1（子会社等を整理する場合の損失負担等）の取扱いにより借方差額を寄附金としては考えません。また、当該借方差額がのれん代ではなく実質的にＢ社の欠損金額ということであれば、資産調整勘定を計上することはできず資産等超過差額が計上されることになります。

SECTION
03 負債調整勘定

[1 負債調整勘定の計上]

続いて、税務上の「負ののれん」である負債調整勘定について確認します。負債調整勘定には、資産調整勘定と同様に合併等による資産負債の受入時の差額により計算するもの（以下、「差額負債調整勘定」とします）と個別に計算して計上するものとして「退職給与負債調整勘定」と「短期重要負債調整勘定」があります。

以下、基本規定の確認をします。

この項目で紹介する条文

【法人税法 62 条の 8】

（非適格合併等により移転を受ける資産等に係る調整勘定の損金算入等）

第 62 条の 8

2　内国法人が非適格合併等により当該非適格合併等に係る被合併法人等から資産又は負債の移転を受けた場合において、次の各号に掲げる場合に該当するときは、当該各号に掲げる場合の区分に応じ当該各号に定める金額を負債調整勘定の金額とする。

一　当該内国法人が当該非適格合併等に伴い当該被合併法人等から引継ぎを受けた従業者につき退職給与債務引受け（非適格合併等後の退職その他の事由により当該非適格合併等に伴い引継ぎを受けた従業者に支給する退職給与の額につき、非適格合併等前における在職期間その他の勤務実績等を勘案して算定する旨を約し、かつ、これに伴う負担の引受けをすることをいう。*）をした場合　当該退職給与債務引受けに係る金額として政令で定める金額（第 6 項第 1 号において「退職給与債務引受額」という。）

二　当該内国法人が当該非適格合併等により当該被合併法人等から移転を受けた事業に係る将来の債務（当該事業の利益に重大な影響を与えるものに限るものとし、前号の退職給与債務引受けに係るもの及び既にその履行をすべきことが確定しているものを除く。）で、その履行が当該非適格合併等の日からおおむね３年以内に見込まれるものについて、当該内国法人がその履行に係る負担の引受けをした場合　当該債務の額に相当する金額として政令で定める金額（第６項第２号において「短期重要債務見込額」という。）

3　内国法人が非適格合併等により当該非適格合併等に係る被合併法人等から資産又は負債の移転を受けた場合において、当該非適格合併等に係る非適格合併等対価額が当該被合併法人等から移転を受けた資産及び負債の時価純資産価額に満たないときは、その満たない部分の金額は、負債調整勘定の金額とする。

6　第２項に規定する負債調整勘定の金額を有する内国法人は、次の各号に掲げる場合に該当する場合には、当該負債調整勘定の金額につき、その該当することとなった日の属する事業年度*において当該各号に掲げる場合の区分に応じ当該各号に定める金額を減額しなければならない。

一　退職給与引受従業者（退職給与債務引受けの対象とされた第２項第１号に規定する従業者をいう。*）が退職その他の事由により当該内国法人の従業者でなくなった場合*又は退職給与引受従業者に対して退職給与を支給する場合　退職給与債務引受額に係る負債調整勘定の金額（*「退職給与負債調整勘定の金額」という。）のうちこれらの退職給与引受従業者に係る部分の金額として政令で定める金額

二　短期重要債務見込額に係る損失が生じ、若しくは非適格合併等の日から三年が経過した場合*　当該短期重要債務見込額に係る負債調整勘定の金額（*「短期重要負債調整勘定の金額」という。）のうち当該損失の額に相当する金額（当該三年が経過した場合*にあっては、当該短期重要負債調整勘定の金額）

7　第３項の負債調整勘定の金額（*「差額負債調整勘定の金額」という。）を有する内国法人は、各差額負債調整勘定の金額に係る当初計上額*を六十で除して計算した金額に当該事業年度の月数（当該事業年度が当該差額負債調整勘定の金額に係る非適格合併等の日の属する事業年度である場合には、同日から当該事業年度終了の日までの期間の月数）を乗じて計算した金額*に相当する金額を、当該事業年度*において減額しなければならない。

8　前２項の規定により減額すべきこととなった負債調整勘定の金額に相当する金額は、その減額すべきこととなった日の属する事業年度の所得の金額の計算上、益金の額に算入する。

[2 差額負債調整勘定の取扱い]

規定の順序とは前後しますが、まずは、差額負債調整勘定について確認します。差額負債調整勘定の計上額の計算は、次のとおりです。

【差額負債調整勘定の金額の計算式】

差額負債調整勘定の金額	＝	移転を受けた資産及び負債の時価純資産価額	−	交付した新株等の価額

資産調整勘定の計算と同様に、交付した新株等の価額と移転を受けた資産及び負債の時価純資産価額との差額により計算し、当該差額が貸方差額となる場合に差額負債調整勘定が計上されます。差額負債調整勘定の金額は、次の算式により計算した金額を益金の額に算入します。

【差額負債調整勘定の益金算入額の計算式】

$$\text{差額負債調整勘定の取崩額} = \text{差額負債調整勘定の当初計上額} \times \frac{\text{その事業年度の月数}}{60}$$

益金算入額についても、資産調整勘定と同様に、5年間で益金の額に算入されます。なお、会計上の「負ののれん」は税務上の処理と異なり、全額発生時に収益計上されます（企業結合に関する会計基準33）。

[3 退職給与負債調整勘定の取扱い]

(1) 退職給与負債調整勘定の計上

合併法人と被合併法人との間で合併による対価を決定する過程においては、将来的に確実に見込まれる債務を個別に計算し、対価の減額の要素として考慮するケースがあります。このように計算される個別の債務相当額については、差額負債調整勘定のように５年間で益金算入するのではなく、合併法人において当該債務の支払い等により損失として計上されるタイミングで個別に益金算入することの方が望ましいと考えられるため、一定の条件に該当する場合には、差額負債調整勘定とは区別して、個別に負債調整勘定を計上することとしています。

このうちの一つが、「退職給与負債調整勘定」です。退職給与負債調整勘定が計上されるケースとその計上額は、次のとおりです。

① 退職給与負債調整勘定が計上されるケース

被合併法人から引継ぎを受けた従業者につき退職給与債務引受け※をした場合

※ 退職給付債務引受けとは合併後の退職等の事由により当該合併に伴い引継ぎを受けた従業者に支給する退職給与の額につき、合併前における在職期間その他の勤務実績等を勘案して算定する旨を約し、かつ、これに伴う負担の引受けをすることをいいます。なお、合併については被合併法人の事業のすべてを包括的に引き継ぐことになるため、通常は負担の引受けが行われます。

② 退職給与負債調整勘定の計上額（法令62の8⑦⑨）

一般に公正妥当と認められる会計処理の基準に従って算定される退職給付引当金の額相当額とされます。なお、当該金額を計上するためには、その額について確定申告書に添付する明細書への記載が必要となります。

(2) 退職給与負債調整勘定の取崩し

退職給与負債調整勘定については、その計上の対象となった従業者が退職その他の事由によりその法人の従業者でなくなった場合又は退職給与を支給する場合に次に掲げる金額を取り崩し、益金の額に算入します。

【退職給与負債調整勘定の取崩額】

① 原則：平均額による取崩し（法令62の8⑩）

次の算式により計算した金額　退職給与負債調整勘定の当初計上額（既に減額した金額を除く）／退職給与負債調整勘定の計上の対象となった従業者（既にその法人の従業者でなくなったもの及び退職給与の支給を受けたものを除く）の数

② 特例：個別対応による取崩し（法令62の8⑫）
退職給与負債調整勘定の計上の対象となった従業者ごとに退職給付引当金の計算に関する明細を記載した書類を保存している場合には、その従業者ごとの退職給付引当金相当額

［ 4 短期重要負債調整勘定の取扱い ］

(1) 短期重要負債調整勘定の計上

合併法人が被合併法人から移転を受けた事業に係る将来の債務でその履行が合併の日からおおむね3年以内に見込まれるものについて、その履行に係る負担の引受けをした場合には、当該債務に相当する金額を短期重要負債調整勘定として計上します（法人税法62条の8第2項2号における表現に従い「その履行に係る負担の引受けをした場合」と記載しましたが、合併の場合には、被合併法人の事業のすべてを包括的に引き継ぐことになりますので、通常負担の引受けをしないというケースはないものと考えられます。当該表現は、事業譲受けなどのケースにおいて想定されます）。短期重要負債調整勘定の計上について留意すべき点は、以下のとおりです。

【短期重要負債調整勘定の計上に関する留意点】
① 退職給与債務については、退職給与負債調整勘定の取扱いが優先されます。
② 既に履行すべきことが確定しているものについては、未払金などの勘定科目により負債に計上されることになりますので対象となりません。つまり、対象となるのは債務未確定の引当金としての性格を有するものとなります。
③ 負債調整勘定として計上できるのは、その債務の額に相当する金額が合併により移転を受けた資産の取得価額の20％を超える場合に限ります（法令62の8⑧）。

(2) 短期重要負債調整勘定の取崩し

短期重要負債調整勘定については、次に掲げる区分に応じてそれぞれに掲げる金額を取り崩し、益金の額に算入します。

【短期重要負債調整勘定の取崩額】

① その計上の対象となった債務に係る損失が生じた場合
　その損失の額に相当する金額

② 合併の日から３年が経過した場合又は自己を被合併法人とする非適格合併を行う場合若しくは清算によりその残余財産が確定した場合
　その短期重要負債調整勘定の金額

CHAPTER 6

現物分配

SECTION
01 現物分配

[1 現物分配制度の概要]

ここまで合併、分割、現物出資の３つの組織再編成の取扱いを確認してきましたが、それぞれの制度は課税の仕組みや各種の計算方法等について共通する点が多くあり、ひとつの制度を理解すれば、その応用で他の制度も理解を進めやすい規定となっていました。これに対して本 CHAPTER で確認する「現物分配」は、他の制度とは異なる固有の特徴点があり、これまでに確認した組織再編税制のイメージを一旦リセットして個別に論点を確認していく必要があります。

「現物分配」とは法人が株主等に対して行う配当を金銭以外の資産（現物）で行うことをいいます。組織再編税制としての現物分配は合併など他の制度と比較すると新しい制度です。適格要件を満たすことによる課税の繰延べなどいわゆる組織再編税制が導入されたのは平成 13 年度税制改正ですが、現物分配が組織再編税制の取扱いに組み込まれたのは平成 22 年度税制改正となります。平成 22 年度税制改正前においても金銭以外の資産の配当は会社法等の法律に基づく手続で行うことができ、税制上も金銭以外の資産の配当を想定した規定が設けられていました。ただし、当時の税制では金銭の配当も現物による配当もいずれも「配当」としての取扱いであり、組織再編成という位置付けではありませんでした。

平成 22 年度税制改正においてグループ法人税制が導入され完全支配関係のあるグループ法人間における譲渡取引や資本等取引の取扱いが整備されたことに伴い、金銭以外の資産による配当が「現物分配」という税制固有の名称により定義され、一定の要件を満たすものについて「適格現物分配」として組織再編税制の規定に組み込まれることになりました。これにより、他の適格組織再編成と同様に資産の移転に伴う課税の繰延べ等の規定が設けられました。なお、現物分配が適格現物分配に該当しない場合には、今までどおり通常の「配当」としての取扱いとなります。

[　2　用語の定義と適格現物分配制度　]

(1) 現物分配の定義と課税上の当事者

現物分配に関して法人税法で規定する用語の定義を確認します。まずは、現物分配及び現物分配において課税上の当事者となる法人の定義について、法人税法２条の規定を確認します。

この項目で紹介する条文

【法人税法２条12号の５の2】
（定義）
第２条
十二の五の二　現物分配法人　現物分配（法人（公益法人等及び人格のない社団等を除く。）がその株主等に対し当該法人の次に掲げる事由により金銭以外の資産の交付をすることをいう。以下この条において同じ。）によりその有する資産の移転を行つた法人をいう。
イ　剰余金の配当（株式又は出資に係るものに限るものとし、分割型分割によるものを除く。）若しくは利益の配当（分割型分割によるものを除く。）又は剰余金の分配（出資に係るものに限る。）
ロ　解散による残余財産の分配
ハ　第24条第１項第５号から第７号まで（配当等の額とみなす金額）に掲げる事由

【法人税法２条の12号の５の3】
（定義）
第２条
十二の五の三　被現物分配法人　現物分配により現物分配法人から資産の移転を受けた法人をいう。

以上の規定のとおり現物分配において課税関係が生じる当事者は、現物分配により資産の移転を行った法人と現物分配により資産の移転を受けた法人の２者です。それぞれ、「現物分配法人」、「被現物分配法人」と規定されています。まとめると次のとおりです。

【現物分配の当事者】

当事者の区分	
現物分配法人 (法法２①12の５の２)	現物分配により資産の移転を行った法人（配当をした法人）
被現物分配法人 (法法２①12の５の３)	現物分配により資産の移転を受けた法人（配当を受けた法人）

続いて「現物分配」の定義ですが、法人税法２条の定義において個別の項目としては規定されておらず、現物分配法人の定義の中において明記されています。当該規定によれば、現物分配とは金銭以外の資産の交付を次の事由により行うことをいいます。

【現物分配となる金銭以外の資産の交付事由】

① 通常の配当

以下の３つの事由に区分されます。

事由	内容
(イ) 剰余金の配当 (株式又は出資に係るものに限るものとし、分割型分割によるものを除く。)	・株式会社及び協同組合等が行う配当を剰余金の配当といいます（会社法453条、農業協同組合法52条など）。 ・協同組合等が組合員等に対する割戻しとして行う事業分量配当金などを除くため、株式又は出資に係るものに限ることとされます。 ・分割型分割は、会社法上分割対価資産の交付が剰余金の配当に該当することとなりますが、税法上は分割型分割として組織再編税制の取扱いを適用するため除外されます。
(ロ) 利益の配当 (分割型分割によるものを除く。)	・持分会社（合名会社、合資会社、合同会社）及び特定目的会社が行う配当を利益の配当といいます（会社法621条、資産流動化法114条） ・分割型分割の除外理由は、（イ）と同様です。
(ハ) 剰余金の分配 (出資に係るものに限る。)	・相互会社及び船主相互保険組合が行う配当を剰余金の分配といいます（保険業法55条の２、船主相互保険組合法42条）。 ・相互会社である保険会社が行う契約者配当金（保険料の割戻し）などを除くため、出資に係るものに限ることとされます。

② みなし配当

法人税法 24 条のみなし配当の規定に掲げるみなし配当が生じる事由のうち、1 項 3 号から 6 号までに掲げる事由とされます。具体的な内容は次のとおりです。

事由
(イ)　資本の払戻し（資本剰余金の減少を伴う配当のうち分割型分割以外のものをいう）
(ロ)　解散による残余財産の分配
(ハ)　自己株式の取得（市場による購入など一定の取得を除く）
(ニ)　出資の消却、払戻しなど株式又は出資をその発行した法人が取得することなく消滅させること
(ホ)　組織変更（組織変更に際して組織変更をした法人の株式又は出資以外の金銭等の交付をしたものに限る）

（注 1）　金銭以外の資産の交付が、(イ)～(ホ) の事由に該当する場合には現物分配に該当し、当該事由によりみなし配当が生じるか否かは問いません（交付する資産の価額が対応資本金等の額を超えずみなし配当が生じない場合においても現物分配に該当します)。

（注 2）　法人税法 24 条 1 項 1 号の合併と 2 号の分割型分割は、それぞれ個別に組織再編税制の規定が適用されるため現物分配の取扱いからは除かれています。

以上の内容のとおり、現物分配に該当する金銭以外の資産の交付事由には、通常の配当だけでなく、みなし配当が生じる事由も含まれます。以上の内容を図に表すと次のとおりです。

【現物分配の二つの類型】

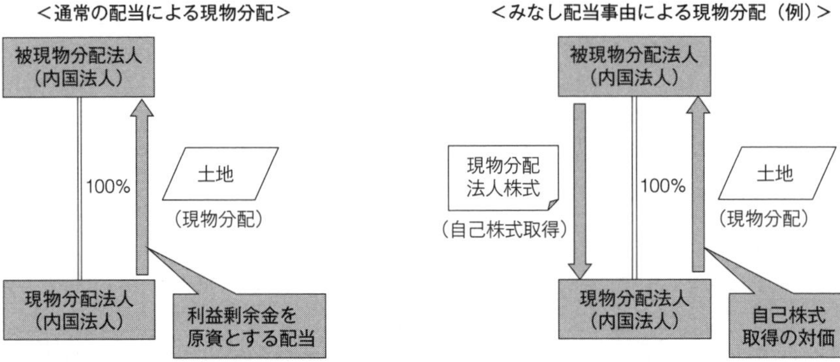

(2) 適格現物分配の定義

続いて「適格現物分配」の定義（適格要件）を確認します。現物分配が合併等の他の組織再編成と大きく異なる点として適格要件が挙げられます。合併等の適格要件については、株式等の持分割合に応じて「企業グループ内の組織再編」と「共同で事業を営むための組織再編」の２つの類型に区分され、それぞれについてさらに事業の継続や株式保有の継続など細かな要件が設けられていました。これに対して現物分配の適格要件は、とてもシンプルです。法人税法２条12号の15の適格現物分配の定義を確認します。

この項目で紹介する条文

【法人税法２条12号の15】

（定義）

第２条

十二の十五　適格現物分配　内国法人を現物分配法人とする現物分配のうち、その現物分配により資産の移転を受ける者がその現物分配の直前において当該内国法人との間に完全支配関係がある内国法人（普通法人又は協同組合等に限る。）のみであるものをいう。

内容としては、現物分配直前における現物分配法人と現物分配により資産の移転を受ける者（被現物分配法人）の関係性のみを問う要件であり、その関係性も複数のパターンがあるわけではなく、限定的です。

このような規定となっている理由として、現物分配による資産の移転は事業の移転を伴うことを想定していないという点が挙げられます。税務上、現物分配は組織再編税制の枠組みに組み込まれたものの、配当等に関して会社法等の規定が見直されたわけではなく、従来どおり手続上は株主等へ財産の分配を行うのみです。したがって、適格要件に「事業の継続」や「事業の関連性」といった要件を付しても通常は満たすことはできないものと考えられますので、現物分配法人と被現物分配法人の関係性のみを問う規定になっているものと考えます。

また、現物分配制度が導入された平成22年度税制改正においては、グループ法人単体課税制度が導入されています。完全支配関係のある法人間で資産の譲渡が行われた場合の譲渡損益の繰延べや完全支配関係のある法人間の寄附金及び受贈益の取扱いなどが規定され、完全支配関係のある法人間の資産の移転に関する課税の取扱いが整備されました。その一環として適格現物分配の規定も整備されたため、完全支配関係のある法人間のみの取扱いとして規定されたものと考えます。

(3) 適格現物分配の具体例

適格現物分配とは、現物分配により資産の移転を受ける者がその現物分配の直前において当該内国法人との間に完全支配関係がある内国法人（普通法人又は協同組合等に限る）のみであるものをいいますので、例えば、完全支配関係がある場合であっても現物分配により資産の移転を受ける者に個人や外国法人が含まれるときは、適格現物分配には該当しません。具体的に図で表すと次のとおりとなります。

【完全支配関係のある株主に対する現物分配】

① 現物分配により資産の移転を受ける者が内国法人のみである場合

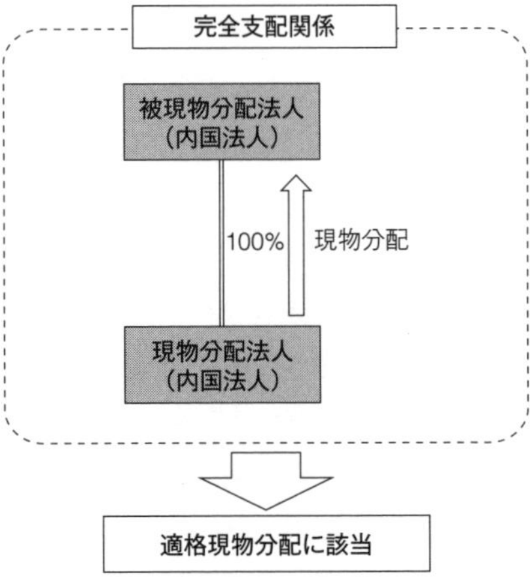

② 現物分配により資産の移転を受ける者に個人や外国法人が含まれる場合

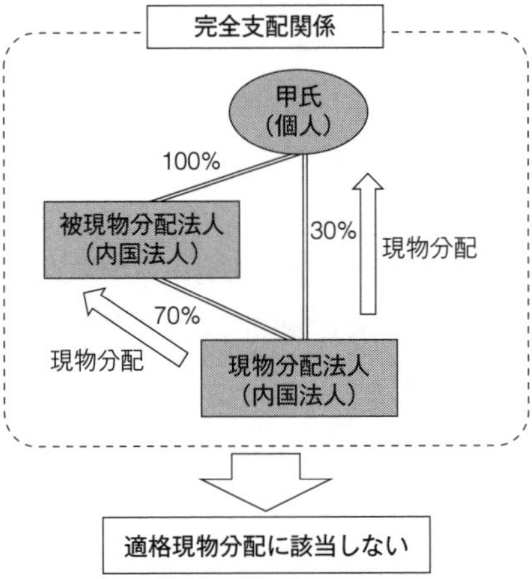

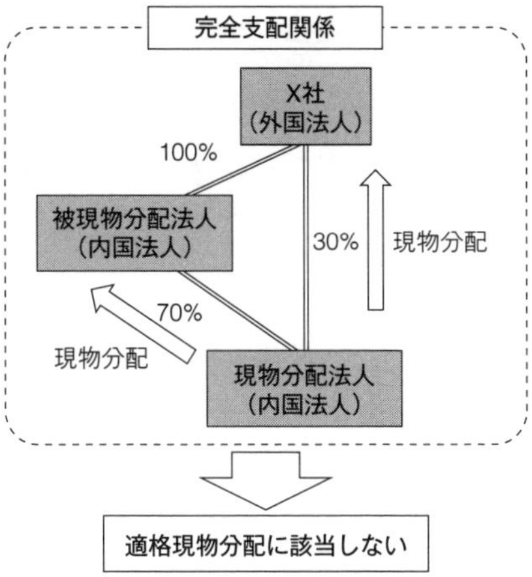

［　3　株式分配とスピンオフ税制　］

平成29年度税制改正において、企業内の事業部門やグループ企業の一部をその法人やグループ企業の資本外に分離・独立する「スピンオフ」について一定の要件を満たすものを適格組織再編成として取り扱う制度が導入されました。このうち、グループ企業の最上位にいる法人の完全子法人（100％直接保有の子法人）をスピンオフする手法として「適格株式分配」という制度が創設されています。「株式分配」は「現物分配」に内包される定義となりますので、株式分配と現物分配とは密接に関わる規定となりますが、適格組織再編成としてのスピンオフ税制は現状の実務において広く活用されている状況ではないと考えますので、本書においては、株式分配の解説を省略します。

［　4　通常の配当(利益剰余金の配当等)をした場合の計算規定　］

現物分配に関する具体的な計算規定を現物分配法人と被現物分配法人の立場別に確認します。確認に当たっては、非適格の場合と適格の場合に区分するとともに、現物分配を行う事由を通常の配当（利益剰余金の配当等）の場合とみなし配当事由の場合に区分して確認をします。まずは通常の配当について確認します。

(1) 適格現物分配に該当しない場合

現物分配が通常の配当（利益剰余金の配当等）により行われ、かつ、適格現物分配に該当しない場合の現物分配法人及び被現物分配法人に関する基本規定は次のとおりです。

この項目で紹介する条文

⑴ 現物分配法人に関する規定

【法人税法施行令９条８号】

（利益積立金額）

第９条 利益積立金額について、以下の金額が減少する。

八 剰余金の配当（株式又は出資に係るものに限るものとし、資本剰余金の額の減少に伴うもの並びに分割型分割によるもの及び株式分配を除く。）若しくは利益の配当（分割型分割によるもの及び株式分配を除く。）若しくは剰余金の分配（出資に係るものに限る。）、*の額として株主等に交付する金銭の額及び金銭以外の資産の価額（適格現物分配に係る資産にあつては、その交付の直前の帳簿価額）の合計額（法第 24 条第１項の規定により配当等の金額とみなされる金額を除く。）

⑵ 被現物分配法人に関する規定

【法人税法 23 条】

（受取配当等の益金不算入）

第 23 条 内国法人が次に掲げる金額（第１号に掲げる金額にあつては、外国法人若しくは公益法人等又は人格のない社団等から受けるもの及び適格現物分配に係るものを除く。以下*「配当等の額」という。）を受けるときは、その配当等の額（完全子法人株式等、関連法人株式等及び非支配目的株式等のいずれにも該当しない株式等*に係る配当等の額にあつては当該配当等の額の 100 分の 50 に相当する金額とし、非支配目的株式等に係る配当等の額にあつては当該配当等の額の 100 分の 20 に相当する金額とする。）は、その内国法人の各事業年度の所得の金額の計算上、益金の額に算入しない。

一 剰余金の配当（株式等に係るものに限るものとし、資本剰余金の額の減少に伴うもの並びに分割型分割によるもの及び株式分配を除く。）若しくは利益の配当（分割型

分割によるもの及び株式分配を除く。）又は剰余金の分配（出資に係るものに限る。）の額

(2) 適格現物分配に該当する場合

現物分配が通常の配当（利益剰余金の配当等）により行われ、かつ、適格現物分配に該当する場合の現物分配法人及び被現物分配法人に関する基本規定は次のとおりです。

この項目で紹介する条文

(1) 現物分配法人に関する規定

【法人税法 62 条の 5 第 3 項】

（現物分配による資産の譲渡）

第 62 条の 5

3　内国法人が適格現物分配*により被現物分配法人その他の株主等にその有する資産の移転をしたときは、当該被現物分配法人その他の株主等に当該移転をした資産の当該適格現物分配*の直前の帳簿価額（当該適格現物分配が残余財産の全部の分配である場合には、その残余財産の確定の時の帳簿価額）による譲渡をしたものとして、当該内国法人の各事業年度の所得の金額を計算する。

【法人税法施行令 9 条 8 号】

（利益積立金額）

第 9 条　利益積立金額について、以下の金額が減少する。

八　剰余金の配当（株式又は出資に係るものに限るものとし、資本剰余金の額の減少に伴うもの並びに分割型分割によるもの及び株式分配を除く。）若しくは利益の配当（分割型分割によるもの及び株式分配を除く。）若しくは剰余金の分配（出資に係るものに限る。）、*の額として株主等に交付する金銭の額及び金銭以外の資産の価額（適格現物分配に係る資産にあつては、その交付の直前の帳簿価額）の合計額（法第 24 条第 1 項の規定により配当等の金額とみなされる金額を除く。）

⑵　被現物分配法人に関する規定

【法人税法 62 条の 5 第 4 項】

（現物分配による資産の譲渡）

第 62 条の 5

4　内国法人が適格現物分配により資産の移転を受けたことにより生ずる収益の額は、その内国法人の各事業年度の所得の金額の計算上、益金の額に算入しない。

【法人税法施行令 123 条の 6】

（適格現物分配における被現物分配法人の資産の取得価額）

第123条の6　内国法人が適格現物分配により現物分配法人から資産の移転を受けた場合には、当該資産の取得価額は、法第 62 条の 5 第 3 項*に規定する帳簿価額に相当する金額とする。

【法人税法施行令 9 条 1 項 4 号】

（利益積立金額）

第 9 条　利益積立金額について、以下の金額が増加する。

四　当該法人を被現物分配法人とする適格現物分配により当該適格現物分配に係る現物分配法人から交付を受けた資産の当該適格現物分配の直前の帳簿価額に相当する金額*

[　5　通常の配当(利益剰余金の配当等)をした場合の具体例　]

上記で確認をした規定に則して、次の具体例をもとに取扱いを確認します。

(1) 具体例

【具体例①】

現物分配法人Ａ社（内国法人）

・上場有価証券Ｙ社株式 1,000 株を株主に現物分配

・Ｙ社株式の 1 株当たりの帳簿価額 700、時価 1,200

被現物分配法人Ｂ社（内国法人）

・Ａ社の発行済株式の 20 ％を保有しており、Ａ社との間に完全支配関係はない

・Ａ社からの配当により、Ｙ社株式 200 株を取得

【具体例②】

現物分配法人Ａ社（内国法人）

・上場有価証券Ｙ社株式 1,000 株を株主に現物分配

・Ｙ社株式の１株当たりの帳簿価額 700、時価 1,200

被現物分配法人Ｂ社（内国法人）

・Ａ社の発行済株式の 100 ％を保有しており、Ａ社との間に完全支配関係がある

・Ａ社からの配当により、Ｙ社株式 1,000 株を取得

(2) 仕訳で見る課税上の取扱い（具体例①：非適格現物分配）

① 現物分配法人Ａ社の取扱い

現物分配法人は、現物分配により資産を株主に移転します。現物分配の手続が利益剰余金を原資とする配当である場合には、税務上も留保利益である利益積立金額から配当されたと考えますので、利益積立金額の減少を認識します。非適格現物分配の場合に減少する利益積立金額は、法人税法施行令９条１項８号において「株主等に交付する金銭以外の資産の価額の合計額」とされており、交付する資産の時価を減少させることになります。移転する資産の帳簿価額を貸方に計上し、当該資産の時価相当額の利益積立金額を借方で減少させることになりますので、貸借に差額が生じます。この差額については、税務上資産の譲渡損益として認識されます。つまり、税務上は、現物分配による資産の移転を、配当とともに現物分配法人における資産の譲渡取引として考えています。具体例①を税務上の仕訳に表すと次のとおりです。

【現物分配法人Ａ社の仕訳：非適格現物分配の場合】

（借）	利益積立金額	1,200,000	（貸）	有価証券	700,000
				有価証券売却益	500,000

※　配当に係る源泉所得税等の処理については省略します。

② 被現物分配法人Ｂ社の取扱い

被現物分配法人Ｂ社は、現物分配により資産の移転を受けます。非適格現物分配

の場合には組織再編成の取扱いとはならず、金銭による配当を受領した場合と同様の取扱いになります。配当金として収益計上される金額及び取得した資産の取得価額は、取得した資産の時価です。配当金として取り扱うため、受取配当等の益金不算入の規定が適用されます。具体例①を税務上の仕訳に表すと次のとおりです。

【被現物分配法人Ｂ社の仕訳：非適格現物分配の場合】

（借）	有価証券	240,000	（貸）	配当金	240,000
				↓ 受取配当等の益金不算入の計算対象	

※　配当に係る源泉所得税等の処理については省略します。

(3) 仕訳で見る課税上の取扱い（具体例②：適格現物分配）

① 現物分配法人Ａ社の取扱い

現物分配法人については、現物分配の手続が利益剰余金を原資とする配当である場合には、税務上も留保利益である利益積立金額から配当されたと考えますので、利益積立金額の減少を認識します。適格現物分配の場合に減少する利益積立金額は、法人税法施行令９条１項８号において「株主等に交付する金銭以外の資産のその交付の直前の帳簿価額の合計額」とされており、交付する資産の帳簿価額相当額を減少させることになります。移転する資産の帳簿価額を貸方に計上し、同額の利益積立金額を借方で減少させることになりますので、貸借に差額が生じず、資産の譲渡損益は計上されません。結果として、現物分配法人において現物分配に伴う課税は生じないことになります。当該取扱いは、法人税法62条の５第３項においても「当該被現物分配法人に当該移転をした資産の当該適格現物分配の直前の帳簿価額による譲渡をしたものとして、当該内国法人の各事業年度の所得の金額を計算する。」と明文化されています。また、通常、配当については所得税等を源泉徴収することになりますが、適格現物分配の場合には所得税等の源泉徴収が不要とされています(所法 24、181)。具体例②を税務上の仕訳に表すと次のとおりです。

【現物分配法人Ａ社の仕訳：適格現物分配の場合】

（借）	利益積立金額	700,000	（貸）	有価証券	700,000

※　配当に係る所得税等の源泉徴収は不要とされます。

②　被現物分配法人Ｂ社の取扱い

被現物分配法人Ｂ社は、適格現物分配の場合には組織再編成の取扱いとなるため、金銭による配当金を受領した場合と同様の取扱いにはなりません。法人税法23条受取配当等の益金不算入の規定においても、益金不算入の対象となる配当金からは「適格現物分配に係るものを除く」と規定されています。そして、別途、適格現物分配に関する取扱いとして、法人税法62条の5が規定されています。同法4項によれば、内国法人が適格現物分配により資産の移転を受けたことにより生ずる収益の額は、その全額が益金の額に算入しないこととされます。

また、仕訳の観点から確認をすると、借方に計上される現物分配法人から移転を受けた資産の取得価額については、法人税法施行令123条の6第1項の規定により現物分配法人における資産の帳簿価額相当額とされます。つまり、現物分配法人の帳簿価額を引き継ぐことになります。貸方については、現物分配による収入金額が全額益金不算入とされるわけですが、これに伴う純資産の増加額は利益積立金額の増加として処理されます。法人税法施行令9条1項4号において適格現物分配により増加する利益積立金額は、適格現物分配に係る現物分配法人から交付を受けた資産の当該適格現物分配の直前の帳簿価額に相当する金額と規定されています。

これらを踏まえ、具体例②を税務上の仕訳に表すと次のとおりです。

【被現物分配法人Ｂ社の仕訳：適格現物分配の場合】

（借）	有価証券	700,000	（貸）	配当金	700,000
				↓ 全額益金不算入とし、利益積立金額の増加として処理	

※　配当に係る所得税等の源泉徴収は不要とされます。

(4) 通常の配当の場合の取扱いのまとめ

以上の内容をもとに通常の配当（利益剰余金の配当等）の場合における適格現物分配の取扱いをまとめます。

現物分配法人においては資産の帳簿価額で配当が行われたと考え、譲渡損益を認識せず、帳簿価額相当の利益積立金額が減少することになります。一方で相手方の被現物分配法人では、取得した資産の取得価額を現物分配法人の帳簿価額とし、同額の利益積立金額が増加することになります。現物分配に伴う収入も全額が益金不算入となります。

以上の結果として、移転する資産に含み損益があったとしても移転時には実現せず、その含み損益は現物分配法人から被現物分配法人に引き継がれることになります。つまり、課税の繰延べが図られています。また、収入が益金不算入とされることで、現物分配法人で減少した利益積立金額と同額の利益積立金額が被現物分配法人で増加しますので、利益積立金額を引き継いだことと同様の効果が生じることになります。

SECTION
02 みなし配当事由による現物分配

1　みなし配当事由による現物分配があった場合の税務上の論点

まずは、現物分配の定義を再度確認します。現物分配とは、法人がその株主等に対して、次の事由により金銭以外の資産の交付をすることをいいます。

① 通常の配当
利益剰余金を原資とする配当など
② みなし配当が生じる事由
資本剰余金を原資とする配当、解散による残余財産の分配、自己株式の取得（市場による購入など一定の取得を除く）など、みなし配当が生じる事由（以下、「みなし配当事由」とします）

SECTION 1では、現物分配制度について、その概要及び適格現物分配の定義（適格要件）を確認するとともに、上記①の通常の配当（利益剰余金を原資とする配当）により現物分配を行った場合の取扱いを確認しました。SECTION 2では、上記②のみなし配当事由により現物分配をした場合の取扱いを確認します。

さっそく解説に入りたいところですが、この論点を確認するに当たっては、解説を避けて通れない個別論点があります。株主（現物分配の場合における被現物分配法人）における株式の譲渡損益に関する取扱いです。みなし配当事由は、税務上、法人による純資産の払戻しとしての性格があるため、払戻しの対価を受ける株主側は、その有する株式の一部又は全部について譲渡があったものとして譲渡損益の計算が必要となります。

このみなし配当事由があった場合の株式の譲渡損益の計算については、その事由が完全支配関係のある法人間で生じた場合には、特別な取扱いが定められています。それは、株式の譲渡損益を不計上とする取扱いです。当該取扱いは、完全支配関係のある法人間の取扱いとなるため適格現物分配の場合には影響がある論点ですが、現物分配特有の規定ではありません。当該取扱いを、現物分配と合せて解説をすると混乱しやすいため、まずはいったん現物分配の解説から離れて、当該株式の譲渡損益の取扱いから確認をします。

【みなし配当事由の場合の株主側の論点】

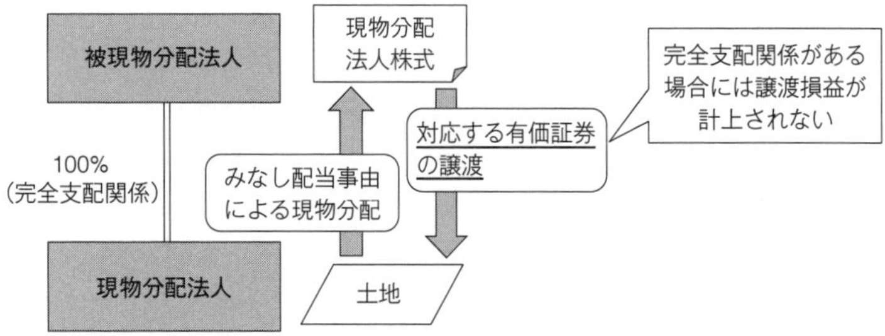

［　2　みなし配当事由による株式の譲渡損益不計上制度　］

(1) みなし配当事由による株式の譲渡損益不計上制度に関する規定

完全支配関係のある法人間でみなし配当事由があった場合の株主における有価証券の譲渡損益の取扱いについて規定を確認します。以下、該当する条文について要約して記載します。

この項目で紹介する条文

【法人税法 61 条の 2 第 17 項】
（有価証券の譲渡益又は譲渡損の益金又は損金算入）
第 61 条
17　内国法人が、所有株式（当該内国法人が有していた株式をいう。）を発行した他の内国法人（当該内国法人との間に完全支配関係があるものに限る。）の第 24 条第 1 項各号に掲げる事由（第２項の規定の適用がある合併【※金銭等不交付合併又は株式の交付が省略されたと認められる無対価合併】、第４項に規定する金銭等不交付分割型分割及び第８項に規定する金銭等不交付株式分配を除く。）により金銭その他の資産の交付を受けた場合*又は当該事由により当該他の内国法人の株式を有しないこととなつた場合（当該他の内国法人の残余財産の分配を受けないことが確定した場合を含む。）における第１項の規定の適用については、同項第１号に掲げる金額【※譲渡対価の額】は、同項第２号に掲げる金額*に相当する金額【※譲渡原価の額】とする。

【法人税法施行令８条１項22号】
（資本金等の額）
第８条　資本金等の額について、以下の金額が減少する。
二十二　当該法人（内国法人に限る。）が法第24条第１項各号に掲げる事由（法第61条の２第２項の規定の適用がある合併【※金銭等不交付合併又は株式の交付が省略されたと認められる無対価合併】、同条第４項に規定する金銭等不交付分割型分割及び同条第八項に規定する金銭等不交付株式分配を除く。以下*「みなし配当事由」という。）により当該法人との間に完全支配関係がある他の内国法人から金銭その他の資産の交付を受けた場合*又は当該みなし配当事由により当該他の内国法人の株式を有しないこととなつた場合（当該他の内国法人の残余財産の分配を受けないことが確定した場合を含む。）の当該みなし配当事由に係る同項の規定により配当等の金額とみなされる金額及び当該みなし配当事由（当該残余財産の分配を受けないことが確定したことを含む。）に係る法第61条の２第17項の規定により同条第１項第１号に掲げる金額【※譲渡対価の額】とされる金額の合計額から当該金銭の額及び当該資産の価額（適格現物分配に係る資産にあつては、第123条の６第１項の規定により当該資産の取得価額とされる金額）の合計額を減算した金額に相当する金額（当該みなし配当事由が法第24条第１項第１号に掲げる合併【※非適格合併】である場合の当該合併に係る合併法人にあつては、零）

(2) みなし配当事由による株式の譲渡損益不計上制度の取扱い

上記(1)に記載した条文のいずれにも規定されている「第24条第１項各号に掲げる事由」とは、みなし配当の規定におけるみなし配当が生じる事由であり、具体的には次のとおりです。なお、①については合併法人の株式等のみが交付される場合、②については分割承継法人の株式等のみが交付される場合が除かれます。

【みなし配当事由】
① 合併（適格合併を除く）
② 分割型分割（適格分割型分割を除く）
③ 資本の払戻し（剰余金の配当（資本剰余金の額の減少に伴うものに限る）のうち分割型分割によるもの以外のもの及び出資等減少分配をいう）又は解散による残余財産の分配
④ 自己の株式又は出資の取得（市場における購入による取得など一定の取得を除く）
⑤ 出資の消却、出資の払戻しなど株式又は出資をその発行した法人が取得することなく消滅させること
⑥ 組織変更（当該組織変更に際して当該組織変更をした法人の株式又は出資以外の資産を交付したものに限る）

以上を踏まえて、上記(1)に記載した条文の内容をまとめます。法人税法61条の2第17項の規定は、完全支配関係のある法人間で自己株式の取得などのみなし配当事由による金銭等の交付があった場合に、その金銭等の交付を受けた株主側の有価証券の譲渡損益をどのように計算するか定めた規定です。

みなし配当事由は、いずれの事由も株式の発行法人から株主に対して純資産の一部又は全部を払い戻す行為です。株主側は保有する株式についてその純資産の払戻しに応じた部分を譲渡したものとして取り扱いますので、株式の譲渡損益の計算が必要となります。通常であれば、その交付を受けた金銭等の額を譲渡対価の額とし、保有株式の帳簿価額のうち純資産の払戻しに応じた部分の金額を譲渡原価の額として、譲渡損益の計算を行います。これに対して、法人税法61条の2第17項の規定では、有価証券の譲渡に係る対価の額は、その交付を受けた金銭等の額ではなく、有価証券の譲渡に係る譲渡原価の額に相当する金額とされます。有価証券の譲渡損益は、譲渡対価の額から譲渡原価の額を控除して計算しますが、「譲渡対価の額＝譲渡原価の額」と規定されていますので、譲渡対価の額と譲渡原価の額に差額が生じず、譲渡損益は計上されないことになります。

また、「譲渡対価の額＝譲渡原価の額」と規定し、有価証券の譲渡損益を不計上としたとしても、株主は金銭等の交付を受けますので、株式の交付を受けたときの

ように帳簿価額の付替えを行うことはできません。したがって、当該取引について仕訳処理を行おうとすると、本来譲渡損益として計上される分だけ貸借差額が生じることになります。当該差額をどのように処理するかについて定めたのが、法人税法施行令８条１項22号の規定です。当該規定によれば、当該差額部分については、資本金等の額の増減として処理をすることになります。以上の内容を具体例で確認します。

(3) みなし配当事由による株式の譲渡損益不計上制度の具体例

【具体例】

・　甲社は乙社（未上場）の発行済株式100株の全てを保有している
・　甲社の乙社株式の帳簿価額　5,000
・　乙社の資本金等の額1,000　利益積立金額3,000
・　乙社は甲社から自己株式（乙社株式）30株を取得し、対価として1,100の金銭を交付した（対価は適正な時価であるものとする）

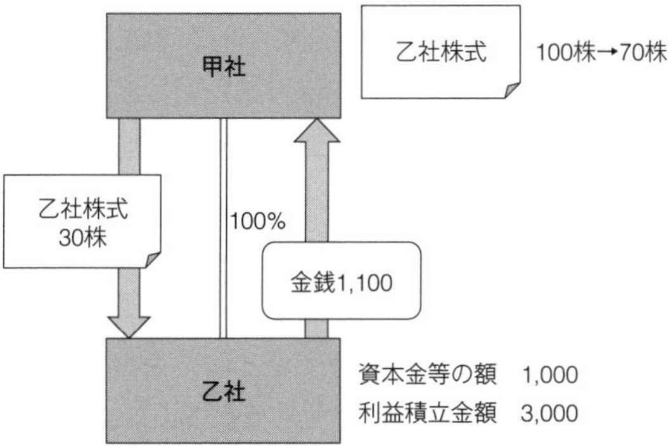

甲社は乙社の発行済株式の全てを保有しているため、甲社と乙社には完全支配関係があります。乙社が甲社から相対取引（市場購入ではない取引）で自己株式を取得していますので、法人税法24条１項に掲げるみなし配当事由に該当し、対価として交付した金銭等の額が取得した自己株式に対応する資本金等の額を超える場合には、その超える部分の金額は配当とみなされます（具体的な規定は、下記３法人税法施行令８条（資本金等の額）１項20号及び同９条（利益積立金額）１項14号参照）。取得した自己株式に対応する資本金等の額のことを「取得資本金額」といい、

その計算方法は、次のとおりです。

$$\text{取得資本金額} = \begin{array}{l}\text{自己株式取得直前の}\\ \text{資本金等の額}\end{array} \times \frac{\text{取得した株式の数}}{\text{自己株式取得直前の発行済株式数}}$$

本具体例の場合には、300（＝1,000×30株／100株）が取得した自己株式に対応する資本金等の額（取得資本金額）となります。交付金銭等は1,100であるため、取得資本金額300を超える800が、株主である甲社においてみなし配当となります（乙社においては同額の利益積立金額が減少します）。また、甲社においては、乙社株式を譲渡していますので有価証券の譲渡損益の計算が必要となります。この場合の譲渡原価の額は、保有株式数のうち譲渡した株式数の占める割合に応じて計算されますので、乙社株式の譲渡直前の帳簿価額5,000に30株／100株を乗じて計算した1,500が譲渡原価の額となります。続いて、譲渡対価の額は、通常であれば、交付金銭等の額のうちみなし配当の額以外の金額、つまり、資本金等の額から払戻された金額となります。

したがって、仮に本具体例において譲渡損益不計上の適用がないとすれば、資本金等の額から払戻された300を譲渡対価の額とし、譲渡原価の額1,500との差額1,200の譲渡損失が計上されることになります。しかし、本具体例は完全支配関係のある法人間の取引となりますので、譲渡対価の額は譲渡原価の額1,500と同額とされ、有価証券の譲渡損益は不計上とされます。また、当該処理により仕訳に貸借差額が生じることになりますが、当該差額については、税務上、資本金等の額として処理をします。

以上、株主である甲社の税務上の処理を仕訳としてまとめると、次のとおりとなります（有価証券の譲渡取引と配当金を収受する取引の2つに区分して記載します）。

【甲社の税務上の仕訳】

（借）	現預金	300	（貸）	譲渡対価（益金）	1,500(注1)
	譲渡原価（損金）	1,500		乙社株式	1,500
	資本金等の額	1,200(注2)			

（借）	現預金	800	（貸）	配当金	800

（注 1） 譲渡対価の額（益金）は、資本金等の額から払戻された 300 ではなく、譲渡原価の額（損金）1,500 と同額とされます。したがって、譲渡損益は生じません。

（注 2） 有価証券の譲渡損益計算上の譲渡対価の額は 1,500 とされますが、実際の入金額は 300（他にみなし配当 800）となりますので、貸借差額が生じます。当該差額は、資本金等の額として処理をします。

(4) みなし配当事由による株式の譲渡損益不計上制度のまとめ

以上のとおり、完全支配関係のある法人間でみなし配当事由による金銭等の交付があった場合には、株主側における有価証券の譲渡損益は不計上とされます。当該取扱いは、平成 22 年度税制改正におけるいわゆるグループ法人税制の導入に伴い設けられた規定です。導入の趣旨としては、例えば上記の具体例において、譲渡損益を不計上としなかった場合、税務上の仕訳は、譲渡損失 1,200 と配当金 800 が両建てで計上されることになります。完全支配関係のある法人からの配当金は受取配当等の益金不算入制度により全額益金不算入となりますので、税務上は、譲渡損失のみが損金算入されることになります。完全支配関係のある法人では、このような行為を行いやすく、税務上の損失を計上するためだけにこのような取引が行われる可能性もありますので、制限をかけることになりました。

なお、これらの取扱いは、譲渡損失だけでなく譲渡益が計上される場合も適用されます。また、みなし配当事由により金銭等の交付を受けた場合に適用されますので、実際に、みなし配当が生じるか否かは問いません。つまり、自己株式の取得等の事由により交付した金銭等が対応資本金等の額以下である場合には、みなし配当は生じないこととなりますが、譲渡損益不計上の規定は適用されることになります。

[3 みなし配当事由により現物分配をした場合の計算規定]

再び、現物分配の取扱いに戻ります。みなし配当事由により現物分配をした場合に関する具体的な計算に関する規定を現物分配法人と被現物分配法人の立場別に確認します。

(1) 現物分配法人に関する規定

現物分配がみなし配当事由により行われる場合の現物分配法人に関する規定は、

次のとおりです。

この項目で紹介する条文

【法人税法施行令8条1項18号】

（資本金等の額）

第8条　資本金等の額について、以下の金額が減少する。

十八　資本の払戻し等（法第24条第1項第4号に規定する資本の払戻し*及び解散による残余財産の一部の分配をいう。*）に係る減資資本金額（当該資本の払戻し等の直前の資本金等の額にイに掲げる金額のうちにロに掲げる金額の占める割合（当該直前の資本金等の額が零以下である場合には零と、当該直前の資本金等の額が零を超え、かつ、イに掲げる金額が零以下である場合には一とし、当該割合に小数点以下三位未満の端数があるときはこれを切り上げる。）を乗じて計算した金額をいい、当該計算した金額が当該資本の払戻し等により交付した金銭の額及び金銭以外の資産の価額（適格現物分配に係る資産にあつては、その交付の直前の帳簿価額）の合計額を超える場合には、その超える部分の金額を減算した金額とする。）

イ　当該資本の払戻し等を第15号イの分割型分割とみなした場合における同号イに掲げる金額

ロ　当該資本の払戻しにより減少した資本剰余金の額又は当該解散による残余財産の一部の分配により交付した金銭の額及び金銭以外の資産の価額（適格現物分配に係る資産にあつては、その交付の直前の帳簿価額）の合計額（当該減少した資本剰余金の額又は当該合計額がイに掲げる金額を超える場合には、イに掲げる金額）

【法人税法施行令9条】

（利益積立金額）

第9条　利益積立金額について、以下の金額が減少する。

十二　第8条第1項第18号に規定する合計額【※資本の払戻し等により交付した資産の価額】が同号に規定する減資資本金額を超える場合におけるその超える部分の金額

【法人税法施行令8条1項20号】

（資本金等の額）

第8条　資本金等の額について、以下の金額が減少する。

二十　＊自己株式の取得等＊により金銭その他の資産を交付した場合の取得資本金額（次に掲げる場合の区分に応じそれぞれ次に定める金額をいい、当該金額が当該自己株式の取得等により交付した金銭の額及び金銭以外の資産の価額（適格現物分配に係る資産にあつては、その交付の直前の帳簿価額）の合計額を超える場合には、その超える部分の金額を減算した金額とする。）

イ　当該自己株式の取得等をした法人が一の種類の株式を発行していた法人＊である場合　当該法人の当該自己株式の取得等の直前の資本金等の額を当該直前の発行済株式＊（自己が有する自己の株式を除く。）の総数＊で除し、これに当該自己株式の取得等に係る株式の数＊を乗じて計算した金額（当該直前の資本金等の額が零以下である場合には、零）

【法人税法施行令９条14号】

（利益積立金額）

第９条　利益積立金額について、以下の金額が減少する。

十四　第８条第１項第20号に規定する合計額【※自己株式の取得等により交付した資産の価額】が同号に規定する取得資本金額を超える場合におけるその超える部分の金額

【法人税法62条の５第３項】

（現物分配による資産の譲渡）

※通常の配当による現物分配の場合と同様のため省略

（2）被現物分配法人に関する規定

続いて現物分配がみなし配当事由により行われる場合の被現物分配法人に関する規定は次のとおりです。

この項目で紹介する条文

【法人税法24条】

（配当等の額とみなす金額）

第24条　法人＊の株主等である内国法人が当該法人の次に掲げる事由により金銭その他

の資産の交付を受けた場合において、その金銭の額及び金銭以外の資産の価額（適格現物分配に係る資産にあつては、当該法人のその交付の直前の当該資産の帳簿価額に相当する金額）の合計額が当該法人の資本金等の額*のうちその交付の基因となつた当該法人の株式又は出資に対応する部分の金額を超えるときは、*その超える部分の金額は、配当等の金額とみなす。

四　資本の払戻し（剰余金の配当（資本剰余金の額の減少に伴うものに限る。）のうち分割型分割によるもの及び株式分配以外のもの並びに出資等減少分配をいう。）又は解散による残余財産の分配

五　自己の株式又は出資の取得（*金融商品取引所の開設する市場における購入による取得その他の政令で定める取得及び取得請求権付株式に係る請求権の行使等によりその取得法人の株式のみが交付される場合等の当該取得を除く。）

【法人税法施行令 23 条 1 項 4 号・6 号】

（所有株式に対応する資本金等の額又は連結個別資本金等の額の計算方法等）

第 23 条　法第 24 条第 1 項（配当等の額とみなす金額）に規定する株式又は出資に対応する部分の金額は、同項に規定する事由の次の各号に掲げる区分に応じ当該各号に定める金額とする。

四　法第 24 条第 1 項第 4 号に掲げる資本の払戻し又は解散による残余財産の分配（次号に掲げるものを除く。以下この号において「払戻し等」という。）　当該払戻し等を行つた法人（以下この号において「払戻法人」という。）の当該払戻し等の直前の払戻等対応資本金額等（当該直前の資本金等の額*（以下この号において「直前資本金額等」という。）にイに掲げる金額のうちにロに掲げる金額の占める割合（直前資本金額等が零以下である場合には零と、直前資本金額等が零を超え、かつ、イに掲げる金額が零以下である場合又は直前資本金額等が零を超え、かつ、残余財産の全部の分配を行う場合には一とし、当該割合に小数点以下三位未満の端数があるときはこれを切り上げる。）を乗じて計算した金額をいう。）を当該払戻法人の当該払戻し等に係る株式の総数で除し、これに同項に規定する内国法人が当該直前に有していた当該払戻法人の当該払戻し等に係る株式の数を乗じて計算した金額

イ　当該払戻し等を第 2 号イの分割型分割とみなした場合における同号イに掲げる金額【※前事業年度末の簿価純資産価額】

ロ　当該資本の払戻しにより減少した資本剰余金の額又は当該解散による残余財産の分配により交付した金銭の額及び金銭以外の資産の価額（適格現物分配に係る資産にあつては、その交付の直前の帳簿価額）の合計額（当該減少した資本剰余金の額

又は当該合計額がイに掲げる金額を超える場合には、イに掲げる金額）

六　法第24条第1項第5号から第7号までに掲げる事由（以下この号において「自己株式の取得等」という。）　次に掲げる場合の区分に応じそれぞれ次に定める金額

イ　当該自己株式の取得等をした法人（以下この号において「取得等法人」という。）が一の種類の株式を発行していた法人*である場合　当該取得等法人の当該自己株式の取得等の直前の資本金等の額*を当該直前の発行済株式等の総数で除し、これに法24条第1項に規定する内国法人が当該直前に有していた当該取得等法人の当該自己株式の取得等に係る株式の数を乗じて計算した金額（当該直前の資本金等の額*が零以下である場合には、零）

【法人税法23条1項（受取配当等の益金不算入）】

（受取配当等の益金不算入）

第23条　内国法人が次に掲げる金額（第1号に掲げる金額にあつては、外国法人若しくは公益法人等又は人格のない社団等から受けるもの及び適格現物分配に係るものを除く。以下この条において「配当等の額」という。）を受けるときは、その配当等の額（完全子法人株式等、関連法人株式等及び非支配目的株式等のいずれにも該当しない株式等（株式又は出資をいう。以下この条において同じ。）に係る配当等の額にあつては当該配当等の額の100分の50に相当する金額とし、非支配目的株式等に係る配当等の額にあつては当該配当等の額の100分の20に相当する金額とする。）は、その内国法人の各事業年度の所得の金額の計算上、益金の額に算入しない。

一　剰余金の配当（株式等に係るものに限るものとし、資本剰余金の額の減少に伴うもの並びに分割型分割によるもの及び株式分配を除く。）若しくは利益の配当（分割型分割によるもの及び株式分配を除く。）又は剰余金の分配（出資に係るものに限る。）の額

【法人税法62条の5第4項】

（現物分配による資産の譲渡）

第62条の5

4　内国法人が適格現物分配により資産の移転を受けたことにより生ずる収益の額は、その内国法人の各事業年度の所得の金額の計算上、益金の額に算入しない。

【法人税法施行令123条の6第1項】

（適格現物分配における被現物分配法人の資産の取得価額）

第123条の6　内国法人が適格現物分配により現物分配法人から資産の移転を受けた場合には、当該資産の取得価額は、法第62条の5第3項（現物分配による資産の譲渡）に規定する帳簿価額【※現物分配法人の適格現物分配直前の帳簿価額】に相当する金額とする。

【法人税法61条の2第18項（有価証券の譲渡益又は譲渡損の益金又は損金算入）

第61条の2　内国法人が所有株式（当該内国法人が有する株式をいう。）を発行した法人の第24条第1項第4号に規定する資本の払戻し又は解散による残余財産の一部の分配（以下この項において「払戻し等」という。）として金銭その他の資産の交付を受けた場合における第1項の規定の適用については、同項第2号に掲げる金額【※譲渡原価の額】は、当該所有株式の払戻し等の直前の帳簿価額を基礎として政令で定めるところにより計算した金額とする。

【法人税法施行令119条の9】

（資本の払戻し等の場合の株式の譲渡原価の額等）

第119条の9　法第61条の2第18項*に規定する政令で定めるところにより計算した金額は、同項に規定する所有株式を発行した法人の行つた同項に規定する払戻し等の直前の当該所有株式の帳簿価額に当該払戻し等に係る第23条第1項第4号*に規定する割合*を乗じて計算した金額とする。

2　前項に規定する所有株式を発行した法人は、同項に規定する払戻し等を行つた場合には、当該所有株式を有していた法人に対し、当該払戻し等に係る同項に規定する割合を通知しなければならない。

【法人税法61条の2第17項（有価証券の譲渡益又は譲渡損の益金又は損金算入)】

第61条の2

17　内国法人が、所有株式（当該内国法人が有していた株式をいう。）を発行した他の内国法人（当該内国法人との間に完全支配関係があるものに限る。）の第24条第1項各号に掲げる事由*により金銭その他の資産の交付を受けた場合*又は当該事由により当該他の内国法人の株式を有しないこととなつた場合（当該他の内国法人の残余財産の分配を受けないことが確定した場合を含む。）における第1項の規定の適用については、同項第1号に掲げる金額【※譲渡対価の額】は、同項第2号に掲げる金額（第4項、第8項、次項又は第19項の規定の適用がある場合には、これらの規定により同号に掲げる金額とされる金額）【※譲渡原価の額】に相当する金額とする。

【法人税法施行令８条１項22号】

（資本金等の額）

第８条　資本金等の額について以下の金額が減少する。

二十二　当該法人（内国法人に限る。）が法第24条第１項各号に掲げる事由（*以下この号*において「みなし配当事由」という。）により当該法人との間に完全支配関係がある他の内国法人から金銭その他の資産の交付を受けた場合*又は当該みなし配当事由により当該他の内国法人の株式を有しないこととなつた場合（当該他の内国法人の残余財産の分配を受けないことが確定した場合を含む。）の当該みなし配当事由に係る同項の規定により法第23条第１項第１号又は第２号に掲げる金額とみなされる金額及び当該みなし配当事由（当該残余財産の分配を受けないことが確定したことを含む。）に係る法第61条の２第17項の規定により同条第１項第１号に掲げる金額【※有価証券の譲渡対価の額】とされる金額の合計額から当該金銭の額及び当該資産の価額（適格現物分配に係る資産にあつては、第123条の６第１項の規定により当該資産の取得価額とされる金額）の合計額を減算した金額に相当する金額*

【法人税法施行令９条１項４号】

（利益積立金額）

第９条　利益積立金額について、以下の金額が増加する。

四　当該法人を被現物分配法人とする適格現物分配により当該適格現物分配に係る現物分配法人から交付を受けた資産の当該適格現物分配の直前の帳簿価額に相当する金額（当該適格現物分配が法第24条第１項第４号から第７号まで（配当等の額とみなす金額）に掲げる事由に係るものである場合には、当該適格現物分配に係る同項に規定する株式又は出資に対応する部分の金額を除く。）

[4　資本の払戻し(資本剰余金の配当)をした場合の具体例]

上記３で確認をした規定をもとに、次の具体例で取扱いを確認します。規定としては「資本の払戻し等」と「自己株式の取得等」の２つに区分されますが、ここでは資本の払戻し（資本剰余金を原資とする配当）を例に解説します。また、税務上の取扱いとしては非適格現物分配の場合と適格現物分配の場合がありますが、計算方法はほぼ同じとなりますので、適格現物分配を前提として解説し、非適格現物分配は取扱いが異なる点だけ補足して解説をします。

(1) 具体例

【具体例】

① 現物分配法人Ａ社（内国法人）

- 土地（帳簿価額 7,000、時価 12,000）をＢ社に現物分配
- 配当の原資は「その他資本剰余金」であり、法人税法上の資本の払戻しに該当する
- Ａ社における会計上の処理は、次のとおりである

（借）	その他資本剰余金	7,000	（貸）	土　　地	7,000

- 現物分配直前の資本金等の額　10,000
- 前事業年度末の税務上の簿価純資産価額（資本金等の額と利益積立金額の合計額）　75,000

※　当該簿価純資産価額について、前事業年度末から現物分配の直前まで、通常の所得計算による利益積立金額の増減以外の増減は生じていない

② 被現物分配法人Ｂ社（内国法人）

- Ａ社の発行済株式の 100 ％を保有しており、Ａ社との間に完全支配関係がある
- Ａ社からの配当により、土地を取得
- Ｂ社が保有するＡ社株式の帳簿価額は 50,000

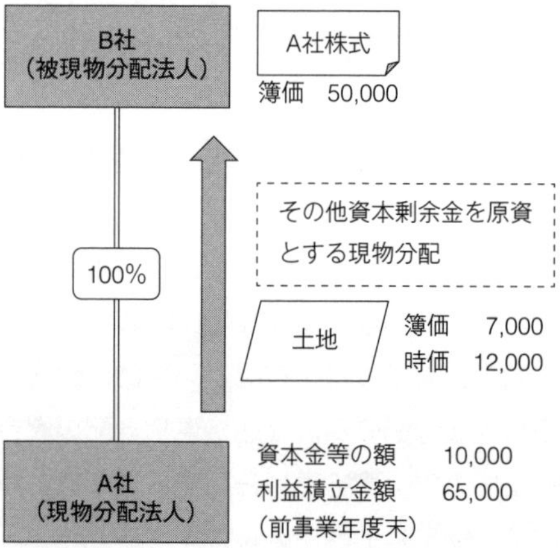

(2) 仕訳で見る課税上の取扱い

① 現物分配法人Ａ社の取扱い

現物分配法人は、現物分配により資産を株主に移転します。現物分配の手続きが資本剰余金を原資とする配当である場合には、税務上はみなし配当事由である資本の払戻しに該当しますので、純資産の払戻しに関する計算を行う必要があります。具体的には、資本金等の額の部分から払い戻された金額を計算し、交付資産の価額（適格現物分配の場合には交付資産の帳簿価額）が当該資本金等の額を超える場合には、その超える部分の金額は利益積立金額からの払戻しとして取り扱います。資本金等の額から払い戻された部分の金額については、資本の払戻し等の場合には「減資資本金額」として定められており、自己株式の取得等の場合には「取得資本金額」となります。

本具体例は、資本の払戻しとなりますので、減資資本金額を計算する必要があります。基本的な計算方法は、次のとおりです。

【減資資本金額の計算式】

$$\text{減資資本金額} = \text{資本の払戻し等の直前の資本金等の額} \times \frac{\text{減少した資本剰余金の額（分母の額を限度）}}{\text{前事業年度終了の時の資産の帳簿価額から負債の帳簿価額を減算した金額(注)}} \left(\text{小数点以下3位未満切上}\right)$$

(注) 実務上は、前事業年度終了時の資本金等の額と利益積立金額の合計額により計算します。

本具体例の場合の減資資本金額は、次のとおりとなります。

$$10{,}000 \times \frac{7{,}000}{75{,}000}(0.094) = 940$$

続いて、利益積立金額の減少額の計算です。本具体例は、Ａ社から現物分配により資産の交付を受ける者がＡ社と完全支配関係のあるＢ社のみとなるため、適格現物分配に該当します。適格現物分配の場合には、交付資産の帳簿価額が減資資本金額を超える場合のその超える部分の金額について利益積立金額を減算しますので、本具体例においては、交付資産である土地の帳簿価額7,000から減資資本金額940を控除した6,060が利益積立金額の減少額となります。この結果、移転する資産の帳簿価額（7,000）とこれに伴う税務上の純資産である資本金等の額と利益積立金額の減少額（940＋6,060＝7,000）が一致しますので、仕訳にすると貸借差額が生じず、資産の譲渡損益は計上されないことになります。

したがって、現物分配法人において現物分配に伴う課税は生じません。当該取扱いは、法人税法62条の5第3項においても「当該被現物分配法人に当該移転をした資産の当該適格現物分配の直前の帳簿価額による譲渡をしたものとして、当該内国法人の各事業年度の所得の金額を計算する。」と明文化されています。

また、通常、配当については所得税等を源泉徴収することになりますが、適格現物分配の場合には所得税等の源泉徴収も不要とされています（所法24、181）。具体例を税務上の仕訳に表すと、次のとおりです。

【現物分配法人A社の仕訳】

（借）	資本金等の額	940	（貸）	土　　　地	7,000
	利益積立金額	6,060			

※　配当に係る所得税等の源泉徴収は不要とされます。

②　被現物分配法人B社の取扱い

被現物分配法人B社は、みなし配当部分の金額が税務上における配当金収入として認識されます。本具体例では、被現物分配法人B社はA社の株式を100％保有していますので、A社の利益積立金額の減少額6,060の全額がB社におけるみなし配当金額となります。当該配当金収入に関する取扱いについては、非適格現物分配の場合には受取配当等の益金不算入制度の規定が適用され、適格現物分配の場合には法人税法62条の5の規定によりその全額が益金不算入とされます。本具体例は、適格現物分配となりますので、全額益金不算入として取り扱われます。益金不算入とされた金額は、利益積立金額の増加として処理されます（法令9④）。

適格現物分配により移転を受けた資産の取得価額については、法人税法施行令123条の6により現物分配法人における資産の帳簿価額相当額とされます。つまり、現物分配法人の帳簿価額を引き継ぐことになります。

最後に株式の譲渡損益に関する部分の取扱いです。みなし配当事由があった場合には、株主は保有する株式の帳簿価額のうち払戻しに対応する部分の金額を譲渡原価の額として損金の額に算入します。資本の払戻し（資本剰余金の配当）の場合における払戻し対応分の譲渡原価の額は、法人税法施行令 119 条の 9 において、所有株式の帳簿価額に「第 23 条第 1 項第 3 号（みなし配当金額の計算方法）に規定する割合」を乗じて計算すると規定されていますが、当該割合の計算方法は、株式の発行法人における減資資本金額の計算に用いる割合と同様の計算方法になります。したがって、本具体例における割合は上記の計算のとおり 0.094 となり、譲渡原価の額は、株式の帳簿価額 50,000 に 0.094 を乗じて計算した 4,700 となります。譲渡損益計算上の譲渡対価の額は、通常の場合には、交付を受けた資産の価額からみなし配当金額を控除した金額となりますが、本具体例の場合には、完全支配関係のある法人間で行われたみなし配当事由となりますので、B 社における A 社株式の譲渡損益は不計上とされます。具体的には、A 社株式の譲渡対価の額を譲渡原価の額と同額とすることで譲渡損益を生じさせない取扱いとなります。当該取扱いを適用することで、全体の仕訳において貸借差額が生じることになりますが、当該差額については、資本金等の額として処理をすることになります。

これらを踏まえ、具体例における被現物分配法人の取扱いを仕訳に表すと、次のとおりとなります。

【被現物分配法人 B 社の仕訳】

（借）	土　　　地	7,000	（貸）	譲渡対価（益金）	4,700[注1]
	譲渡原価（損金）	4,700		A 社 株 式	4,700
	資本金等の額	3,760[注2]		配　当　金	6,060

（注 1）　譲渡対価の額（益金）は、資本金等の額から払い戻された 940 ではなく、譲渡原価の額（損金）4,700 と同額とされます。したがって、譲渡損益は生じません。

（注 2）　有価証券の譲渡損益計算上の譲渡対価の額は 4,700 とされますが、交付資産である土地の取得価額として計上した金額は 7,000（みなし配当 6,060 を控除すると 940）となりますので、貸借差額が生じます。当該差額は、資本金等の額として処理をします。

CHAPTER

7

繰越欠損金の引継ぎと制限

SECTION
01 組織再編成と繰越欠損金

[1 欠損金額の引継制度の概要]

(1) 欠損金の繰越控除制度の概要

法人の各事業年度において欠損金額が生じた場合（課税所得がマイナスとなった場合）において、その欠損金額が生じた事業年度に青色申告書である確定申告書を提出し、かつ、その後の各事業年度について連続して確定申告書を提出しているときは、その欠損金額を繰り越し、その後の各事業年度の所得金額と相殺することができます。繰り越すことができる期間は10年（平成30年3月31日以前に開始する各事業年度において生じた欠損金額については9年）です。

法人税は事業年度を計算期間として計算が行われるため、課税所得が発生すれば税額が生じる一方で欠損金額が生じた場合に当該欠損金額が切捨てられることとなると、所得の発生するタイミングによって税負担に差が生じてしまう可能性があります。そこで、法人税の計算においては一定の条件の下、欠損金額を翌期以降に繰り越し、異なる事業年度間の所得と欠損を通算することで税負担のバランスを図ることとしています。

(2) 適格合併による繰越欠損金額の引継制度

平成13年度税制改正による組織再編税制の創設に伴い、適格合併が行われた場合において被合併法人に未使用の繰越欠損金額があるときは、当該繰越欠損金額を合併法人の繰越欠損金額とみなす（つまり、合併法人に引き継ぐ）という規定が設けられました。適格合併において移転資産の譲渡損益を繰延べる取扱いは、「従前の課税関係を継続させる」という考え方に基づくものですが、繰越欠損金の引継制度についても同様の趣旨に基づいて制度化されたものと考えられます。また、一方で、無条件に繰越欠損金額の引継を認めると租税回避のために悪用される可能性があるため、引継に関する制限規定についても同時に導入されています。

(3) 完全支配関係のある内国法人の残余財産確定による繰越欠損金額の引継制度

平成22年度税制改正によるグループ法人税制等の創設に伴い、内国法人との間に完全支配関係がある他の内国法人の残余財産が確定した場合には、当該他の内国法人の有する欠損金額を株主である内国法人に引き継ぐという規定が設けられました。これは、同改正で設けられた適格現物分配制度の取扱いと既存の制度である適格合併の取扱いについて課税上の整合性を図ることが目的とされます。完全支配関係のある法人間において清算に伴う残余財産の分配を現物資産で行った場合には、適格現物分配として簿価引継による資産の移転が行われます。「会社の清算に伴う資産の簿価移転」という点において、その行為は適格合併と課税上の効果が類似していますので、欠損金額の引継に関しても適格合併と同様の取扱いをすることとしたものと考えられます（ただし、合併が事業の移転を伴うのに対し、残余財産の分配は事業の移転を想定していません。この点が、課税上の取扱いの違いに現れるケースがありますが、また改めて解説をします）。

また、これらの改正とともに法人との間に完全支配関係がある子法人の残余財産が確定した場合に、その株主である法人において生じる子法人株式の譲渡損益を不計上とする制度も導入されています。グループ法人税制の導入により、グループ法人間の資本関連取引の取扱いが見直されたことに伴い設けられた制度であり、合併により合併法人が有する被合併法人の株式（抱合株式）の譲渡損益が計上できない

【完全支配関係のある子法人の残余財産が確定した場合の取扱い】

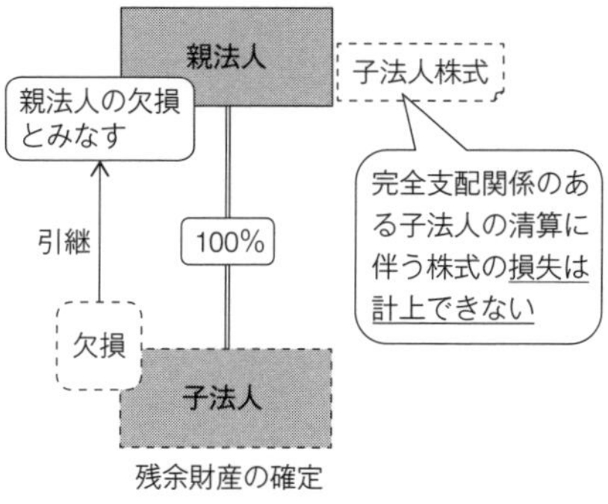

ことと類似しています（抱合株式がある場合の合併の税務の取扱いについては、CHAPTER 2　SECTION 4 参照)。完全支配関係のある子法人の残余財産の確定に伴う繰越欠損金額の引継の規定は、保有する株式の譲渡（滅失）損失が計上できない代わりとして手当された制度との見方もできます。

(4) 引き継いだ欠損金額の帰属事業年度

以上のとおり、繰越欠損金額の引継制度については、「適格合併の場合」と「完全支配関係のある子法人の残余財産が確定した場合」の２つの類型があります。引き継いだ欠損金額については、その引き継いだ法人の欠損金額とみなすことで繰越控除の規定が適用されることになりますが、この場合、引き継いだ法人のいずれの事業年度の欠損金額とみなすのかが論点となります。これについては条文の表現を確認します。

この項目で紹介する条文

【法人税法 57 条２項】
（青色申告書を提出した事業年度の欠損金の繰越し）
第 57 条
２　前項の内国法人を合併法人とする適格合併が行われた場合又は当該内国法人との間に完全支配関係（当該内国法人による完全支配関係又は第２条第 12 号の７の６（定義）に規定する相互の関係に限る。）がある他の内国法人で当該内国法人が発行済株式若しくは出資の全部若しくは一部を有するものの残余財産が確定した場合において、当該適格合併に係る被合併法人又は当該他の内国法人（以下この項において「被合併法人等」という。）の当該適格合併の日前 10 年以内に開始し、又は当該残余財産の確定の日の翌日前 10 年以内に開始した各事業年度（以下この項*において「前 10 年内事業年度」という。）において生じた欠損金額（当該被合併法人等が当該欠損金額*の生じた前 10 年内事業年度について青色申告書である確定申告書を提出していることその他の政令で定める要件を満たしている場合における当該欠損金額に限るものとし、前項の規定により当該被合併法人等の前 10 年内事業年度の所得の金額の計算上損金の額に算入されたもの及び第 80 条の規定により還付を受けるべき金額の計算の基礎となつたものを除く。以下この項において「未処理欠損金額」という。）があるときは、当該内国法人の当該適格合併の日の属する事業年度又は当該残余財産の確定の日の翌日の属する事業年度（以下この項において「合併等事業年度」という。）以後の各事業年度における前項の規定の適用については、当該前10年内事業年度において生じた未処理欠損金額（当該他の内国法人に株主等が二以上ある場合には、当該未処理欠損金額を当該他の内国法人の発行済株式又は出資（当該他の内国法人が有する自己の株式又は出資を除く。）の総数又は総額で除し、これに当該内国法人の有する当該他の内国法人の株式又は出資の数又は金額を乗じて計算した金額）は、それぞれ当該未処理欠損金額の生じた前10年内事業年度開始の日の属する当該内国法人の各事業年度（当該内国法人の合併等事業年度開始の日以後に開始した当該被合併法人等の当該前10年内事業年度において生じた未処理欠損金額にあつては、当該合併等事業年度の前事業年度）において生じた欠損金額とみなす。

当該規定において、適格合併又は残余財産の確定により引き継がれる欠損金額を「未処理欠損金額」と表現していますので、以下「未処理欠損金額」と記載します。被合併法人または完全支配関係のある他の内国法人から引き継ぐ未処理欠損金額は、その引き継ぐ内国法人において次の①又は②の事業年度において生じた欠損金額とみなします。

【未処理欠損金額が帰属する事業年度】

① 未処理欠損金額の生じた前10年内事業年度開始の日の属する当該内国法人の各事業年度

② 当該内国法人の合併等事業年度開始の日以後に開始した当該被合併法人等の当該前10年内事業年度において生じた未処理欠損金額にあっては、当該合併等事業年度の前事業年度

これらを図に表すと次のとおりです。合併等事業年度開始の日以後に開始した被合併法人等の事業年度（図においては被合併法人の最後事業年度）に生じた未処理欠損金額については、合併法人等の合併等事業年度の前事業年度に帰属するため、合併法人等の合併等事業年度において控除の対象とすることができます。

【引継欠損金額の帰属する事業年度】

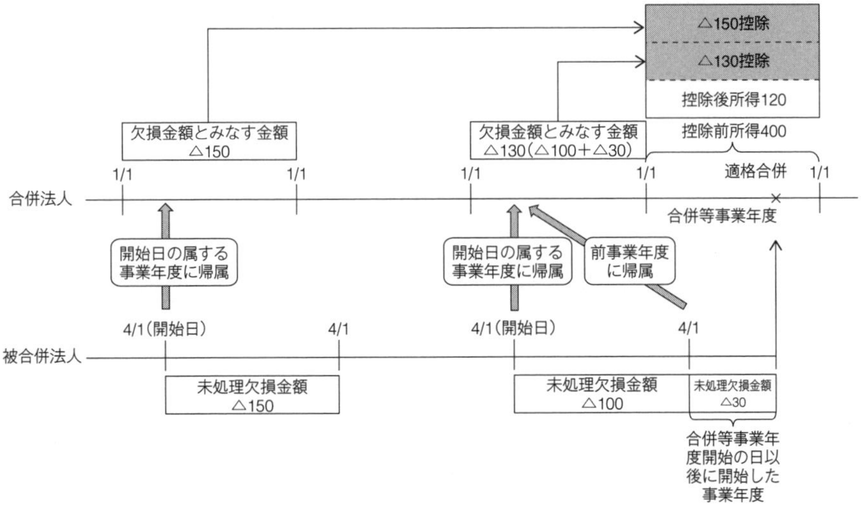

［　2　未処理欠損金額等に関する制限規定の概要　］

(1) 未処理欠損金額の引継等の制限規定

適格合併等による未処理欠損金額の引継制度においては、前述のとおり、無条件に引継が認められるわけではありません。当然ですが、欠損金額を引き継ぐことで、その引き継いだ法人はその後の事業年度の課税所得の軽減を図ることができますので、何ら制限を行わないと欠損金額の引継だけを目的として適格合併等を行うことが横行してしまう可能性もあります。そこで、「欠損金額の引継だけが目的ではない」と判断できる要件を設け、その要件を満たした場合にのみ引き継ぐ制度とされています。

また、欠損金額を引き継ぐことに制限が生じるのであれば、例えば、欠損金額を有する法人を合併法人とし、高所得の発生が見込まれる事業を行う法人を被合併法人とする「逆さ合併」を行うことで、未処理欠損金額を利用するといった行為も考えられます。つまり、引き継ぐのではなく、引き続き自社の欠損金額として控除するという方法です。このような行為も租税回避につながる可能性がありますので、合併法人側にも自社の有する欠損金額の利用制限の措置が設けられています。

この自社欠損金額の利用制限に関する制度は、合併に限った論点ではありません。「含み益のある資産を帳簿価額で別法人に移転し、その移転先法人で含み益を実現させて移転先法人の欠損金額と相殺する」、といった行為は適格分割、適格現物出資、適格現物分配においても可能であるため、これらの制度においても利用制限の規定が設けられています。これらをまとめると次の図のとおりとなります。

	他法人の未処理欠損金額の引継	自社の未処理欠損金額の継続利用
対象となる組織再編成	・　適格合併 ・　完全支配関係がある法人の残余財産の確定（株式の全部又は一部を保有する場合に限る）	・　適格合併 ・　適格分割 ・　適格現物出資 ・　適格現物分配 ・　完全支配関係のある法人間の非適格合併で，資産の譲渡損益の繰延制度の適用を受けるもの
適格合併の場合の制度イメージ	【原則】 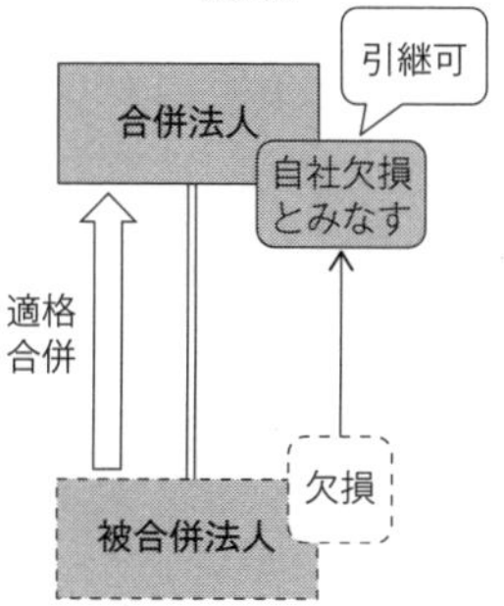 【制限を受ける場合】 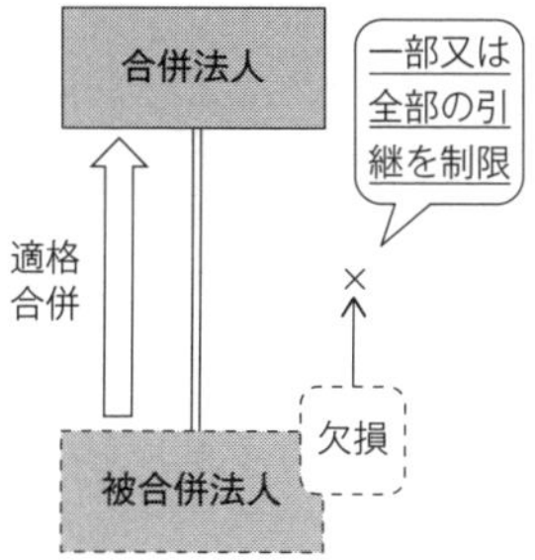	【原則】 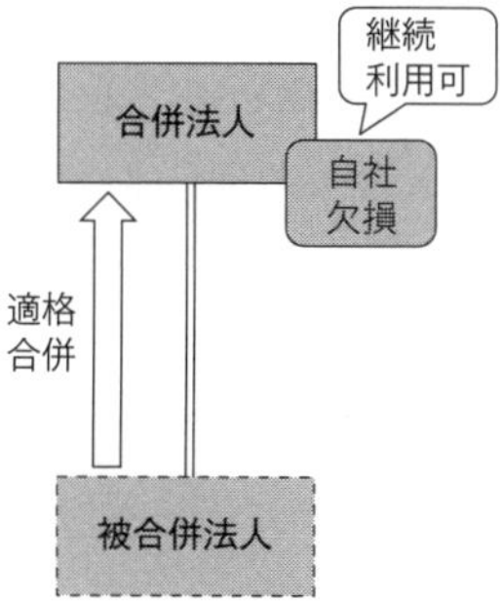 【制限を受ける場合】 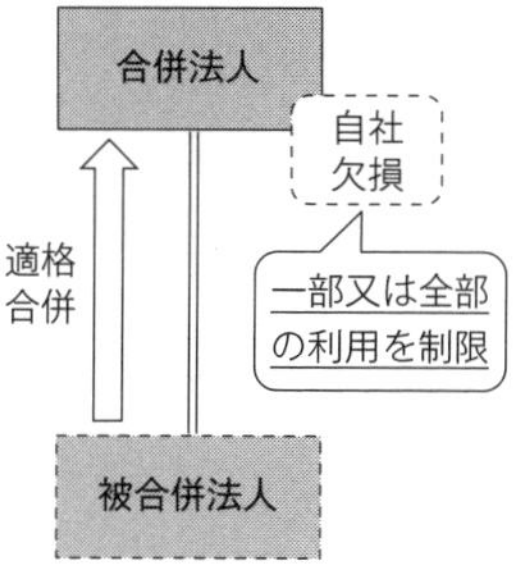

(2) 適格組織再編成により移転した資産の損失に係る制限規定

続いて、未処理欠損金額に関する取扱いではありませんが、未処理欠損金額の引継等に関する制限と同様の趣旨で設けられた制度である、特定資産の譲渡等による損失額の損金不算入制度について、その概要を確認します。

当該制度は適格組織再編成により資産の移転を受けた法人がその移転を受けた資産を譲渡等した場合において、その譲渡等により損失が計上され、かつ、一定の要件に該当するときは、その損失の額を損金の額に算入しないとする取扱いです。適格組織再編成は帳簿価額で資産を移転できるため、その資産に含み損益がある場合には、その含み損益を実現しないまま別法人に移転することができます。したがって、他の法人の含み損失を取り込むことだけを目的として適格組織再編成を行い、再編後に譲渡等により損失を計上することで所得を軽減するといった租税回避行為に利用されることも考えられます。このような行為を防止するため、一定の損失額について損金算入を制限する措置が設けられています。欠損金額の取扱いと同様、引き継いだ資産の譲渡等による損失だけでなく、自社が保有していた資産の損失についても損金算入の制限を設けています（特定資産譲渡等損失額の損金不算入制度の詳細はCHAPTER 8参照）。

「損失が実現済みの未処理欠損金額に関する制限」と「損失が未実現であった資産の損失計上に関する制限」は租税回避防止規定として相互に関連性を有し制度を補完しあっていますので、実務上は、未処理欠損金額に関する取扱いだけでなく両規定を意識しながら検討できるようにする必要があります。

(3) 制限判定の検討手順

再度、未処理欠損金額の解説に戻ります。実際に未処理欠損金額を有する法人が適格組織再編成を行う場合に、どのような順序で検討を進めるべきかを確認します。

(1) の図に記載のとおり、引継等の制限がある場合における「制限額」は、必ずしも全額ではありません。制限が生じる場合においても、一部分については引継等が認められるケースもあります。したがって、未処理欠損金額の引継等の検討に当たっては、まず、「制限なしに引継等が可能かどうか」を検討するのが良いと考えます。その上で、制限が生じると判定された場合には、制限額の計算が必要となります。本SECTIONにおいては「制限なしに引継等が可能かどうか」の判定について確認をします。

【検討の手順】

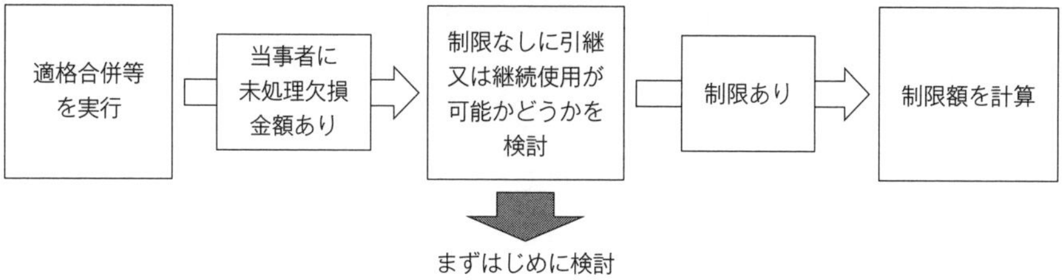

[3 制限が生じるかどうかの判定]

適格合併等が行われる場合において、被合併法人等の未処理欠損金額が引き継げるかどうか、又は、合併法人等の未処理欠損金額が継続して利用できるかどうかは大きく区分すると５つの要件により判定します。個々の要件の詳細についてはSECTION ２と３で確認をしますので、本SECTIONでは、どのケースにおいてどの要件を検討する必要があるのか、概略のみ確認をします。まずは、結論としてのフローチャートを記載します。①から⑤までの要件を確認し、すべての要件が満たせない場合には、制限規定の取扱いが適用されることになります。

【未処理欠損金額の引継等に関する制限の判定フローチャート】

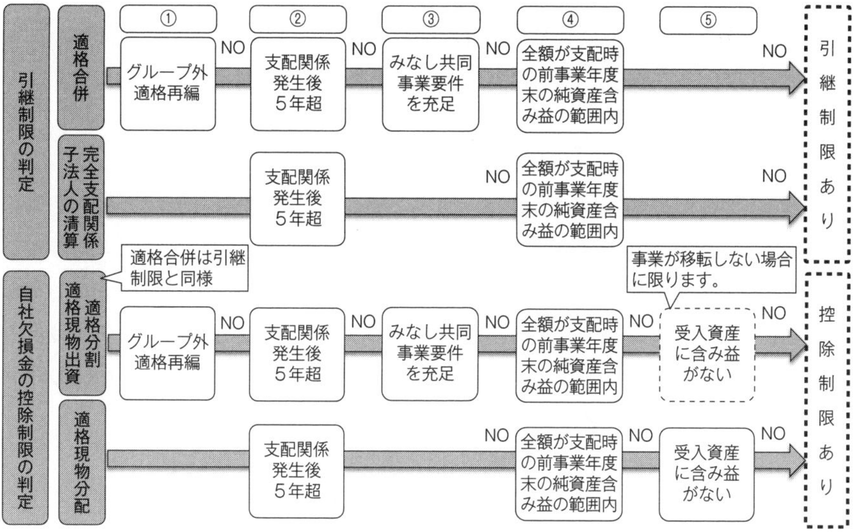

(1) グループ外適格再編かどうかの判定

フローチャートの要件を左から順に確認をします。まずは一番左のグループ外適格組織再編成の場合には、未処理欠損金額の引継等の制限の規定は適用されません。つまり未処理欠損金額の全額について引継等を行うことが可能です。適格組織再編成は、その再編当事者の資本関係に応じて「グループ内の組織再編成」と「共同で事業を営むための組織再編成」の２つの類型に区分されます。グループ内の組織再編成は適格判定上の要件が少なく、比較的容易に適格合併とすることができます。これに対し共同で事業を営むための組織再編成については、事業関連性要件や事業の規模要件又は経営参画要件など、複数の要件を満たす必要があり、慎重な検討が必要とされます。

未処理欠損金額の引継等に係る制限規定は、前述のとおり「欠損金額の引継だけが目的ではない」と判断できる適格合併等について引継等の制限をしないとする規定です。したがって、共同で事業を営むための組織再編成については、その要件の厳格さから租税回避行為が主目的となることは想定しづらいため、引継等の制限規定も設けられていません。これに対し、グループ内の組織再編成は形式的な要件のみ満たすことで適格に該当することができ、租税回避にもつながりやすいことから引継等の制限対象としています。なお、完全支配関係がある子法人の残余財産の確定の場合と適格現物分配については、いずれも完全支配関係があることを前提としており、グループ外再編になることはないためフローチャート上に記載はありません。

(2) 支配関係発生後５年超かどうかの判定

グループ内の適格組織再編成であっても、その支配関係（50％超の資本関係）が生じてから５年超経過する法人間の適格組織再編成の場合には、未処理欠損金額の引継等に関する制限がありません。グループ内再編であっても支配関係が一定期間継続している法人間の適格組織再編成であれば、その内容が「未処理欠損金額の引継のみを目的とした再編」とはならないと考えるためです。５年超の期間の考え方については SECTION 2 で確認をします。

(3) みなし共同事業要件による判定

支配関係が生じてから５年以内のグループ内の適格組織再編成であっても、「みなし共同事業要件」と呼ばれる要件を満たす場合には、未処理欠損金額の引継等に関する制限はありません。みなし共同事業要件の詳細は SECTION 2 で確認をしますが、適格組織再編成の判定における共同事業要件（グループ外再編の適格要件）と同様に事業関連性等に関する内容となっています。(1) の要件と同様、みなし共同要件を充足する場合には、租税回避のみを目的とした再編になることは想定しづらいため、制限の対象から除外されます。なお、完全支配関係がある子法人の残余財産の確定の場合と適格現物分配については、フローチャート上にみなし共同事業要件の判定がありません。残余財産の分配と現物分配（配当）については資産が移転するのみで事業が移転することを想定しておらず、事業関連性等の要件を満たすことができないため、規定上も定めを置いていないものと考えられます。

(4) 支配時の前事業年度の純資産含み益による判定

(1)～(3) の要件を満たさない場合には、形式的には未処理欠損金額の利用のみを目的とした適格組織再編成とみられることになりますが、それが本当に租税回避になるのかどうかという点について、実際の金額的な側面から判定を行うことができます。

例えば、法人が未処理欠損金額を有する他の法人の株式を100％取得した後、短期間で合併をした場合には、形式的には未処理欠損金額の利用目的の適格合併と見られます。ただし、100％取得された被合併法人の未処理欠損金額よりも、その被合併法人の純資産全体の含み益のほうが大きい場合には、その被合併法人は自らの含み益を実現することで未処理欠損金額を使用し切ることができます。このような状況にある場合においては、いずれどこかのタイミングで含み益が実現されることを想定すれば、当該未処理欠損金額は他社の利益と相殺されることはありませんので、引継等の制限から除外されています。

(5) 受け入れ資産の含み益判定

最後は、自社未処理欠損金額の利用制限のフローチャートのみにある要件です。また、合併の場合にはこの取扱いはありません。自社の未処理欠損金額の利用制限は、適格組織再編成により含み益のある資産を受け入れ、その資産の含み益を実現することで自社未処理欠損金額と相殺する行為を防止する制度であるため、最大限租税回避が想定されるのは受け入れる資産の含み益の範囲内ということになります。したがって、受け入れ資産に含み益がない場合には、租税回避につながる恐れがないということになります。ただし、この考え方が適用されるのは、受け入れるのが単独の資産である場合のみです。資産とともに事業を受け入れる場合には、単独の資産の含み益はなくても、事業から生み出される利益が未処理欠損金額と相殺される可能性がありますので、制限を行う必要があります。事業から生み出される利益を事前に評価することは困難であるため、事業が移転する場合には、どのような事業であっても制限がかかることになります。合併は事業が移転しないことを想定していないため、実質的には資産のみの移転であるような場合であっても受け入れ資産の含み益判定を行うことはできません。これに対し、前述のとおり、適格現物分配は事業が移転することを想定していませんので、受け入れ資産の含み益がなければ、自社の未処理欠損金額の利用制限は適用されないことになります。

以上が大枠としての5つの要件となります。次のSECTIONからは、それぞれの要件ごとに詳細を確認していきます。

SECTION
02

支配関係の継続要件とみなし共同事業要件

引継制限及び控除制限の規定のうちその制限が生じるかどうかを判定する際の要件である「支配関係の継続要件」と「みなし共同事業要件」について詳細を確認します。

[　1　未処理欠損金額の引継制限に関する規定　]

(1) 規定の確認

まずは、未処理欠損金額の引継制限の規定である法人税法 57 条 3 項を確認します。

この項目で紹介する条文

【法人税法 57 条 3 項】
(青色申告書を提出した事業年度の欠損金の繰越し)
第 57 条
3　前項の適格合併に係る被合併法人(同項の内国法人*との間に支配関係があるものに限る。)又は前項の残余財産が確定した他の内国法人(以下この項において「被合併法人等」という。)の前項に規定する未処理欠損金額には、当該適格合併が共同で事業を行うための合併として政令で定めるものに該当する場合又は当該被合併法人等と同項の内国法人との間に当該内国法人の当該適格合併の日の属する事業年度開始の日*の 5 年前の日若しくは当該残余財産の確定の日の翌日の属する事業年度開始の日の 5 年前の日、当該被合併法人等の設立の日若しくは当該内国法人の設立の日のうち最も遅い日から継続して支配関係がある場合として政令で定める場合のいずれにも該当しない場合には、次に掲げる欠損金額を含まないものとする。

法人税法57条3項は、「適格合併の場合」と「完全支配関係のある子法人の残余財産が確定した場合」の未処理欠損金額の引継制限に関する取扱いを規定しています。前段の文は“次に掲げる欠損金額を含まないものとする”との表現で終了し、その後に1号及び2号としてその“含まないものとする”欠損金額が列挙されています（ここでは1号と2号の記載は省略しています)。何に含まないとされるかというと、前項（2項）において合併法人等の欠損金額とみなされる被合併法人等の未処理欠損金額に含まないとされますので、引継制限が生じた場合における“引き継げない欠損金額”を規定しています。

引継制限が生じた場合の“引き継げない欠損金額”の計算方法については、SECTION 3で確認をしますので、ここでは、前段の文を確認し、“引継制限が生じるかどうかの判定”について確認をします。

(2) 適格合併の場合の未処理欠損金額の引継制限の有無

適格合併の場合に引継制限が生じるかどうかについては、法人税法57条3項において3つの要件を確認できます。

1つ目の要件は、被合併法人について合併法人との間に「支配関係があるものに限る」とする規定です。法人税法57条3項は引継制限がある場合を規定していますので、合併法人と被合併法人との間に支配関係がある場合には引継制限の対象となる可能性が生じます。言い換えると、支配関係がない場合における適格合併（共同事業要件を満たすことによる適格合併）については引継制限は生じないこととなります。適格合併による未処理欠損金額の引継規定は租税回避に利用される恐れがあるため、引継の制限に関する規定も設けられています。ただし、グループ外の法人との適格合併については、グループ内再編の要件に比べ適格要件に高いハードルを設けていますので、未処理欠損金額の利用を目的とした租税回避にはつながりにくいと考えられ、制限の対象とはされていません。

2つ目の要件は、当該適格合併が共同で事業を行うための合併として政令で定めるものに該当しない場合に引継に制限が生じるという内容です。つまり、共同で事業を行うための合併として政令で定めるものに該当する場合には、引継制限は生じないこととなります。当該要件は、適格要件における「共同事業要件」とは内容が異なるため、「みなし共同事業要件」と表現を区別して呼ばれています。

3つ目の要件は、被合併法人と合併法人との間に合併法人の当該適格合併の日の属する事業年度開始の日の５年前の日、当該被合併法人の設立の日若しくは当該合併法人の設立の日のうち最も遅い日から継続して支配関係がある場合として政令で定める場合に該当しない場合に制限が生じることになります。当該要件についても、これらの支配関係の継続がある場合には引継制限は生じないこととなります。

２つ目のみなし共同事業要件と３つ目の支配関係の継続要件は、特に優先順序はなく並列の関係であるため、いずれかの要件を満たせば引継可能となりますが、３つ目の支配関係の継続要件のほうが容易に判定を行えますので、実務上は支配関係の継続要件を確認し、これを満たさない場合にはみなし共同事業要件を検討する、という流れで検討を進めていくことになります。

(3) 完全支配関係のある子法人の残余財産が確定した場合の未処理欠損金額の引継制限の有無

続いて、完全支配関係のある子法人の残余財産が確定した場合について、法人税法 57 条３項の内容を確認します。まず、適格合併の場合の１つ目の要件である、合併法人と被合併法人との間に支配関係がない場合には引継制限は生じないとする規定ですが、子法人の残余財産の確定による未処理欠損金額の引継制度については、「完全支配関係があること」を引継要件とし、グループ外の法人からの引継は想定されませんので、支配関係がある場合という規定は存在しません。

また、適格合併の場合の２つ目の要件であるにおける「みなし共同事業要件」についても、完全支配関係のある子法人の残余財産の確定の場合には規定が存在しません。「みなし共同事業要件」は後述するとおり、未処理欠損金額を有する法人と未処理欠損金額を引き継ぐ法人との間に事業に関連性があること等を要件としますが、子法人の残余財産の確定の場合については、子法人が清算し消滅することを前提としていますので、残余財産の確定時に事業があることを想定していません。したがって、仮にみなし共同事業要件を設けても要件を満たすことができないため、要件が置かれていないものと考えます。なお、実際には、残余財産確定の場合においても直前まで事業が存在し、消滅に伴って親法人に事業が移転するなどのケースもあるかと思いますが、それは別途事業の譲渡が行われていると考えられ、合併のように事業が継続したまま包括的に移転するものではありません。

適格合併の場合の３つ目の要件である支配関係の５年継続要件については、完全支配関係のある子法人の残余財産が確定した場合にも適格合併の場合と同様の取扱いがあります。

(4) ま と め

法人税法 57 条 3 項の未処理欠損金の引継制限に関し、制限を受けずに引継可能となるための要件をまとめると次のとおりとなります。

<table>
<tr><th colspan="2" rowspan="2">引継が可能となる
要件の内容</th><th colspan="2">要件の有無</th></tr>
<tr><th>適格合併</th><th>完全支配関係のある子法人の残余財産確定</th></tr>
<tr><td colspan="2">支配関係がないこと</td><td>要件あり</td><td>要件なし
（欠損金の引継は完全支配関係があることが前提のため）</td></tr>
<tr><td rowspan="2">支配関係がある場合</td><td>みなし共同事業要件</td><td>要件あり</td><td>要件なし
（残余財産確定時に事業は存在しないため）</td></tr>
<tr><td>支配関係の
5 年継続要件</td><td>要件あり</td><td>要件あり</td></tr>
</table>

適格合併では 3 つの要件を検討することができ、いずれかを満たせば制限を回避することができますが、完全支配関係のある子法人の残余財産の確定の場合には、支配関係の 5 年継続の要件しか検討することができません。

［ 2 支配関係の継続要件の内容 ］

未処理欠損金額の引継制限に関する要件のうち、適格合併の場合と完全支配関係のある子法人の残余財産確定の場合のいずれにも規定されている支配関係の継続に関する要件を確認します。基本的な内容である法人税法 57 条 3 項の取扱いを確認し、施行令の取扱いについては省略します。具体的な取扱いは次のとおりです。

【支配関係の継続要件】

被合併法人又は残余財産の確定した子法人（以下「被合併法人等」）と合併法人又は親法人との間に以下の①から③のうち最も遅い日から継続して支配関係があること

①	合併法人の当該適格合併の日の属する事業年度開始の日の５年前の日又は親法人の残余財産の確定の日の翌日の属する事業年度開始の日の５年前の日
②	被合併法人等の設立の日
③	合併法人又は親法人の設立の日

当該要件を定める狙いとしては、未処理欠損金額を引き継ぐことのみを目的として他の法人を子法人化し、短期間で合併等する行為を防止することです。したがって、一定の期間グループ経営を継続している状況であれば租税回避には当たらないものとして、引継を認めることとしています。その一定の期間として５年という基準が設けられていますが、被合併法人等の設立時又は合併法人等の設立時から支配関係が継続している場合には、他の企業グループから未処理欠損金額を持ち込むような行為にはつながりませんので、支配関係の継続が５年以内であっても未処理欠損金額の引継を認めることしています。計算期間の考え方を適格合併の場合を前提に線表で確認すると次のとおりとなります。

【適格合併の場合の支配関係の継続要件】

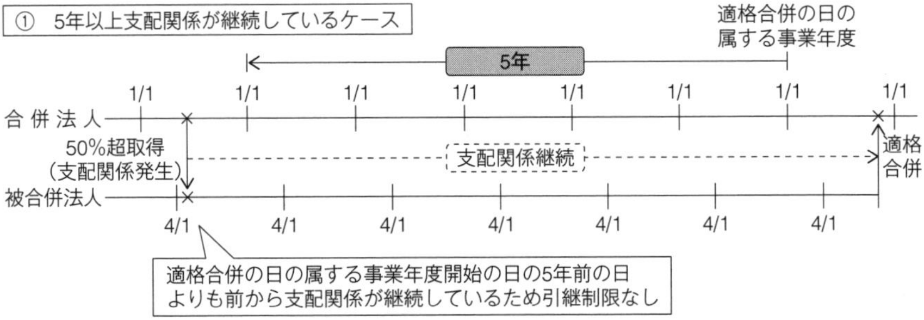

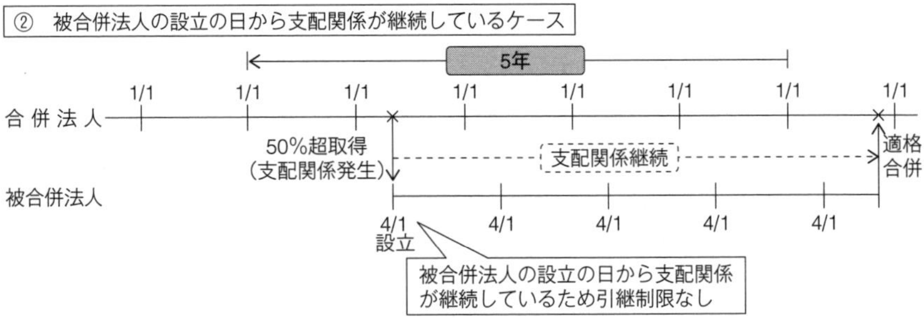

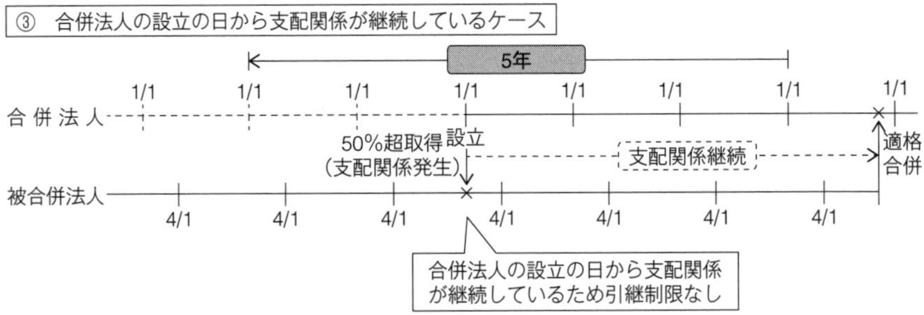

［　3　みなし共同事業要件の内容　］

最後にみなし共同事業要件を確認します。要件の内容は次の表のとおりです。

【合併の場合のみなし共同事業要件】

	要　件			内　容
①	事業関連性要件			被合併法人の被合併事業（合併前に営む主要な事業のうちいずれかの事業）と合併法人の合併事業（合併前に営むいずれかの事業）とが相互に関連すること
				被合併法人及び合併法人のいずれにおいても事務所等の固定施設を所有又は賃借していること
				被合併法人及び合併法人のいずれにおいても従業者があること（役員のみの場合には、その法人の業務に専ら従事するものであること）
				合併前において合併の相手方のみと取引を行っているものでないこと（合併後にいずれかの事業が消滅するものでないこと）
②	右のA又はBのいずれかの要件を満たすこと	A　事業規模に関する要件	事業規模要件	被合併事業とこれに関連する合併事業のそれぞれの売上金額、従業者数、資本金の額（注1）これらに準ずるものの規模の割合がおおむね5倍を超えないこと
③			被合併事の事業規模継続要件	被合併事業が被合併法人と合併法人との間に最後に支配関係があることとなった時から当該適格合併の直前の時まで継続して営まれており、かつ、支配関係発生時と適格合併直前の時における被合併法人の事業の規模（「事業規模要件」の計算の基礎とした指標に係るものに限る）の割合がおおむね2倍を超えないこと
④			合併事業の事業規模継続要件	上記③の「被合併法人」を「合併法人」と読み替える
⑤		B　特定役員要件		合併前の被合併法人の特定役員（注2）のいずれかと合併法人の特定役員のいずれかとが合併後合併法人の特定役員となることが見込まれていること（それぞれの特定役員は、支配関係の生じた日前において役員であった者に限る）

（注1）　事業規模要件において資本金の額により判定できるのは合併のみであり、分割・現物出資の場合は資本金の額による判定を行えません。
（注2）　特定役員とは、社長、副社長、代表取締役、専務取締役、常務取締役又はこれらに準ずる者で法人の経営に従事している者をいいます。
（注3）　アンダーラインの箇所は、適格判定における共同事業要件と異なる部分です。

まず、適格判定における共同事業要件との違いについて確認をします。適格判定における共同事業要件に規定され、みなし共同事業要件に規定されていない要件としては、「従業者引継要件」、「事業継続要件」、「株式継続保有要件」の３要件が挙げられます。いずれの要件も将来的な見込みについて考慮した要件となります。みなし共同事業要件と比べると適格判定における共同事業要件は様々な角度から事業や投資の継続を検証する要件となっています。

これに対して、みなし共同事業要件に規定され、適格判定における共同事業要件に規定されていない要件もあります。表の③及び④の被合併事業及び合併事業の事業規模継続要件と表の⑤特定役員要件における支配関係発生時の役員要件です。当該要件からは、みなし共同事業要件が過去の実績を重要視していることがわかります。このような要件を設けている理由としては、仮に、事業規模に関する要件を表の②の事業規模要件のみとし、特定役員に関する要件を適格判定と同様、合併後の見込みのみを要件とした場合には、子法人化したのち、適格合併の前までに形式的に要件を満たすように規模を調整したり役員構成を変更するような行為が行われてしまう可能性があります。このような事後的な行為を排除するため、支配関係発生時の状況も考慮した要件となっています。特に特定役員要件については、一見すると適格判定における共同事業要件と同じ内容に見え、実務上誤った検討を行ってしまう可能性もあるため、留意する必要があります。

表の①の事業関連性要件と表の②事業規模要件については、適格判定における共同事業要件と同様です。

［ ４まとめ ］

以上が法人税法 57 条３項の内容のうち「引継制限が生じるかどうか」についての判定に関する取扱いになります。もう１つの制限規定である合併法人等の有する未処理欠損金額の控除制限に関する取扱いは法人税法 57 条４項に規定されていますが、内容としては、今回の引継制限と同様、支配関係の継続要件及びみなし共同事業要件が規定されており、基本的な考え方については引継制限の規定と同様になります。

SECTION 03

未処理欠損金額の引継制限等における「制限額」

[1 「制限額」の計算に関する概要]

SECTION 2においては、未処理欠損金額の引継制限及び控除制限の規定に関し、これらの制度が適用されるかどうかの判定について確認をしました。具体的には、グループ内における適格合併等があった場合においても、支配関係が5年継続していることの要件やみなし共同事業要件を満たすときは、未処理欠損金額の全ての引継等が可能となるという内容です。ここでは、これらの要件を満たさず、引継等に制限が生じる場合の「制限額」について確認をします。SECTION 2で確認をした引継等に関する要件を満たさない場合においても、必ずしも未処理欠損金額の全額に引継等の制限が生じるわけではありません。引継等に関する制限は、適格組織再編成等を利用した租税回避行為を防止するために設けられている規定となりますので、未処理欠損金額のうち租税回避に繋がらないと考えられる金額については、引継等が可能とされます。これらの制限額の計算については、原則的な計算のほか、複数の特例計算が定められており、条文上の表現も難解な箇所が多くあります。これらの取扱いを整理するためには、規定の全体的な体系を把握するとともに、制度が設けられている趣旨や個々の計算の仕組みをしっかりと理解しながら確認をする必要があります。

ここでは、原則的な規定については、条文の内容に基づき取扱いを確認しますが、別途定められている特例計算については、その計算方法の考え方を中心に概要を確認します。

[2 「制限額」の原則計算]

(1) 基本規定の確認

まずは、制限額に関する原則計算の条文を確認します。法人税法57条3項において、適格合併等があった場合の被合併法人等の未処理欠損金額の引継に関する制限額の取扱いが規定されており、同条４項において、適格合併等があった場合の合併法人等の未処理欠損金額の控除制限に関する制限額の取扱いが規定されています。いずれも基本的な考え方は変わりませんので、条文については３項の引継制限に関する部分についてのみ記載します。なお、３項は、前の SECTION で確認をした引継制限が生じないための要件についても規定されていますので、今回の制限額に関する部分のみを要約して記載します。

この項目で紹介する条文

【法人税法 57 条３項】

（青色申告書を提出した事業年度の欠損金の繰越し）

第 57 条

３　前項の適格合併に係る被合併法人（同項の内国法人*との間に支配関係があるものに限る。）又は前項の残余財産が確定した他の内国法人（以下この項において「被合併法人等」という。）の前項に規定する未処理欠損金額には、*次に掲げる欠損金額を含まないものとする。

一　当該被合併法人等の支配関係事業年度（当該被合併法人等と当該内国法人との間に最後に支配関係があることとなつた日の属する事業年度をいう。次号において同じ。）前の各事業年度で前 10 年内事業年度に該当する事業年度において生じた欠損金額（当該被合併法人等において第１項の規定により前10年内事業年度の所得の金額の計算上損金の額に算入されたもの及び第 80 条の規定により還付を受けるべき金額の計算の基礎となつたものを除く。次号において同じ。）

二　当該被合併法人等の支配関係事業年度以後の各事業年度で前 10 年内事業年度に該当する事業年度において生じた欠損金額のうち第 62 条の７第２項（特定資産に係る譲渡等損失額の損金不算入）に規定する特定資産譲渡等損失額に相当する金額から成る部分の金額として政令で定める金額

法人税法 57 条３項に規定する制限額には１号と２号があり、それぞれ内容をまとめると次のとおりとなります。

号数	制　限　額
1	支配関係事業年度の前事業年度以前に生じた欠損金額
2	支配関係事業年度以後に生じた欠損金額のうち支配関係事業年度の前事業年度以前から有する資産に係る特定資産譲渡等損失額相当額

まずは１号の内容を確認します。繰り返しになりますが、未処理欠損金額の引継等に関する制限の規定は、適格合併等による未処理欠損金額の引継制度や適格合併等における資産の簿価移転等の取扱いを利用した租税回避を防止するための規定です。そのため適格要件を満たしやすいグループ内の適格合併等に限り制限の対象とされています。制限の対象として具体的に想定しているのは、既に未処理欠損金額を有している他社を子会社化してグループ内に取り込んだ後、当該欠損金額を引き継ぐことだけを目的として適格合併等を行い、自社の所得と相殺するような行為です。したがって、基本的にはグループ化する前に生じた欠損金額（グループ化の時点で既に実現している欠損金額）のみを引継等の制限対象としています。条文の表現で確認をすると、支配関係事業年度（被合併法人等と合併法人等との間に最後に支配関係があることとなった日の属する事業年度）の前事業年度以前に生じた欠損金額が対象となります。

これとは反対に、グループ化した後の事業年度に生じた欠損金額については、グループ化の時点でその欠損金額が生じるかどうかが確実に予想できるものではないため、租税回避にはつながらないと考え、制限の対象とはされていません。

(2) 特定資産譲渡等損失額の取扱い

ただし、グループ化した後の事業年度において生じた欠損金額であっても、引継等の制限が生じるケースがあります。それが、３項２号の特定資産譲渡等損失額相当額です。当該取扱いを確認するためには、「特定資産譲渡等損失額の損金不算入制度」について確認をする必要がありますが、ここでは、概略のみ解説をします。

特定資産譲渡等損失額とは、グループ内で適格合併等を行った場合における、その合併等の後に生じた「特定引継資産」及び「特定保有資産」の譲渡、評価替え、貸倒れ、除却等による損失の額（利益の額がある場合には相殺後の金額）の合計額をいいます。「特定引継資産」とは、合併法人等が被合併法人等より移転を受けた資産で、合併法人等と被合併法人等との間に支配関係が生じた日前から被合併法人等が有していたものをいい、「特定保有資産」とは、合併法人等が、その支配関係が生じた日の属する事業年度開始の日前から有していた資産をいいます。それぞれ、棚卸資産や帳簿価額が1,000万円未満の資産等の一定の資産のほか、支配関係発生日に含み損失が生じていない資産が除かれます。つまり、グループ化した時点で含み損失が生じている一定の資産を適格合併等の後において譲渡等により実現した場合のその譲渡等による損失の額をいいます。

適格組織再編成では、資産の移転が帳簿価額により行われますので、資産の含み損失がある場合でも、当該損失が実現することなく他の法人へ移転します。そこで、このような簿価移転の仕組みを利用して、他の法人の資産の含み損失を適格合併等により自社内に取り込み、その後その資産を譲渡等することにより含み損失を実現することで、租税回避を図ろうとするような行為が考えられます。このような行為を防止するため、その譲渡等が一定の要件を満たす場合には、その損失額を税務上損金の額に算入しないとする取扱いが設けられています。

法人税法57条３項２号の取扱いも考え方は同様です。支配関係事業年度以後に生じた未処理欠損金額について無条件に引継等を認めると、含み損失の実現を支配関係発生日の後、かつ適格合併等の日の前のタイミングとし、含み損失を「未処理欠損金額化」することで、引継等が可能とされてしまいます。そこで、支配関係事業年度以後の事業年度において生じた未処理欠損金額のうちに、支配関係発生日において含み損が生じていた特定資産の譲渡等による損失が含まれているときは、当該未処理欠損金額のうちその譲渡等による損失に相当する金額については、引継等に制限を設けています（特定資産譲渡等損失額の損金不算入制度の詳細はCHAPTER 8参照）。

(3) 原則計算の具体例

以上の解説を踏まえ、制限額の原則計算について、具体例で内容を確認をします。

〔前提〕

- Ａ社はＸ４年10月５日にＢ社株式の全部を取得している（これ以前に資本関係はない）。
- Ａ社はＸ７年10月１日を合併期日としてＢ社を吸収合併した。Ａ社とＢ社の事業に関連性はなく、みなし共同事業要件は満たさない。
- Ａ社及びＢ社の未処理欠損金額の状況は次のとおりである。

合併法人Ａ社（12月決算）

事業年度	未処理欠損金額	留意点
X1.12月期	0	
X2.12月期	△700	
X3.12月期	△200	
X4.12月期	0	支配関係事業年度
X5.12月期	△800	土地売却損500発生※
X6.12月期	△400	

※　譲渡した土地（簿価1,200）は数十年前から保有するものであり、支配関係発生日（X4.10／5）の時価は900である。

被合併法人Ｂ社（３月決算）

事業年度	未処理欠損金額	留意点
X2. 3月期	△120	
X3. 3月期	0	
X4. 3月期	△440	
X5. 3月期	△250	支配関係事業年度
X6. 3月期	△80	
X7. 3月期	0	
X7. 9月期	△50	

Ａ社とＢ社の合併は、100％親子法人間の合併であるため、適格合併に該当します。合併法人の合併事業年度開始の日（Ｘ７年１月１日）の５年前の日以後にＡ社とＢ社の支配関係（50％超の資本関係）が生じており、みなし共同事業要件は満たさない前提であるため、それぞれ、未処理欠損金額の引継制限及び控除制限の規定が適用されます。

制限の対象となるのは支配関係事業年度の前事業年度以前において生じた未処理欠損金額であるため、被合併法人Ｂ社については、X2.3月期（△120）及びX4.3月期（△440）の未処理欠損金額が引継制限の対象となり、合併法人Ａ社についてはX2.12月期（△700）及びX3.12月期（△200）の未処理欠損金額が控除制限の対象となります。また、支配関係事業年度以後に生じた未処理欠損金額のうち特定資産譲渡等損失額相当額についても制限対象とされるため、合併法人A社のX5.12月期の未処理欠損金額△800のうち土地（支配関係発生日において含み損失あり）の譲渡損失△500についても控除制限の対象となります。

これらを線表に表すと次のとおりです。

【引継等の制限に関する原則計算】

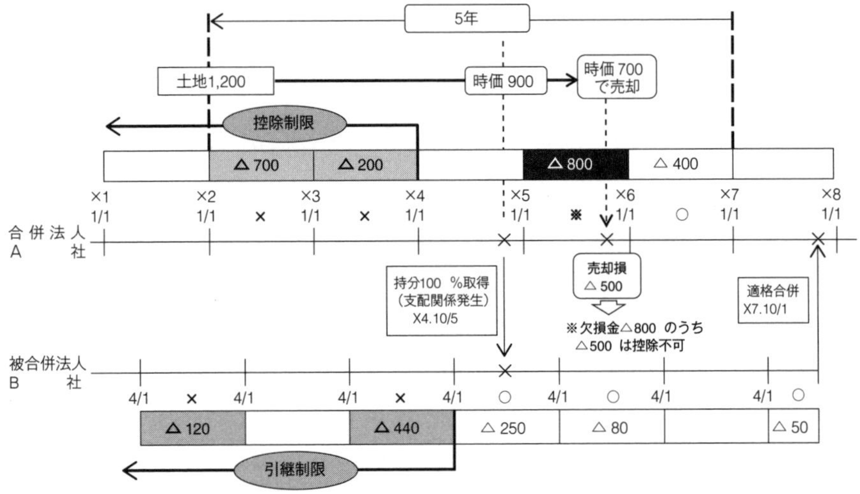

[3 「制限額」の特例計算1]

続いて制限額についての特例計算の内容を確認します。特例計算には2つの規定がありますが、条文については分量が多いため省略し、制限額の計算の基本的な考え方を確認します。1つ目の特例計算（以下「特例計算1」とします）の規定の概要をまとめると次のとおりです。

【表1　特例計算1の概要】

表中①＝支配関係事業年度の前事業年度以前に生じた欠損金額（法法57③一の金額）
表中②＝支配関係事業年度以後に生じた欠損金額のうち支配関係事業年度の前事業年度以前から有する資産に係る特定資産譲渡等損失額相当額（法法57③二の金額）

	条　件		制　限　額
特例計算1（法令113①、④）	(イ)	支配関係事業年度の前事業年度終了時の時価純資産超過額　≧　①の金額	制限なし
	(ロ)	支配関係事業年度の前事業年度終了時の時価純資産超過額　＜　①の金額	・①の金額から時価純資産超過額を控除した金額とし、古い事業年度に生じたものから制限が生じる ・②の金額の制限はなし
	(ハ)	簿価純資産超過額　＜　②の金額	・①の金額（全額制限） ・②の金額の制限のうち簿価純資産超過額に達するまでに金額とし、古い事業年度に生じたものから制限が生じる

（注１）　時価純資産超過額＝時価純資産価額－簿価純資産価額
（注２）　簿価純資産超過額＝簿価純資産価額－時価純資産価額

未処理欠損金額の引継制限及び控除制限は、法人の未処理欠損金額が合理的理由なく他の法人の所得と相殺されることを防止するのが目的です。したがって、未処理欠損金額を有する法人が将来的に自社でその欠損金額を解消できるだけの潜在的な収益力（含み益）を有しているのであれば、仮に他の法人にその未処理欠損金額を引き継いだとしても、同時に引き継がれる含み益と相殺可能であるため租税回避にはつながりません。そこで、このような考え方に基づき、未処理欠損金額の引継制限等について制限額の特例計算を設けています。

【表１】の(イ)においては、支配関係の発生のタイミングにおいて未処理欠損金額を有する法人の純資産全体に含み益が生じており、その含み益が原則計算による制限対象の未処理欠損金額以上であれば、自社で未処理欠損金額を解消できるだけの潜在的な収益力を有しているとして、制限は生じないこととしています。表の「時価純資産超過額（＝時価純資産価額－簿価純資産価額）」が純資産の含み益であり、その判定時期は、決算期に合わせ支配関係事業年度の前事業年度終了の時としています。考え方を図に表すと次のとおりです。

【表1(イ)の考え方】

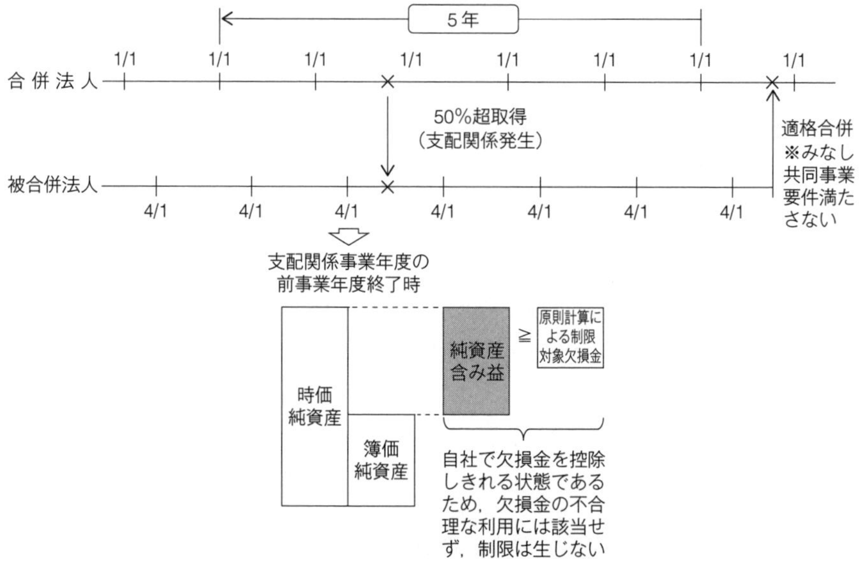

【表１】の(ロ)は、純資産の含み益はあるものの、原則計算による制限対象の未処理欠損金額よりも小さい場合です。この場合、純資産含み益相当額については制限対象から除外することができますが、どの事業年度に生じた未処理欠損金額が制限対象となるのかが論点となります。取扱いとしては納税者有利に、繰越期間が長く発生事業年度が新しい欠損金額から制限を除外し、発生の古いものから制限対象となります。考え方を図に表すと次のとおりです。

【表1(ロ)の考え方】

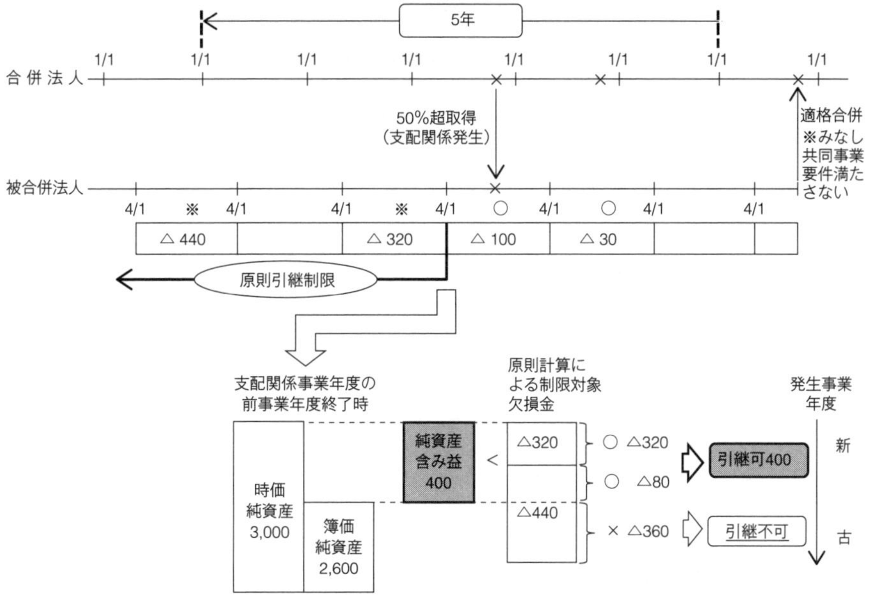

【表1】の(ハ)は、純資産全体に含み損失（簿価純資産超過額）がある前提のため、支配関係事業年度の前事業年度以前分の未処理欠損金額については全額制限対象となります。ただし、当該簿価純資産超過額が、支配関係事業年度以後に生じた未処理欠損金額のうち特定資産譲渡等損失額相当額からなる部分の金額の合計額よりも小さい場合には、簿価純資産超過額に達するまでの金額が制限対象となります。納税者有利に発生の古い事業年度から制限対象となるのは【表1】の(ロ)と同様です。

[4 「制限額」の特例計算2]

最後に、2つ目の特例計算（以下「特例計算2」とします）を確認します。特例計算2は、適格組織再編成のうち「事業が移転しない場合の適格分割及び適格現物出資と適格現物分配」に限って設けられている制度です。また、適用されるのは、控除制限が生じる可能性のある立場の法人（分割承継法人、被現物出資法人、被現物分配法人）となります。

未処理欠損金額の控除制限の制度で想定している租税回避行為は、含み益のある資産を適格合併等により帳簿価額で引き継ぎ、当該含み益を譲渡等により実現し、自社の有する未処理欠損金額と相殺するという内容です。したがって、租税回避につながる恐れがあるのは最大限移転を受ける資産の含み益までということになります。

そこで、特例計算２においても、上記特例計算１と同様に、「移転資産の含み損益」と「原則計算による未処理欠損金額の引継等の制限額」の金額の関係性に応じて制限額の計算をできることとしています。概要をまとめると次のとおりです。

【表２　特例計算２の概要】

表中①＝支配関係事業年度の前事業年度以前に生じた欠損金額（法法 57 ③一の金額）
表中②＝支配関係事業年度以後に生じた欠損金額のうち支配関係事業年度の前事業年度以前から有する資産に係る特定資産譲渡等損失額相当額（法法 57 ③二の金額）

	条　件		制　限　額
特例計算２（法令 113 ⑤）	(イ)	移転時価資産価額　≦　移転簿価資産価額 ※　移転資産に含み益がない場合	制限なし
	(ロ)	移転時価資産超過額（含み益）　≦　①の金額	・①の金額のうち移転時価資産超過額に達するまでの金額とし、古い事業年度に生じたものから制限が生じる ・②の金額の制限はなし
	(ハ)	移転時価資産超過額（含み益）　＞　①の金額	・①の金額（全額制限） ・②の金額のうち移転時価資産超過額から①の金額を控除した金額に達するまでに金額とし、古い事業年度に生じたものから制限が生じる

（注１）　移転時価資産価額…移転を受けた資産の価額（時価）の合計額
（注２）　移転簿価資産価額…移転を受けた資産の帳簿価額の合計額
（注３）　移転時価資産超過額＝移転時価資産価額－移転簿価資産価額

なお、これらの取扱いは、「事業が移転しない」ことを前提としています。事業が移転する場合には、当該移転事業から利益が生じる可能性があり、分割承継法人等における未処理欠損金額との相殺につながる恐れがあるためです。また、合併が適用対象となっていないのも同様の理由と考えられます。合併は被合併法人の事業の全部を包括的に移転しますので、必ず事業が移転することを前提としています。仮に被合併法人が休眠の状態であり実質的に事業がない場合であったとしても「事業が移転しない」として、特例計算２の適用をすることはできません。

事業の移転しない適格分割等としては、法人税基本通達 12－１－６（事業を移転しない適格分割等）において、株式のみを移転する適格分割等が例示されています。

CHAPTER

8

特定資産譲渡等損失額の損金不算入

SECTION
01 原則計算

1 特定資産譲渡等損失額の損金不算入制度の概要

CHAPTER 7 では、組織再編成に伴う未処理欠損金額の引継制度とその制限及び現に有する未処理欠損金額の控除制限に関する取扱いを確認しました。本CHAPTER ではこれらの制度と密接に関連する規定である、特定資産譲渡等損失額の損金不算入制度について確認をします。CHAPTER 7 においても制度の概要は解説しましたが、改めて制度の趣旨から確認をします。

適格組織再編成があった場合には、その当事者である法人間の資産・負債の移転は、帳簿価額により行われます。資産に含み損益がある場合においても、当該資産の移転時に実現することなく、資産の移転先法人にその含み損益が移転します。企業が組織再編行為を円滑に行えるように税制面から後押しする趣旨でこのような取扱いとされていますが、その反面、“簿価移転”という特徴は租税回避として利用される可能性も持ち合わせています。そのため、組織再編税制の創設に際しては、組織再編税制を利用した租税回避を防止するための規定も併せて制度化されました。その租税回避防止規定が、前号までに確認をした未処理欠損金額に関する制限規定であり、本CHAPTER で確認をする特定資産譲渡等損失額の損金不算入制度となります。特定資産譲渡等損失額の損金不算入制度において想定している租税回避行為としては、次のような行為が挙げられます。

・ 適格組織再編成により含み損失のある資産を帳簿価額で移転し、移転先法人で当該損失を譲渡等により実現することで移転先法人の所得と相殺する行為
・ 高収益事業や含み益のある資産を帳簿価額で移転し、移転先法人で所得として実現するとともに、移転先法人が有している含み損資産を譲渡等により併せて実現することで、所得と損失を相殺する行為

このような行為のみを目的として組織再編成が行われることを防止する手段として、特定資産譲渡等損失額の損金不算入制度があります。内容としては、一定の組

織再編成が行われた場合において、再編後に含み損失のある特定資産を譲渡等しその損失を計上したときは、その損失の額を損金不算入とする規定です。これらの規定について、前号までに確認した未処理欠損金額に関する制限規定の考え方と併せて図にまとめると次のとおりとなります。

【想定される租税回避行為とその防止規定】

〔1　未処理欠損金額の引継制限〕

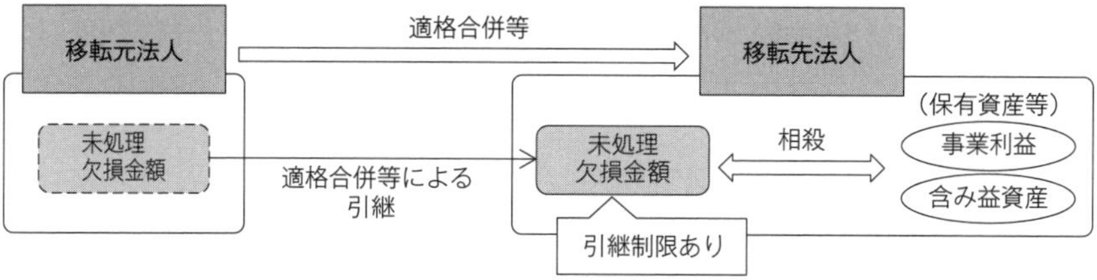

⇒　移転先法人で生じる所得（事業利益，資産の含み益実現等）との相殺のみを目的とした未処理欠損金額の引継行為を防止するため，引継に一定の制限を設けている。

〔2　未処理欠損金額の控除制限〕

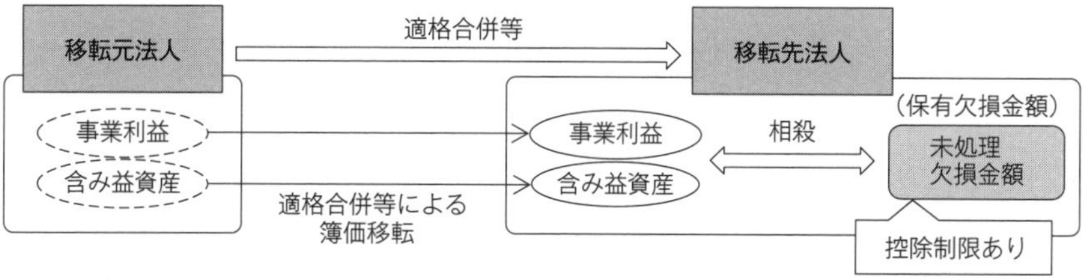

⇒　移転元法人から移転した所得（事業利益，資産の含み益実現等）と移転先法人の有する未処理欠損金額の相殺のみを目的とした組織再編行為を防止するため，未処理欠損金額の継続利用に一定の制限を設けている。

〔3　引継いだ特定資産の譲渡等による損失額の損金不算入〕

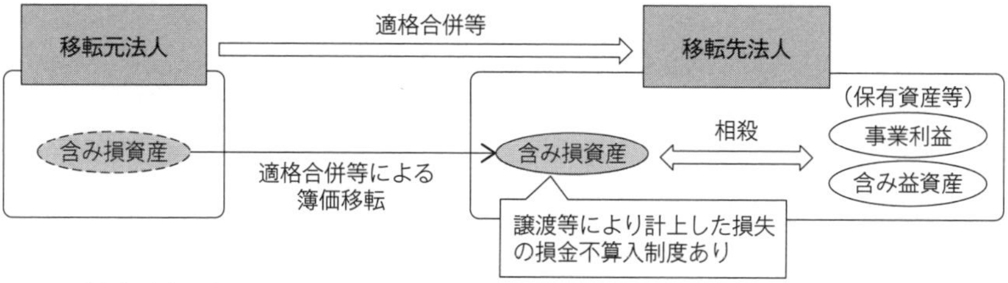

⇒　移転先法人で生じる所得（事業利益，資産の含み益実現等）との相殺のみを目的とした含み損失の移転と移転先法人での損失計上の行為を防止するため，当該損失の損金算入に一定の制限を設けている。

〔4　保有している特定資産の譲渡等による損失額の損金不算入〕

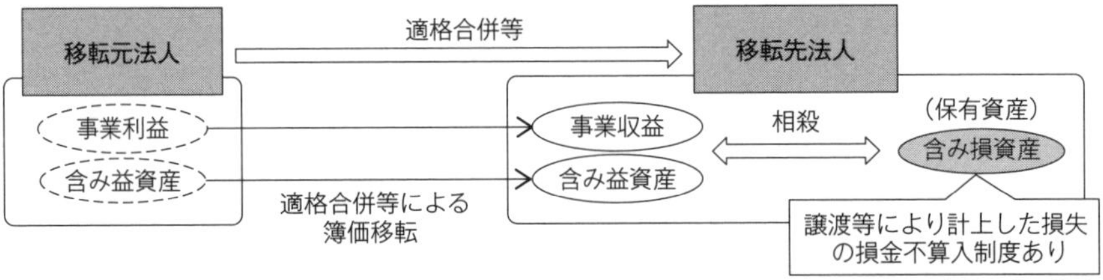

⇒　移転元法人から移転した所得（事業利益，資産の含み益実現等）と移転先法人の有する含み損資産の譲渡等よる損失額との相殺のみを目的とした組織再編行為を防止するため，当該損失の損金算入に一定の制限を設けている。

特定資産譲渡等損失額の損金不算入の規定は、未処理欠損金額の制限規定と同様に、原則的な取扱いのほか損金不算入額の計算に関する特例計算が設けられており、全体的な体系の整理が必要です。本 SECTION では、原則的な取扱いについて確認をし、特例計算は SECTION 2 で確認をします。

[　2　原則計算　]

(1) 基本規定の確認

まずは、基本規定の確認をします。条文の内容については、連結納税の開始に伴う資産の時価評価損益等に関する部分の取扱いについては省略しています。

この項目で紹介する条文

【法人税法 62 条の 7】

（特定資産に係る譲渡等損失額の損金不算入）

第 62 条の 7　内国法人と支配関係法人（当該内国法人との間に支配関係がある法人をいう。）との間で当該内国法人を合併法人、分割承継法人、被現物出資法人又は被現物分配法人とする特定適格組織再編成等（適格合併若しくは適格合併に該当しない合併で第 61 条の 13 第 1 項（完全支配関係がある法人の間の取引の損益）の規定の適用があるもの、適格分割､適格現物出資又は適格現物分配のうち、第 57 条第 4 項（青色申告書を提出した事業年度の欠損金の繰越し）に規定する共同で事業を行うための適格組織再編成等として政令で定めるものに該当しないものをいう。以下この条において同じ。）が行われた場合（当該内国法人の当該特定適格組織再編成等の日（当該特定適格組織再編成等が残余財産の全部の分配である場合には、その残余財産の確定の日の翌日）の属する事業年度（以下この項において「特定組織再編成事業年度」という。）開始の日の５年前の日、当該内国法人の設立の日又は当該支配関係法人の設立の日のうち最も遅い日から継続して当該内国法人と当該支配関係法人との間に支配関係がある場合として政令で定める場合を除く。）には、当該内国法人の適用期間（当該特定組織再編成事業年度開始の日から同日以後３年を経過する日（その経過する日が当該内国法人と当該支配関係法人との間に最後に支配関係があることとなつた日以後５年を経過する日後となる場合にあつては、その５年を経過する日）までの期間*をいう。）において生ずる特定資産譲渡等損失額は、当該内国法人の各事業年度の所得の金額の計算上、損金の額に算入しない。

条文の内容を項目ごとに表にまとめると次のとおりとなります。

項　目		詳　細
①	法人の関係性	内国法人と支配関係法人（当該内国法人との間に支配関係がある法人）との間で行われる組織再編成
②	適用対象となる組織再編成（特定適格組織再編成等）	適格合併若しくは適格合併に該当しない合併で＜完全支配関係がある法人の間の取引の損益＞の規定の適用があるもの、適格分割、適格現物出資又は適格現物分配
③	適用除外	みなし共同事業要件を充足　又は 支配関係が５年継続　する場合は適用なし
④	損金不算入額	適用期間において生ずる特定資産譲渡等損失額

制度の基本的な設計は、未処理欠損金額の引継制限等の規定と同様であり、グループ内再編を前提とし（表①）、「みなし共同事業要件」や「支配関係の５年継続」の要件を満たす場合には、適用除外とされます（表③）。「みなし共同事業要件」、「支配関係の５年継続」については、CHAPTER 7 の未処理欠損金額の引継制限等で解説した内容と同様であるため、本 CHAPTER では解説を省略します。

表②の適用対象となる組織再編成（特定適格組織再編成等）については、本制度特有の論点があります。それは、非適格合併のうち完全支配関係がある法人間の譲渡損益の繰延制度（いわゆるグループ法人税制の規定のひとつ）の適用があるものについて、本制度の適用対象となるという点です。譲渡損益の繰延制度の詳細は本書では省略しますが、当該制度の適用がある場合、被合併法人の資産は時価で合併法人に移転するものの、含み損益は実現しないまま繰り延べられます。また、その後、当該資産を合併法人において譲渡等した場合には、繰り延べられた損益は合併法人で実現することになります。したがって、適格合併等の場合と同様に、上記の制度の概要で示したような租税回避行為に繋がる可能性があるため、本制度の適用対象である特定適格組織再編成等に含まれます。

(2) 特定資産譲渡等損失額

続いて、損金不算入の対象となる「特定資産譲渡等損失額」について確認をします。特定資産譲渡等損失額は、「特定引継資産」に係る損失額と「特定保有資産」に係る損失額の合計額と規定され、その取扱いをまとめると次のとおりとなります。

【特定資産譲渡等損失額（法法 62 の 7 ②)】

区　　分		定義と損金不算入の対象損失額
特　　定 引継資産	定　　義	内国法人が支配関係法人から特定適格組織再編成等により移転を受けた資産で当該支配関係法人が当該内国法人との間に最後に支配関係があることとなった日（支配関係発生日）前から有していたもの
	対象損失	特定引継資産の譲渡、評価換え、貸倒れ、除却その他これらに類する事由による損失の額の合計額から特定引継資産の譲渡又は評価換えによる利益の額の合計額を控除した金額
特　　定 保有資産	定　　義	内国法人が支配関係発生日の属する事業年度開始の日前から有していた資産
	対象損失	特定保有資産の譲渡、評価換え、貸倒れ、除却その他これらに類する事由による損失の額の合計額から特定保有資産の譲渡又は評価換えによる利益の額の合計額を控除した金額

なお、特定引継資産からは次の①から⑥の資産が除外され、特定保有資産からは、次の①から⑤の資産が除外されます。

【特定引継資産及び特定保有資産から除外される資産（法令 123 の 8 ③、⑭）】

① 棚卸資産（土地等を除く）
② 短期売買商品等
③ 売買目的有価証券
④ 特定適格組織再編成等の日（特定保有資産の場合は特定適格組織再編成の日の属する事業年度開始の日）における１単位当たりの帳簿価額又は取得価額が 1,000 万円に満たない資産
⑤ 支配関係発生日の属する事業年度開始の日以後に有することとなった資産及び同日における価額が同日における帳簿価額を下回っていない資産（特定組織再編成事業年度の確定申告書等に同日における当該資産の価額及びその帳簿価額に関する明細を記載した書類の添付があり、かつ、当該資産に係る同日の価額の算定の基礎となる事項を記載した書類その他の書類を保存している場合における当該資産に限る）
⑥ 適格合併に該当しない合併により移転を受けた資産で法第 61 条の 13 第 1 項に規定する譲渡損益調整資産以外のもの（特定引継資産のみ）

以上が特定資産譲渡等損失額に関する基本的な規定です。細かい取扱いもありますが、これらの規定は「租税回避防止のために設けられている」という趣旨を頭に入れながら確認することで規定の整理が進むものと思います。

まずは、「特定引継資産」「特定保有資産」の定義についてですが、それぞれいつから保有していたか、ということが論点とされます。繰り返しになりますが、本制度は、適格組織再編成等による資産の簿価移転が租税回避に繋がる可能性があると考え、適格要件を満たしやすいグループ法人内の組織再編成が制度の対象とされます。具体的には、グループ外の法人の含み損失をグループ内に取り込み、グループ内の所得と相殺することを問題視していますので、制度の対象とされるのはそれぞれの法人がグループ化する前（特定引継資産については支配関係発生日前、特定保有資産については支配関係発生日の属する事業年度開始の日前）から保有し、かつ、グループ化の時点で含み損失が生じている資産となります。言い換えると、グループ化後に取得した資産やグループ化の時点で含み損失の生じていない資産については租税回避に繋がる恐れはないと考えられ、制度の適用対象から除外されています（支配関係発生日以後における資産の取得事由がグループ内の適格組織再編成である場合に支配関係発生日前から保有していたものとみなす取扱い（法令 123 の 8 ⑫⑮）もありますが、本書では解説を省略します）。

(3) 特定引継資産及び特定保有資産の具体例

特定引継資産及び特定保有資産について、数値を用いて具体例で確認をします。

【特定引継資産および特定保有資産の具体例】

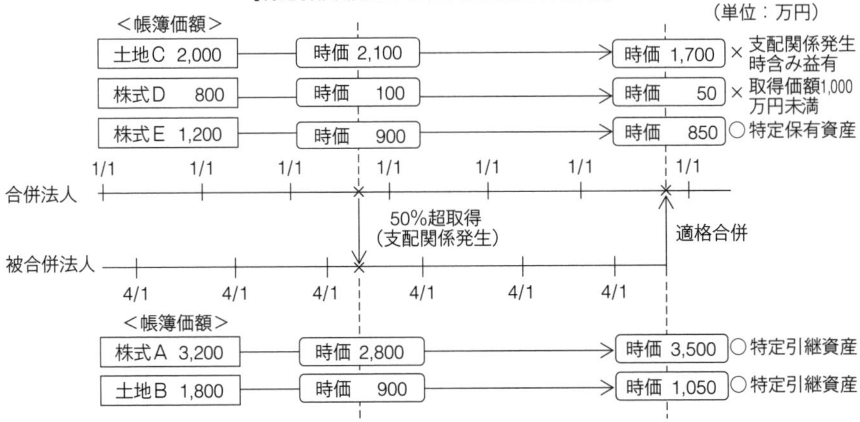

被合併法人の有する株式Aと土地Bは、支配関係発生日前から保有している資産であり、除外資産のいずれにも該当しないため、特定引継資産に該当します。

合併法人の有する資産については、土地Cは適格合併の時点で含み損失（時価1,700万円－簿価2,000万円＝△300万円）が生じているものの、支配関係発生日においては時価（2,100万円）が簿価（2,000万円）を上回っているため、特定保有資産には該当しません。株式Dは支配関係発生日において時価（100万円）が簿価（800万円）に満たないものの簿価（800万円）が1,000万円に満たないため、特定保有資産には該当しません。株式Eは、支配関係発生日前から保有している資産であり、除外資産のいずれにも該当しないため、特定保有資産に該当します。

なお、仮に適格合併時の時価と同額で譲渡をした場合には、特定資産譲渡等損失額は次のとおりとなります。

区　分	計　算
特定引継資産に係る特定資産譲渡等損失額	①　株　式　A　　時価3,500万円－簿価3,200万円＝300万円（利益） ②　土　地　B　　簿価1,800万円－時価1,050万円＝750万円（損失） ③　損金不算入額　750万円－300万円＝450万円 ※　特定引継資産に係る利益の額がある場合には、損失額から控除する
特定保有資産に係る特定資産譲渡等損失額	損金不算入額（株式E）　※　土地C、株式Dは特定保有資産に該当しない 簿価1,200万円－時価850万円＝350万円

(4) 適用期間

最後に、損金不算入の対象となる時期の確認です。特定資産譲渡等損失額が損金不算入とされるのは、「適用期間」において生じたもののみとされます。適用期間は特定組織再編成事業年度開始の日から同日以後3年を経過する日（その経過する日が当該内国法人と当該支配関係法人との間に最後に支配関係があることとなった日以後5年を経過する日後となる場合にあっては、その5年を経過する日）までの期間をいいます。線表にすると次のとおりです。

【適用期間の考え方】

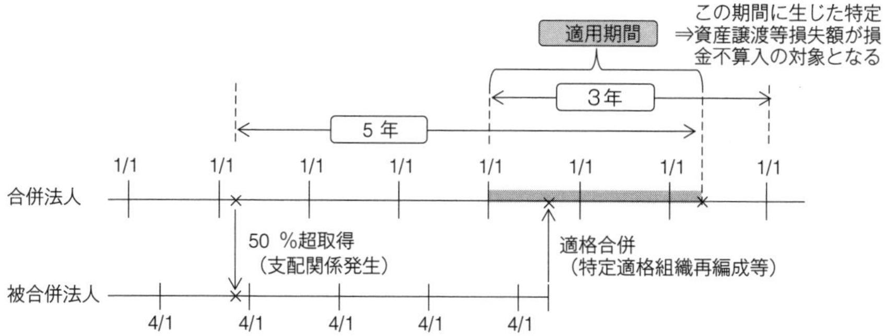

SECTION
02 特例計算

[1 特例計算の概要]

SECTION 1では、特定資産譲渡等損失額の損金不算入制度について、制度の概要と損金不算入額に関する原則的な計算方法を確認しました。具体的な内容としては、グループ内（支配関係のある法人間）で行われた適格組織再編等の後の一定の期間内において特定引継資産又は特定保有資産の譲渡等による損失が生じた場合に、その損失額（特定資産譲渡等損失額）を損金不算入とする取扱いです。本制度は、未処理欠損金額の引継等の制限と同様に適格組織再編成等を利用した租税回避行為を防止するために設けられている規定となりますので、「みなし共同事業要件」や「支配関係の5年継続」の要件を満たした場合には、適用除外とされます。

本SECTIONでは、当該特定資産譲渡等損失額の損金不算入制度について、損金不算入となる損失額の特例計算を確認します。未処理欠損金額の引継制限等においても制限額に関する特例計算がありましたが、内容としてはこれと類似する制度となります。制度の趣旨としては、特定資産の譲渡等による損失額のうち租税回避に繋がらないと考えられる金額について、損金算入を認めるものです。特例の内容には、特定引継資産に係る損失と特定保有資産に係る損失のいずれにも適用される制度（以下「特例計算1」とします）と特定保有資産に係る損失のみに適用される制度（以下「特例計算2」とします）の2つの規定があります。

[2 特定資産譲渡等損失額の特例計算1]

(1) 特定引継資産に係る特例計算

特例計算1は特定引継資産に係る規定（法令123の9①）と特定保有資産に係る規定（法令123の9⑥）がありますが、特定保有資産に係る規定は特定引継資産に係る規定の準用規定となりますので、特定引継資産に係る規定を中心に解説します。

特定引継資産に係る特例計算1の概要をまとめると次のとおりです。

【表1　特例計算1の概要】

表中①＝支配関係事業年度の前事業年度終了時の時価純資産価額
表中②＝支配関係事業年度の前事業年度終了時の簿価純資産価額

	条件		損金不算入額
特例計算1（法令123の9①）	(イ)	①の金額（時価純資産） ≧ ②の金額（簿価純資産）	損金不算入額なし
	(ロ)	①の金額（時価純資産） ＜ ②の金額（簿価純資産）	簿価純資産超過額（②－①）から次の(a)及び(b)の金額を控除した金額 (a)　未処理欠損金額の引継制限等に係る特例計算の適用を受けた場合に、簿価純資産超過額のうち特定資産譲渡等損失額相当額とされた金額 (b)　前期以前の特定引継資産に係る特定資産譲渡等損失額の合計額

特定引継資産に係る特定資産譲渡等損失額の損金不算入の制度は、法人の有する資産の含み損失等が他の法人の所得と相殺されるという点を問題視し、損失の計上に制限をする規定です。したがって、もし仮に、含み損失等のある資産を保有する法人がその損失を譲渡等により自社で実現した場合において、将来的に自社でその損失額を相殺できるだけの潜在的な収益力を有しているのであれば、長い目で見ると、当該他の法人の所得と相殺されることはないため、制限の必要はありません。そこで、このような考え方に基づき、特定資産譲渡等損失額の損金不算入制度について制限額の特例計算を設けています。

(2) 純資産全体に含み益がある場合

【表1】の(イ)の取扱いを確認します。(イ)は簿価純資産価額よりも時価純資産価額の方が大きい場合となりますので、純資産全体に含み益が生じているケースです。この場合、仮に個別の資産の譲渡等による損失が生じたとしても、当該損失を自社内で相殺できるだけの潜在的な収益力を有していることになるため、損金不算入額はないものとされます。純資産全体に含み益があるかどうかの判定時期は、決算期に合わせ支配関係が発生した日の属する事業年度の前事業年度終了の時としています。具体例で確認をします。

【具体例１　純資産全体に含み益がある場合の特例計算１】

<前提>

・　Ａ社はＢ社の株式を50%超取得（支配関係発生）後，５年内に適格合併によりＢ社を吸収。みなし共同事業要件は満たさない。
・　特定引継資産の譲渡による損失額250（特定資産譲渡等損失損金不算入制度の適用期間内に計上）
・　被合併法人における支配関係発生事業年度の前事業年度終了時の簿価純資産価額　200
・　被合併法人における支配関係発生事業年度の前事業年度終了時の時価純資産価額　500

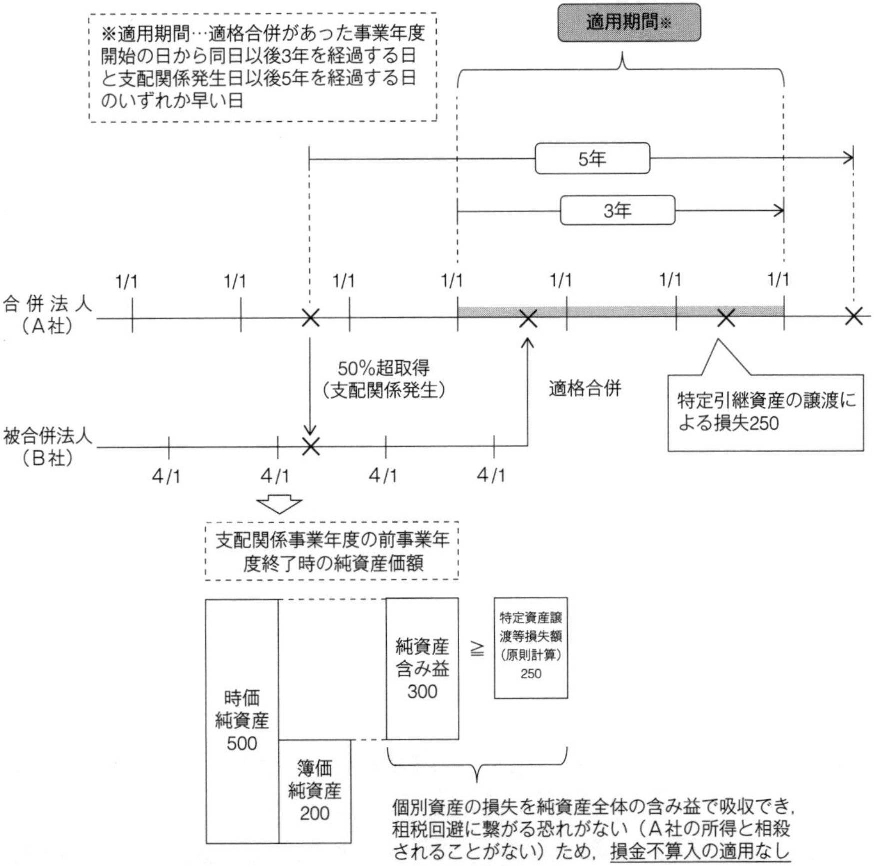

【具体例1】では、合併法人A社における適用期間内に原則計算による特定資産譲渡等損失額が250計上されています。ただし、合併法人A社と被合併法人B社との間に支配関係が生じた事業年度の前事業年度終了時におけるB社の純資産価額に300の含み益が生じており、特定資産譲渡等損失額を当該含み益で解消できる状態であるため、損金不算入額はないものとされます。

(3) 純資産全体に含み損がある場合

続いて【表1】の(ロ)の内容を確認します。(ロ)は支配関係発生時に純資産全体に含み損失が生じている場合において、その全体の含み損失額（簿価純資産超過額）をもって、特定資産譲渡等損失額とすることができる規定です。つまり、損金不算入額を純資産全体の含み損失に達するまでとすることができます。同様の趣旨の制度が、未処理欠損金額の引継制限に関する特例計算にもあります。支配関係発生事業年度以後に生じた未処理欠損金額のうち特定資産譲渡等損失額相当額の引継ぎを制限する取扱いについて、その制限額を簿価純資産超過額に達するまでとすることができる規定です（法令113①三)。同趣旨の制限規定について二重の制限が生じないように、未処理欠損金額の引継制限の特例計算の対象となった金額については損金不算入額の対象から控除されます。具体例で確認をします。

【具体例2　純資産全体に含み損がある場合の特例計算1】

＜前提＞

・　特定引継資産の譲渡による損失額　150
・　被合併法人等における支配関係発生事業年度の前事業年度終了時の簿価純資産価額　400
・　被合併法人等における支配関係発生事業年度の前事業年度終了時の時価純資産価額　300

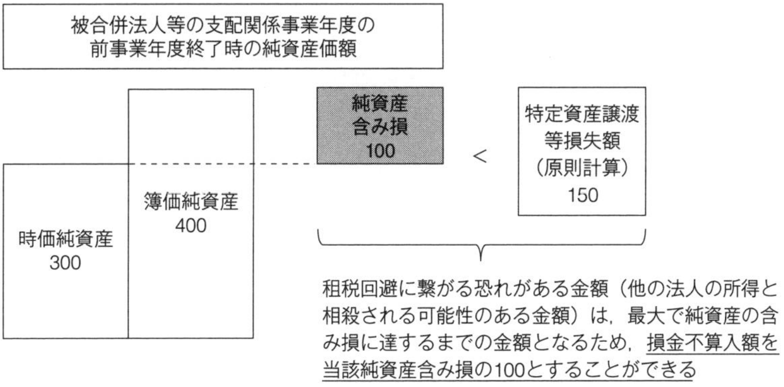

【具体例 2】では、原則計算による特定資産譲渡等損失額が 150 計上されています。ただし、被合併法人等の支配関係が生じた事業年度の前事業年度終了時における純資産価額の含み損が 100 であるため、比較して小さい金額である純資産含み損 100 をもって特定資産譲渡等損失額の損金不算入額とすることができます。

(4) 特定保有資産に係る特例計算

特定資産譲渡等損失の損金不算入額に係る特例計算 1 のうち、特定保有資産に係る規定は上記（1）～(3) で解説した特定引継資産に関する取扱いの準用規定となります。具体的には特定引継資産に係る規定の内容の一部を読み替える形式で規定されています（法令 123 の 9 ⑥)。したがって課税上の取扱いは特定引継資産の場合と同様となりますので解説は省略します。

[3 特定資産譲渡等損失額の特例計算 2]

(1) 特例計算 2 の考え方

次に特例計算 2 の内容を確認します。特例計算 2 は、適格組織再編成のうち「事業が移転しない場合の適格分割及び適格現物出資と適格現物分配」に限り設けられている制度です。また、適用されるのは、特定保有資産に係る特定資産譲渡等損失額となりますので、対象法人は分割承継法人、被現物出資法人、被現物分配法人となります。

特定保有資産に係る特定資産譲渡等損失額の損金不算入の制度で想定している租税回避行為は、含み益のある資産を適格合併等により帳簿価額で引き継ぎ、当該含み益を譲渡等により実現するとともに、自社の保有する資産の含み損失を譲渡等により実現し、これらを相殺するという内容です。したがって、租税回避に繋がる恐れがあるのは最大で移転を受ける資産の含み益までということになります。これらの考え方を具体例で確認します。

【具体例３】

＜前提＞

- 適格分割により，分割法人から分割承継法人へ簿価100（時価300）の資産を移転。
- 分割法人と分割承継法人の間には支配関係があり，「支配関係の５年継続要件」「みなし共同事業要件」は満たさない。
- 当該分割は事業の移転を伴うものでなく，資産が単独で移転している。
- 分割承継法人は特定保有資産に該当する簿価400（時価150）の資産を対価150で譲渡し，250の譲渡損失を計上するとともに，分割により受け入れた資産を300で譲渡し，200の譲渡益を計上した。

① 含み益のある資産を帳簿価額で移転

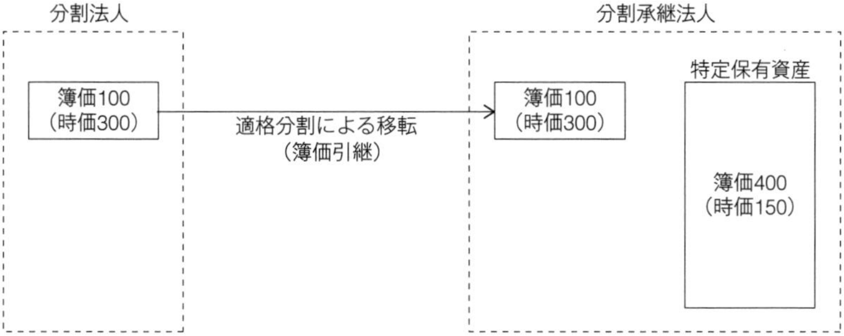

② 分割承継法人において、特定保有資産の含み損と移転資産の含み益を譲渡により実現

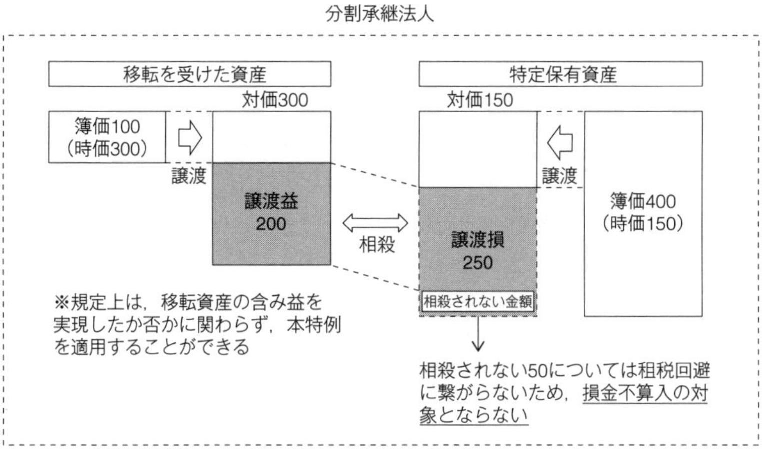

本具体例について、原則的な計算による損金不算入額は分割承継法人の特定保有資産に係る特定資産譲渡等損失額250となります。しかし、一連の取引を通じて租税回避となり得る金額は、適格分割により分割法人から分割承継法人に簿価移転をした資産の含み益200となりますので、損金不算入額を当該含み益の200とする

ことができます。なお、具体例では、移転を受けた資産を譲渡することにより200の譲渡益を計上していますが、特例計算２の適用に当たり、移転を受けた資産の含み益を譲渡等により実現するかどうかは問われません（移転を受けた資産の譲渡等がなくても適用があります）。

(2) 特例計算２の取扱いのまとめ

上記の考え方をもとに定められている特例計算２の取扱いをまとめると、次の【表２】のとおりとなります。

【表２　特例計算２の概要】

表中①＝移転時価資産価額…移転を受けた資産の価額（時価）の合計額
表中②＝移転簿価資産価額…移転を受けた資産の帳簿価額の合計額

<table>
<tr><th></th><th colspan="2">条　　件</th><th>損金不算入額</th></tr>
<tr><td rowspan="3">特例計算２（法令123の９⑨）</td><td>(イ)</td><td>①の金額（移転資産時価）≦②の金額（移転資産簿価）</td><td rowspan="2">損金不算入額なし</td></tr>
<tr><td>(ロ)</td><td>①の金額（移転資産時価）＞②の金額（移転資産簿価）
かつ
移転時価資産超過額（①－②）≦特例切捨欠損金額（注）</td></tr>
<tr><td>(ハ)</td><td>①の金額（移転資産時価）＞②の金額（移転資産簿価）
かつ
移転時価資産超過額（①－②）＞特例切捨欠損金額（注）</td><td>移転時価資産超過額から次の(a)及び(b)金額を控除した金額
(a)　特例切捨欠損金額（注）
(b)　前期以前の特定保有資産に係る特定資産譲渡等損失額の合計額</td></tr>
</table>

（注）　特例切捨欠損金額…事業を移転しない適格分割若しくは適格現物出資又は適格現物分配が行われた場合における未処理欠損金額の利用制限に関する特例計算の規定（法令113⑤）により、分割承継法人等において切捨てられた（利用制限の対象となった）欠損金額をいう。

上記の解説の通り、これらの取扱いは「事業が移転しない」ことを前提としています。事業が移転する場合には、個々の資産の含み損益だけでなく当該移転事業から生じる将来損益も移転することになります。特例計算２はあくまでも個々の資産の含み損益のみに着目して認められている特例計算のため、事業が移転するケースは除外されています。また、合併が適用対象となっていないのも同様の理由と考えられます。合併は被合併法人の事業の全部を包括的に移転しますので、必ず事業が移転することを前提としています。仮に被合併法人が休眠の状態であり実質的に事業がない場合であったとしても「事業が移転しない」として、特例計算２の適用をすることはできません。

事業の移転しない適格分割等としては、法人税基本通達 12－1－6（事業を移転しない適格分割等）において、株式のみを移転する適格分割等が例示されています。

(3) ケースごとの取扱い

【表２】の(イ)は移転資産の時価が移転資産の簿価以下であり、移転資産に含み益がないケースです。この場合には、租税回避に繋がる金額はないものと考え、特定保有資産に係る特定資産譲渡等損失額はないものとされます。

【表２】の(ロ)及び(ハ)は、移転資産の時価が移転資産の簿価を超え、移転資産に含み益があるケースです。この場合には、具体例３で解説したとおり移転資産の含み益を損金不算入額とすることができます。なお、特例計算２については、同様の趣旨の制度が未処理欠損金額の利用制限に関する特例計算にもあります。適格分割等により移転を受けた資産の含み益を限度として、分割承継法人等の未処理欠損金額の利用を制限するという制度です。同趣旨の制限規定について二重の制限が生じないように、移転資産の含み益について未処理欠損金額の利用制限の特例計算を適用した場合には、当該金額（表中の「特例切捨欠損金額」）を控除した金額が、損金不算入額となります。したがって、(ロ)のとおり、移転資産の含み益よりも特例切捨欠損金額の方が大きい場合には、損金不算入額はないものとされます。

著者紹介

■執筆者紹介

平井　伸央（ひらい　のぶお）

税理士法人山田＆パートナーズ　パートナー　税理士

2000年　大原簿記学校にて税理士講座の講師に従事（法人税法担当）

2004年　税理士法人山田＆パートナーズ入所

2006年　税理士登録

主として企業向けの税務に関するアドバイザリー業務全般に従事する

【主な著書】

・Q&A企業組織再編の会計と税務：第7版（税務経理協会）

・Q&A企業・個人事業者のための消費税10％直前対応ハンドブック（税務経理協会）

・法人が納める地方税Q&A法人住民税・事業税・事業所税・償却資産税：第3版（税務経理協会）

・最新／組織再編の法律・会計・税務ハンドブック：8訂版（日本法令）

・税務インデックス（税務研究会）

・Q&Aで理解するグループ通算制度（税務研究会）

■税理士法人 山田＆パートナーズ　紹介

【所在地】

東京本部

〒100-0005　東京都千代田区丸の内1-8-1　丸の内トラストタワーN館8階

【国内拠点】

札幌事務所　盛岡事務所　仙台事務所　北関東事務所　横浜事務所　新潟事務所
金沢事務所　静岡事務所　名古屋事務所　京都事務所　大阪事務所　神戸事務所
広島事務所　高松事務所　松山事務所　福岡事務所　南九州事務所

【海外拠点】

シンガポール　中国（上海）　ベトナム（ハノイ）
アメリカ（ロサンゼルス・ニューヨーク）

著者との契約により検印省略

令和3年4月1日　初版発行

最初に読み解く
合併・分割の税制
―考え方を知って実務対応力を上げる

著　者　平井伸央
発行者　大坪克行
印刷所　美研プリンティング株式会社
製本所　牧製本印刷株式会社

発行所　〒161-0033 東京都新宿区下落合2丁目5番13号　株式会社 税務経理協会
振替 00190-2-187408　電話 (03)3953-3301 (編集部)
FAX (03)3565-3391　(03)3953-3325 (営業部)
URL http://www.zeikei.co.jp/

乱丁・落丁の場合は，お取替えいたします。

ISBN978-4-419-06583-6　C3034